上海市黄浦区人民法院知识产权案例精选

樊长春　主编

知识产权出版社
全国百佳图书出版单位

图书在版编目（CIP）数据

上海市黄浦区人民法院知识产权案例精选/樊长春主编. —北京：知识产权出版社，2015.4

ISBN 978-7-5130-3404-3

Ⅰ.①上… Ⅱ.①樊… Ⅲ.①知识产权法—案例—黄浦区 Ⅳ.①D927.513.340.5

中国版本图书馆 CIP 数据核字（2015）第 055778 号

内容提要

作为知识产权基层示范法院，本书共收录了其审判的 26 个精选案例，涵盖了著作权、商标权及不正当竞争方面的纠纷，从法官和学者的角度对每个精选案例进行了详细的剖析，为我国企业及个人的知识产权保护提供了很好的参考和启示。

读者对象：知识产权领域的法官、律师及高校法学专业师生。

责任编辑：卢海鹰　　**责任校对：**董志英

文字编辑：王玉茂　　**责任出版：**刘译文

上海市黄浦区人民法院知识产权案例精选

SHANGHAISHI HUANGPUQU RENMIN FAYUAN ZHISHICHANQUAN ANLI JINGXUAN

樊长春　主编

出版发行：	知识产权出版社有限责任公司	**网　　址：**	http：//www.ipph.cn
社　　址：	北京市海淀区马甸南村 1 号	**邮　　编：**	100088
责编电话：	010-82000887 转 8122	**责编邮箱：**	wangyumao@cnipr.com
发行电话：	010-82000860 转 8101/8102	**发行传真：**	010-82000893/82005070/82000270
印　　刷：	保定市中画美凯印刷有限公司	**经　　销：**	各大网络书店、新华书店及相关专业书店
开　　本：	720mm×960mm　1/16	**印　　张：**	15.25
版　　次：	2015 年 4 月第 1 版	**印　　次：**	2015 年 4 月第 1 次印刷
字　　数：	286 千字	**定　　价：**	50.00 元

ISBN 978-7-5130-3404-3

《上海市黄浦区人民法院知识产权案例精选》编委会

序

党的十八届三中全会审议通过的《中共中央关于全面深化改革若干重大问题的决定》明确提出“加强知识产权运用和保护，健全技术创新激励机制，探索建立知识产权法院”，这是我国在新形势下加强知识产权保护的重大战略决策，标志着我国知识产权保护进入一个崭新阶段，也为知识产权审判提供了前所未有的发展机遇。站在新的历史起点，创新完善知识产权审判机制，充分发挥知识产权审判职能作用，为全面深化改革和实施创新驱动发展提供有力司法保障，已经成为人民法院当前和今后一段时期内知识产权审判工作的目标和要求。而贯彻落实这一总体目标，充分发挥司法在保护知识产权中的主导作用的根本，正在于精心审理每一起知识产权案件，严守程序、公正裁判、为民司法，及时有效制止侵权行为，重视维护市场公平竞争，切实保障创新和发展，这既是案件审理的终极目标，也是每一位知识产权法官的永恒追求。

上海市黄浦区人民法院是全国最早成立知识产权庭的基层法院之一，近二十年来，我们审理了“海宝”“微软”“百度”著作权侵权案，“葫芦娃”著作权权属纠纷案，“西门子”“霍尼韦尔”“施华洛世奇”“NEW BALANCE”商标侵权案，仿冒知名商品《品三国》特有装潢、擅用“李阳疯狂英语”作宣传、“五合国际”企业名称不正当竞争案等大量具有较高知名度和社会影响力的知识产权案件，积累了丰富的案件素材和审判经验，逐步建立起一整套知识产权立体保护机制。2012 年 4 月，我院被最高人民法院确定为知识产权审判基层示范法院。在繁忙的审判工作之余，我院法官不单纯停留于案件的裁断和纠纷的解决，他们继承和发扬司法审判与理论研究相结合的优良传统，深入解析案件所反映的法律问题和审理思路，深刻揭示判决背后的法律规则和世间至理，较好体现了知识产权审判的导向和指引作用。

值此创新发展已成为国家的重大战略，社会公众对知识产权司法保护殷切期望之际，我们对知识产权庭成立以来审理的经典案例进行提炼和总结，并精心编写了此书。其中，2 起案件入选最高人民法院公报，1 起案件荣获“全国法院知识产权司法保护十大案件”，近 20 起案件入选各年度“上海法院知识产权司法保护十大案件”“上海版权保护十大典型案例”“上海法院典型案例”“上海法院30年知识产权司法保护典型案例”等殊荣。全书以司法实践为依托，展现了法官在裁判具体案件时对法律适用、执法理念和裁判方法的深入思考，并在此基础上形成了一些可供类案借鉴的裁判规则和裁判思路。可以说，它是我院全体知识产权法官集体智慧的结晶和多年来累累硕果的全面体现。我们希望通过本书的出版，构建起法院向社会传播知识产权司法理念与法治思维的桥梁，增强公众知识产权保护的风险意识，使知识产权保护成为经济生活中人们必不可缺的行为引导标准和价值判断取向。

为了给读者提供多元化视角，我们联合华东政法大学知识产权学院共同编写此书，并特别邀请该院教授和知识产权学院研究生对收录的案例进行学术点评。在此，对他们的辛勤劳动表示感谢，并对华东政法大学高富平教授为此书的出版所做的努力深表谢意。

我们深信本书对于实施国家知识产权战略，改善知识产权保护环境具有积极意义。“天下之势，以渐而成；天下之事，以积而固”。希望在不远的将来，通过包括我们在内的知识产权法律从业者的共同努力，使知识产权法律制度成为激励创作创新、促进经济发展的利器，从而共圆一个知识产权盛兴的中国梦。

上海市黄浦区人民法院院长　樊长春

2015 年 3 月

目　录

著作权纠纷

商标权纠纷

不正当竞争纠纷

著作权纠纷

许越、温州市图书发行公司与广州新时代影音公司、杨钰莹、上海人民广播电台等侵犯邻接权纠纷案

【提　示】

作品的首次表演者不享有专有表演权。

【案　情】

原告：许　越

原告：温州市图书发行公司（以下简称“温图公司”）

被告：广州新时代影音公司（以下简称“影音公司”）

被告：杨钰莹（又名杨岗丽）

被告：上海人民广播电台（以下简称“上广电台”）

第三人：许建强

法院查明的事实，1994 年 1 月，温图公司与许建强签订“关于合作推出许越个人音乐盒带的协议”一份，双方约定：许建强为盒带监制，温图公司提供原许越演唱的盒带小样，挑选后确定留用歌曲 3 首，加工歌曲 5 首，许建强提供新歌 2 首（主打歌曲及新创歌曲《如果没有你谁来爱我》（以下简称《谁》）；稿酬

为：（1）主打歌曲的制作费1.5万元[1]及《谁》的制作费1万元，并附两首歌曲的全权委托书；（2）加工合成制作费1万元（修改原5首歌曲及整个母带的编排制作）；如违约，应向对方支付违约金2万元。协议签订后，许建强作曲，苏拉（案外人）作词创作了《晚霞中的红蜻蜓》（以下简称《红曲》）等两首歌曲。许建强租用录音棚，为许越演唱《红曲》等进行了录音合成。许越与温图公司之间亦签订有发行盒带利润分成的协议。1994年2月28日，许建强向温图公司出具著作权专有使用授权书，授予温图公司对《红曲》在国内享有1年的专有使用权，任何单位及个人未经温图公司的书面同意，不得擅自录制及发行，其他公司如要启用，需温图公司及许建强双方同意，稿酬由温图公司及许建强对半分成，许建强在授权书上又注明：如要启用歌曲，但不作发行，可不包括在以上所述之内。之后《红曲》及其盒带由云南音像出版社出版，北京影视音像公司、上海龙之艺娱乐传播公司联合制作发行，由温图公司总经销。许越演唱《红曲》曾入围"京沪穗十大金曲"。1994年8月，许建强、苏拉与影音公司签订合约书，约定：许建强、苏拉以《红曲》作者身份诚邀影音公司麾下签约歌手杨钰莹演唱《红曲》，并作为推荐作品向电台、电视台及国内外流行歌曲榜推出；影音公司接受邀请，由杨钰莹演唱《红曲》，并向许建强、苏拉购买《红曲》的著作权，许建强、苏拉同意在《红曲》使用期满后由影音公司获得使用权，届时影音公司可发行、出版该作品的音像制品；双方保证该作品在影音公司获得使用权前不作为任何商业用途。合约签订后，杨钰莹演唱了《红曲》，该曲也成为"中国原创音乐榜"榜上歌曲。

两原告诉称，许越是《红曲》的首次表演者，享有1年的专有表演权（原唱权）以及禁止他人表演该作品与随盒带发行量增长取得报酬的权利。影音公司与杨钰莹使用《红曲》的伴奏母带，为杨钰莹演唱该曲伴奏，录制后在上广电台作为新歌广为宣传，损害了《红曲》的原唱人许越的形象，侵害了许越的专有表演权（原唱权），也使温图公司在《红曲》专有使用权内发行许越演唱的《红曲》盒带受到影响，侵害了温图公司的正当利益，故共同起诉要求影音公司赔偿15万元，杨钰莹赔偿4.5万元，上广电台赔偿5000元，许建强赔偿2万元。

被告影音公司辩称，许建强租用影音公司录音棚录制许越演唱《红曲》的盒带，许建强是《红曲》录音制品的制作人。许越演唱的录音母带已销毁，影音公司未使用过该伴奏母带；为杨钰莹演唱的伴奏母带，是经电脑重新编排制作，与原母带有明显不同；将杨钰莹演唱的《红曲》送上广电台不是商业性的，

[1] 除特别标明外，本书以下均为人民币。

而是为了推广这首优秀的岭南歌曲，且温图公司并非原母带的版权人，要求驳回原告起诉。

被告杨钰莹辩称，许越诉称之原唱权，不属著作权保护范畴；杨钰莹演唱《红曲》属合理使用，不构成侵权，请求驳回原告起诉。

被告上广电台辩称，其事先不知许越出版此歌专辑，讼争之事与其无关。

第三人许建强述称，其是《红曲》的曲作者，应温图公司要求与词作者苏拉（歌词使用权已委托许建强全权代理）共同创作了《红曲》并完成录音制作，履行了协议的义务。温图公司支付了1.5万元制作费，1万元歌曲稿酬并未收取；许建强与影音公司签订协议，授权杨钰莹演唱《红曲》，目的是推动本地乐坛，并未允许影音公司发行盒带。许越演唱《红曲》的伴奏母带已清洗，杨钰莹使用该曲的伴奏是许建强重新制作，与原伴奏母带无关。温图公司在1994年7月答应许建强可在1个月后将《红曲》转让他人。

【审　判】

法院经审理认为，许越首次公开演唱反映其经历而创作的《红曲》，体现了表演者一定的形象，享有我国《著作权法》规定的表演者项下的权利。《红曲》反映了许越一定的经历，但《红曲》的艺术表现形式并非许越专有。许越对《红曲》的公开演唱，构成《红曲》的发表，法律不禁止他人在一定条件下使用已经发表的作品，原告许越主张原唱权——即专有表演权无法律依据。同时，温图公司不享有《红曲》盒带录音制品的权利。虽然温图公司在该录音制品的制作过程中投入了资金，但温图公司并非该录音制品的制作者，且在与许建强的协议中未明确该录音制品的权利归属。因此，温图公司主张该录音制品的权利，依据不足。

许建强、影音公司在温图公司专有使用《红曲》期间，宣传使用由杨钰莹演唱的《红曲》影响了原告对《红曲》盒带的发行，构成侵权。表演者及其投资者对其投入的利益回报，需要有合法有序的文化市场作保障。虽然许建强与影音公司的合约明确只是向电台等推荐作品，有推动乐坛之意，并约定在《红曲》使用期满后影音公司才获得使用权，双方保证该作品在影音公司获得使用权前不作任何商业用途，且杨钰莹演唱本身不是出版发行，但它已构成影音公司日后出版发行《红曲》音像制品重要的前期宣传，其演唱具有潜在的商业性。无论温图公司经销许越演唱《红曲》的盒带状况如何，许建强与影音公司的上述行为，客观上造成了温图公司发行上的困难，影响了两原告的利益回报。对此，许建强与影音公司负有责任，应予赔偿。杨钰莹演唱《红曲》系影音公司的安排，上广电台在节目制作中并无过错，故原告要求两者赔偿不予支持，遂判令被告影音公司、第三人许建强共同赔偿原告许越、原告温图公司 2 万元。

一审宣判后，双方均未提起上诉，一审判决生效。

【法官评析】

本案审理的关键，在于以下两点。

一、原告诉称“原唱”之专有表演权是否存在

原告诉称之“原唱”，意指某作品的首次公开演唱，其演唱构成作品的发表。“原唱”是否形成表演者的专有表演权，是否享有禁止他人演唱同一作品的权利。我国《著作权法》虽给予表演者以精神权利的保护，但 1990 年《著作权法》第 35 条规定：表演者使用他人已发表的作品进行营业性演出，可以不经著作权人许可，但应当按照规定支付报酬，著作权人声明不许使用的不得使用。原告许越公开演唱并发行《红曲》盒带，已构成《红曲》的发表，《红曲》作者亦未声明禁止他人使用《红曲》，其他表演者可以使用《红曲》作营业性演出，而不存在表演者享有禁止他人使用《红曲》的权利。“原唱”会否形成专有表演权？笔者认为具备下列条件，可能会产生：（1）表演者必须获得所表演作品的作者的著作权专用授权，作品使用权完全由表演者掌握。（2）必须以有效方式作出声明，禁止他人营业性使用该作品。该声明需由作品的作者作出，表演者无此权利。（3）表演者与录制者之间具有录音制品出版发行的利润协议，表演者是录音制品发行的利润分成者，如表演者已一次性获得报酬，市场风险与表演者无关，则该权利与表演者无涉。本案原告许越不完全具备上述条件，故原告诉称该项权利难以成立。

二、被告影音公司、第三人许建强的行为是否损害原告的经济利益，造成文化市场的不正当竞争行为

许建强将《红曲》的专有使用权授予温图公司，即应按协议使原告能在有序的文化市场上取得利益回报的机会。许建强虽保留了启用《红曲》的权利，但其在授权原告专有使用期间，主动与影音公司协议邀请杨钰莹演唱并录制《红曲》，客观上可能造成对原唱者及其制作录音制品投资者利益的损害，造成表演及录制行业的无序状况。公平有序的竞争环境是文化市场健康发展的前提，表演者的演唱（或演奏）及其录制品是否获得成功，与表演者的表演水平、宣传包装以及听众的爱好程度等相关，只有在健康有序的文化市场里，尊重市场规律，才能公平公正地衡量与评价表演者的成功与失败。本案许建强将《红曲》的专有使用权授予原告，授权期限内又邀请杨钰莹演唱《红曲》，如后一演唱者较原唱者更受欢迎，则对原唱者的利益将产生较大的影响，同时，对市场中消费者的心理也会产生影响，故此认定许建强及影音公司负有责任，并应赔偿原告损失。

（评析人：卞爱生）

【学术评析】

1990 年 9 月 7 日，全国人民代表大会常务委员会通过了新中国的第 1 部《著作权法》，该法通过标志着我国初步建立了现代著作权制度，具有重大的历史意义。此后我国又加入了《保护文学和艺术作品伯尔尼公约》和《保护录音制品制作者防止未经授权复制其录音制品公约》。由于我国经济形势发生了重大变化，并且准备加入世界贸易组织，使得 1990 年的《著作权法》与现实生活存在一定的差距。为此，我国于 2001 年修订了《著作权法》，增订了受保护的作品类型和著作权人的专有权利，调整了“法定许可”的范围，增加了对技术措施和权利管理信息的法律保护，从而全面提高了我国著作权保护水平。2010 年全国人民代表大会常务委员会再次对《著作权法》作了修订，增设了关于著作权出质的规定。本案虽发生在 20 世纪 90 年代中旬，但也是在邻接权纠纷方面比较典型的案例，那么时过境迁，我们再用现在的《著作权法》来分析此案例，从中体现出我国著作权法在这 20 年的发展。

本案中主要是著作权人、表演者及作品传播者之间的纠纷。我们来明确一下著作权人与表演者之间存在哪些区别。我国目前《著作权法》第 11 条规定，创作作品的公民是作者。除了法律特别规定或是合同特别约定的情形，创作作品的自然人就是作品的著作权人。著作权人对其作品享有专有权利。而表演者是指演员、演出单位或其他表演文学、艺术作品的人，表演者只针对其表演活动享有专有权利，即表演者权，其为邻接权而非表演权。表演权是著作权人享有的著作权之一。邻接权之所以不能归入著作权的队伍之中而单独规定是因为邻接权的客体并未达到著作权所要求的独创性的程度，所以享受法律保护水平相应也较低。邻接权除了表演者权外，还有录音录像制作者权、广播组织者权和版式设计权。而在本案中，许建强和苏拉创作了《红曲》这首歌曲，理应为这首歌曲的著作权人即作者。许越经过著作权人的许可，演唱了《红曲》这首歌曲并由许建强录制成录音制品，则许越为这首歌曲的表演者，享有表演者权。而许越与温图公司签订发行协议，故依据2010年《著作权法》第37条第5款规定，表演者有权许可他人复制、发行录有其表演的录音制品并获得报酬。但1990年《著作权法》相关规定，表演者有权许可他人以营利目的录音录像，并获得报酬。显然新法规定得更加完善具体。许越的行为是在行使其表演者权，并非首次表演权。许建强作为作者将其享有的对作品的专有权利转让给了温图公司，使用期限为1年，并且未经温图公司及许建强共同许可，则任何人，包括许建强本人不得擅自录制及发行。这种许可方式叫做排他许可。温图公司作为被许可人具有独立诉权。而且温图公司经许可授权，对许越演唱的《红曲》的录制享有录制者权。事后许建强以作者身份与影音公司签订的作品使用许可合同是不能成立的，因为该协议在温图公司的排他使用许可期限内，许建强违约在先，其无权签订该许可合同。而在影音公司中重新使用伴奏，重新录制，则根据2010年《著作权法》第40条第3款规定，录音制作者使用他人已经合法录制为录音制品的音乐作品制作录音制品，可以不经著作权人许可，但应当按照规定支付报酬；著作权人声明不许使用的不得使用。而1990年《著作权法》规定，录音制作者使用他人未发表的作品制作录音制品，应当取得著作权人的许可，并支付报酬。使用他人已发表的作品制作录音制品，可以不经著作人许可，但应当按照规定支付报酬；著作权人声明不许使用的不得使用。依据新法，被再次录音的音乐作品不光是发表而且必须是之前已被制作成录音制品的音乐作品。这种法律的修改更能保护著作权人的合法权益。本案中若无但书，则影音公司录制该作品的录音制品不需经作者许可，直接支付报酬即可，这是著作权法规定的一项制作录音制品的法定许可。但是，由于许建强事先已经与温图公司约定其他公司启用该作品的条件，那么影音公司与许建强约定的使用合同则是无权作出的，应属无效，这是属于但书的部分。

综合以上案情分析，笔者总结一下判决。首先，原告许越主张的原唱权是无法律依据的。许越是表演者，仅针对其表演活动享有表演者权。而首次公开表演的权利，即所谓的首次表演权其实是属于著作权中的发表权和表演权，该权利的享有主体是作者而非表演者。故许越主张的原唱权是不存在的，没有法律依据，不能得到支持的。其次，温图公司是否对于《红曲》的录音制品享有权利呢？笔者认为温图公司不是《红曲》录音制品的录制者。因为在对许越演唱的《红曲》的录制过程中的录音设备、录音合成程序等均由许建强一人完成，而许建强与温图公司也未针对许越的《红曲》录制品约定权利归属，属于委托作品，在双方未约定权利归属时，则该录制品由录制者享有录制者权，而温图公司只是该录制品的销售方。再次，许建强、影音公司在温图公司享有专有使用《红曲》作品的期间，宣传使用杨钰莹演唱的《红曲》，即使不作任何商业用途，不是出版发行，但对温图公司的销售发行行为造成很大的消极影响。由于许建强擅自违反合同，侵犯合同相对人即温图公司的合法权利和应得利益，故应承担违约责任。影音公司同样也不具备法定许可的情形，即2010年《著作权法》第40条第3款规定，录音制作者使用他人已经合法录制为录音制品的音乐作品制作录音制品，可以不经著作权人许可，但应当按照规定支付报酬；著作权人声明不许使用的不得使用。因为著作权人之前的专有使用权的转让合同已经将作品使用权转让给第三人，相当于著作权人早已声明不许使用该作品，虽然不存在发行等行为，但使用目的具有营利性。所以影音公司的使用不具有合法性，且使用方式对温图公司来说构成不正当竞争行为，损害了其合法权益，应当承担相应的法律责任。最后，对于杨钰莹来说，其也是一名表演者，其表演行为得到表演作品的著作权人许可。因为许建强同温图公司的著作权专有使用授权书注明如不作发行的录制及演出的不在此列。故杨钰莹使用该作品表演属于著作权人许可的行为。我国2010年《著作权法》第44条规定："广播电台、电视台播放已经出版的录音制品，可以不经著作权人许可，但应当支付报酬。当事人另有约定的除外。"而1990年《著作权法》规定，广播电台、电视台非营业性播放已经出版的录音制品，可以不经著作权人、表演者、录音制作者许可，不向其支付报酬。旧法对于广播电台、电视台对于录音制品的使用限定在非营利前提下对著作者、表演者及录制者权利的合理使用。相对而言，新法给予了录音制品更高水平的保护，虽然保护条件放宽，不再限制营利与非营利，但是对于录音制品中的作品的著作权人的权利给予法定许可的保护制度。依据新法对于广播电台、电视台的法定许可的对象是合法出版的录音制品，则在本案中的录音制品并非经过合法途径出版的，上海广播电台是不可使用法定许可免责的，无论其是否知道该出版的录制品是非法录制。因为主观上是否有过错并不影响该行为对侵权责任的认定。所以，上海广播电台应当承担无过错责任及过错的赔偿责任。上海广播电台要做的事情是证明自己主观上不存在过错，否则就要承担损害赔偿责任。

（评析人：卜红星）

【附　录】

案号：上海市黄浦区人民法院（1994）黄法民字第1277号

上海华东贸易广场有限公司与上海砖桥贸易城经济发展有限公司侵犯著作权、不正当竞争纠纷案

【提　示】

广告中的说明性文字不受《著作权法》保护，广告主对广告内容的侵权行为应当承担侵权责任。

【案　情】

原告（反诉被告）：上海华东贸易广场有限公司（以下简称“华东公司”）

被告（反诉原告）：上海砖桥贸易城经济发展有限公司（以下简称“砖桥公司”）

法院查明的事实，上海华东贸易广场（以下简称“华东广场”）全景效果图系华东公司于 1994 年 12 月委托刘隽绘制，并约定该全景效果图的著作权由华东公司享有，华东公司支付稿酬 3000 元。后华东公司将该图配以文字制作成广告彩页，作为该公司的招商公告。1997 年 2 月，砖桥公司在华东广场对面的东方国贸城散发上海砖桥贸易城（以下简称“砖桥城”）的招商公告彩页，该彩页一面的砖桥城全景效果图使用了华东广场全景效果图。其后，砖桥公司在《东方城乡报》及上海有线电视台戏曲频道的砖桥城广告中也使用了该图。另外砖桥公司竖立在公路旁广告牌上的砖桥城全景效果图，其画面景物的布局、色彩运用，图中建筑物的结构、形状、整体效果均与华东广场全景效果图基本相同。华东公司与

砖桥公司各自以全景效果图配以文字作为招商公告，双方公告使用的文字段落、结构基本相同，均由概况、招商部地址、订租营业房办法、服务项目、市场经营范围等部分组成；文字表现形式包括词语及语句的排列方式也基本无异。华东公司在广告彩页中称华东广场为全国最具规模的系列性市场，并能为进场经营者提供最优惠政策。砖桥公司也称砖桥城为全国最具规模的系列性市场，在招商公告中注明的砖桥城营业房的租赁价格低于华东广场营业房租赁价格。

1997 年 3 月，砖桥公司与华东公司在《东方城乡报》的第二版、第三版版面分别以“上海砖桥贸易城”和“华东贸易广场隆重开业”为题刊登了专版广告。砖桥公司在广告中仍称砖桥城系全国最具规模的系列性专业市场，并言明开业时间定于 1997 年第 4 季度。华东公司则在广告专版中使用了“被誉为华东第一场的华东贸易广场”“逐步形成全国最大的商品交易中心”“显示了华东第一大市场的超群功能和独特魅力”等字句。

华东公司以华东广场开业典礼实景照片制作了单面广告彩页，该照片摄入了中华人民共和国国旗。砖桥公司也以开业场景照片为背景制作了单面广告彩页，除该照片正中的建筑物顶部、横幅字样及砖桥城标志与华东广场的照片不同外，其余景物包括建筑物形状、人物形态、红色灯笼的悬挂方位、灯笼下红色飘带的瞬间动态均与华东广场的照片相同，砖桥公司在广告彩页中称砖桥城为华东地区最具规模的批发城。砖桥公司在 1997 年 5 月上海有线电视台《荧屏超市》栏目播出的砖桥城广告中，扫描的建筑物外形及内部情况与华东广场的部分建筑物外形和内部状况相同。

原告华东公司诉称，其对华东广场全景效果图享有著作权，该图经其配以文字说明后作为招商公告使用。砖桥公司未经同意，在其招商公告和广告牌中使用了华东广场全景效果图，并在报纸上刊登和电视台上播放。砖桥公司还以价格对比方法宣传该公司砖桥城营业房的租赁价格比华东广场营业房低，并在砖桥城的宣传画页和电视广告中分别使用了华东广场开业场景的实拍照片和建筑物实景。砖桥公司的行为已构成对其企业形象的侵犯，并已构成不正当竞争，故请求法院判令砖桥公司立即停止上述侵权行为，公开赔礼道歉，并赔偿损失 50 万元。

被告砖桥公司辩称，华东公司诉及的全景效果图系作者对已建成的建筑物的临摹，该作品不受《著作权法》的保护。有关砖桥城含有全景效果图的招商公告、广告牌、《东方城乡报》的专版广告及以开业场景为背景制作的砖桥城广告彩页，均系其委托他人制作并已支付报酬，未侵犯华东公司的著作权。另外，砖桥城营业房的租赁价格比华东广场的租赁价格低系事实，其未作不实宣传，故不构成不正当竞争，请求驳回华东公司的全部诉请。

反诉原告砖桥公司诉称，华东公司在1997年3月《东方城乡报》的广告中具名“华东贸易广场”，因“上海华东贸易广场”与“华东贸易广场”的域围不同，故其行为已足以误导投资者，另外华东公司在华东广场的广告图案中使用了国旗，在文字中使用了“最”等顶级词语，违反了《中华人民共和国国旗法》和《中华人民共和国广告法》的规定。由于华东公司与其公司属同行业，故华东公司的行为已对其构成不正当竞争，请求法院判令华东公司立即停止上述不正当竞争行为，并在《东方城乡报》上公开道歉。

反诉被告华东公司辩称，其只是在华东广场开业典礼的照片中摄入了国旗，并未违反《中华人民共和国国旗法》的规定。其虽在广告中使用了顶级词语，但砖桥公司在广告中也使用了顶级词语，其对砖桥公司并未构成不正当竞争。

【审 判】

法院经审理认为：刘隽绘制华东广场全景效果图时虽参考了其他已经建成的建筑物，但该图并非作者对已经存在的建筑物从立体到平面的简单临摹，该图从建筑物的形状、排列、周边景物的配置到线条和色彩的运用，均体现了作者的智力劳动，应受《著作权法》的保护。刘隽同意该图的著作权归属华东公司，故华东公司依法是该图的著作权人，对该图享有著作权。砖桥公司在其以营利为目的对外发布的砖桥城彩页广告、《东方城乡报》砖桥城专版广告、上海有线电视台《荧屏超市》栏目砖桥城广告中，未经华东公司许可，擅自使用了华东广场全景效果图，构成对华东公司著作权的侵犯。砖桥公司树立在公路旁的广告牌上的砖桥城全景效果图，虽与华东广场全景效果图不完全相同，但两者画面的整体布局、色彩运用、图中建筑物的形状及其他景物均基本相同，只是前者较后者略作简化，故可认定前者系对后者的临摹。未经著作权人许可以临摹方式复制著作权人作品用以营利，系对著作权人权利的侵犯。砖桥公司作为上述广告的广告主、发布和使用者，发布和使用具有侵权内容的广告同样构成对权利人的侵权，故砖桥公司应立即停止使用上述广告，并赔偿华东公司由此遭受的损失。华东公司委托刘隽绘制华东广场全景效果图虽仅支付了3000元，但该图经华东公司作广告使用后，已为一部分客户所接受，在市场上也已有了一定的影响，其价值理应有所上升，且砖桥公司以营利为目的复制该图作广告使用，其借此营利的数额也难以确定，故有关砖桥公司赔偿华东公司损失的数额由法院依据讼争全景效果图的影响范围、砖桥公司的使用方式等情况酌情确定。

至于华东公司要求法院判令砖桥公司向其赔礼道歉，因赔礼道歉作为民事责任的承担方式，一般仅适用于对精神损害的赔偿，而华东公司对讼争全景效果图享有的著作权系基于委托与受让，故华东公司仅享有全景效果图著作权中的财产权益，其要求砖桥公司赔礼道歉的诉讼请求缺乏相应的法律依据，法院难以支持。另外华东公司诉称砖桥公司有关砖桥城的招商公告文字大量搬抄了华东广场的招商公告文字，侵犯了其著作权，然而华东广场的招商公告除第一句为作者的主观评价外，其余皆为说明性文字，是一种单纯地对信息的直接阐述，文字与被说明对象是一一对应的关系，语句排列组合的顺序也极为有限，故该招商公告不具有作品所必须具备的独创性，不应受《著作权法》的保护，因此，对华东公司的此项主张不予支持。

砖桥公司在广告彩页中注明的砖桥城营业房的租赁价格虽低于华东广场营业房的租赁价格，并在华东广场对面的东方国贸城散发上述广告彩页，且砖桥公司与华东公司属同行业，但在市场经济条件下，价格受多种因素的影响，且该行业无统一的价格；砖桥公司在《荧屏超市》栏目砖桥城广告中扫描的建筑外形和内部情况及其以开业场景为背景制作的彩页广告上的大部分建筑物外形虽均与华东广场的部分建筑物相同，但由于上述广告中有关建筑物的外形和内部情况并不包含华东公司的任何企业标识，且华东公司也不能提供砖桥公司的上述行为已造成其损害的证据，故华东公司诉称砖桥公司的上述行为损害了其企业形象，构成不正当竞争，缺乏足够的依据，法院不予支持。

华东公司在《东方城乡报》登载的专版广告，因“华东贸易广场”与“上海华东贸易广场”两个概念包含的域围不同，华东公司的行为可能对投资者造成误导；另外华东公司在专版广告中及其他广告彩页中使用了“最”“第一”等顶级词语，有可能对同行业不特定的企业构成不正当竞争，但由于砖桥公司也在各种广告中使用了“全国最具规模”“华东地区最具规模”等含有顶级词语的广告词，投资者仅凭两者的广告语并不能区分华东广场与砖桥城孰优孰劣，故砖桥公司认为华东公司的上述行为构成对其不正当竞争，缺乏事实和法律依据，故对砖桥公司的反诉请求不予支持。

华东公司在《东方城乡报》登载的专版广告，因“华东贸易广场”与“上海华东贸易广场”两个概念包含的域围不同，华东公司的行为可能对投资者造成误导；华东公司在专版广告中使用了中华人民共和国国旗图案的照片，并在广告语中使用了“第一”“最”等顶级词语；砖桥公司也在广告中使用了“最”等顶级词语，两者皆违反了《中华人民共和国广告法》的有关规定，将建议有关部门予以处理。法院遂判决被告砖桥公司应立即停止使用含有讼争全景效果图图案内容的广告及广告牌，赔偿原告华东公司1万元。对被告砖桥公司的反诉请求不予支持。

【法官评析】

本案主要涉及以下几个法律问题。

一、原告基于不同的法律关系主张多项权利能否一案审理

本案中，原告华东公司认为被告砖桥公司的行为既侵犯其著作权，又构成不正当竞争，依据传统的民事诉讼理论，原告就著作权与不正当竞争纠纷应分别起诉立案。但本案的特殊性决定了原告基于不同的法律关系提出的多项诉讼请求还是一案审理为妥。(1)原告罗列的被告侵犯其著作权及不正当竞争行为有重合，即被告的某项行为同时构成对原告著作权侵权和不正当竞争侵权。如砖桥公司散发的砖桥城招商公告彩页中，使用了华东广场全景效果图。虽然原告将被告这一行为列入不正当竞争行为，但作品的复制和使用不可分割地构成了侵犯著作权行为，且以何种方式使用复制的作品对侵权者承担的责任大小起决定性作用，故被告的这一行为同时构成对原告著作权的侵犯。(2)原告起诉时仅罗列了被告的各项侵权行为，未明确要求需要保护其何种权利。法院审查后认为，虽然被告的各项行为分属著作权侵权和不正当竞争侵权范畴，但被告各项行为的目的都是为了以商业宣传与原告争夺客户，因此，被告的行为整体上可能对原告构成不正当竞争，故将原告的多项诉请一案审理有利于尽快查明事实，正确适用法律，提高审判效率，同时又避免将已立的案件人为机械地拆成两个案件，增加当事人诉累。

二、原告对华东广场招商公告的文字部分是否享有著作权

我国《著作权法实施条例》第2条规定，著作权法所称作品，指文学、艺术和科学领域内具有独创性并能以某种有形形式复制的智力创作成果。可见，有无独创性，是判断作品是否受《著作权法》保护的关键。

华东广场招商公告的文字由概况、招商部地址、订租营业房办法、服务项目、市场经营范围等几部分组成。除概况中的第一句“华东广场系全国最具规模的系列性市场”为作者的主观评价外，其余皆为说明性文字。招商公告本身所要求的真实性使作者只需对客观事务直接阐述而无需发挥创造性，故原告华东广场招商公告的文字部分无论是结构还是文字表现形式均无独创性，不是《著作权法》所称的作品。

三、被告能否以广告系委托他人制作并已支付稿酬为由免责

在著作权侵权理论中，有直接侵权与间接侵权之说。直接侵权是指未经作者或其他著作权人许可而以任何方式复制、出版、改编、广播、展出作品等，均构成对著作权的直接侵权。间接侵权是指某人的行为系他人侵权行为的继续，不可分割地共同构成了对原告著作权的侵权，故被告的行为已构成间接侵权，依法应承担侵权责任。另外，仅仅追究侵权作品提供者的责任（此案中原告未对侵权作品提供者提起诉讼，依据民事诉讼“不告不理”的原则，法院对此不予处理），在大多数场合不可能补足被侵权人的实际损失，也不可能阻止其损失进一步扩大，且被告是上述广告的直接受益者，故理应承担侵权责任。而被告在承担责任后，可依据委托合同向作品提供者主张赔偿。

四、被告的赔偿数额应如何确定

由于被告并未对原告构成不正当竞争，故被告的赔偿数额应是侵犯原告著作权的赔偿数额。本案特殊之处在于，被告不是直接复制原告的作品牟利，而是在其广告活动中使用了原告享有著作权的作品为自己做宣传，此时，应以给付原告使用费数额作为确定赔偿数额的基本依据，另外考虑到系争作品经原告作广告使用后，已为一部分客户接受，在市场上已有一定的影响，其价值理应有所上升，即不仅应包括华东公司付给刘隽的稿酬数额，还应包括该作品经使用产生的广告效益，但由于这部分广告效益的数额难以确定，故只能由法院依据讼争作品的使用方式、影响范围及在广告中所起的作用等情况酌情确定。

（评析人：凌崧）

【学术评析】

本案涉及《著作权法》对作品的界定及著作权侵权的判断标准。

一、《著作权法》所保护的作品的界定

《著作权法实施条例》第2条规定，著作权法所称的作品是指文学、艺术和科学领域内具有独创性并能以某种有形形式复制的智力成果。由此可以看出，只有具有独创性的外在表达才能称得上著作权法意义上的作品。可是“独创性”又该如何界定呢？独创性包含两个部分：第一部分是“独”的含义。这里的“独”有两种情况，即劳动成果由无到有独立完成，或者是在他人已有作品的基础上进行再创作，而产生的劳动成果与原作品存在可以被客观识别的，并非太过细微的差别。第二部分是“创”的含义。独创性中的“创”是劳动成果必须包含最低限度的智力选择和判断，其并不是意味要具备高度的文学或美术价值，但要求智力创造性不能过于微乎其微。只有符合了“独创性”的表达才能称之为作品，受到《著作权法》的保护。

本案中华东广场全境效果图虽是对已建成的建筑物从立体到平面的复制，但创作者对其形状、排列、线条、色彩及周边配置进行的最低限度的智力选择和判断，完全符合独创性的要求，属于受《著作权法》保护的美术作品。而广告中使用的说明性文字，是由概况、地址、服务项目及市场经营范围等基本信息组成的描述。这种文字的外在表达缺乏必要的深度，无法充分地表达和反映创作者的思想感情或研究成果，以及与此对应的智力创造性。更重要的是，这些文字是广告中必不可少的基本信息，具有非常有限的表达方式。所以，这些文字表达视为思想不受《著作权法》的保护。这就是《著作权法》中的“思想与表达混同原则”。《著作权法》不保护思想、思路操作方法等，只保护以文字、美术等各种有形的方式对思想的具体表达。但是，当一种“思想”实际上只有一种或非常有限的几种表达时，这些表达也被视为“思想”而不受保护。德国著作权法专家M. 雷炳德教授指出：“作品的创作要有一定的深度，以便人们可以辨认出它的独创性特征……仅仅是某种将要表达出来的思想，某种思想的片段，某个广告语的关键字或是某个标题，都还不是作品。”[1] 所以，本案中广告的说明性文字，依据“思想与表达混同原则”不受《著作权法》保护。

二、侵权认定标准及其与独创性之间的关系

《著作权法》中的侵权认定标准为“侵权＝接触＋实质性相似”，这也是国际上公认的著作权侵权认定标准。只要符合该公式即可认定被控成果侵犯了他人作品的著作权。其中，“接触”并非要求真实地接触被侵权作品，只要被侵权作品已被公之于众，处于可以被不特定的人接触的状态即可。因此，在国内外有一种判断“接触”的标准，即如果被诉侵权成果与原作品存在惊人的相似，则可以判定被诉侵权人接触过原作品而非自己独立完成。而对于“实质性相似”部分的认定标准则是将原有作品与被告成果进行比较，两者在表达上存在高度一致性的部分，则构成侵权。本案中，华东广场的全景效果图已由原告华东公司提前发放使用，说明被告有接触到该美术作品的可能性；并且两者画面的整体布局、色彩运用、图中建筑物形状及其他景物均基本相同，则该相同部分构成实质性相

[1] M. 雷炳德. 著作权法［M］. 张思良，译. 北京：法律出版社，2005：52.

似。故被告侵犯了原告美术作品的著作权，应当承担相应的责任。

那么，被诉侵权成果与原告作品相比有或没有独创性是否会影响到对侵权的认定呢？笔者认为，被诉侵权成果是否具有独创性只是影响到侵犯何种具体权能的判断，并不影响侵权的认定。例如，如果被诉侵权成果不具有独创性且与被侵权作品具有实质上的相似性，则其是对原作品的复制，侵犯的是原作者的复制权；如果被诉侵权成果具有独创性，是在原作品的基础上创作出来的演绎作品，但未经原告许可，依据“接触＋实质性相似”的判断标准，其同样构成对原作者的侵权，只不过侵犯的是原作者的演绎权。[1] 本案中，砖桥公司的广告彩页上所用的照片只有在建筑物顶部、横幅及砖桥城标志与华东公司的照片不同，其余景物均相同，这说明被告的广告彩页不具有独创性，不可视为著作权法意义上的作品，只是原作品的复制件而已，故侵犯了原告的复制权。

三、著作权侵权的抗辩理由

著作权侵权认定的抗辩理由中除具有法定抗辩理由即符合《著作权法》第22条规定的12种可以构成合理使用的情形外，还有就是被告可以举证证明其劳动成果中与原告作品实质性相似的部分也并非由原告独创，而是源于其他人或已进入公共领域，抑或证明原作品并不存在其他不特定的人能够接触的可能，如作品并未发表。本案中砖城公司以广告彩页所采用的图像并非其创作而是委托他人创作并支付报酬为由进行抗辩，这样的抗辩不能成立，因为不论该图像由谁创作，是否为作品，只要构成“接触＋实质性侵犯”的认定标准，并且使用人未达到合理使用的法定情形，则使用该作品的行为即侵犯原作者的合法权益，应当承担相应的侵权责任。

（评析人：卜红星）

【附　录】

案号：上海市黄浦区人民法院（1997）黄经初（知）字第936号

---

[1] 王迁．知识产权法教程［M］．3版，北京：中国人民大学出版社，2011：40.

宋嘉鸿与上海书城、中国电力出版社、张延琪著作权侵权纠纷案

【提　示】

具有独创性的电路设计图应当受《著作权法》保护。

【案　情】

原告：宋嘉鸿

被告：上海书城

被告：中国电力出版社

被告：张延琪

法院查明的事实，原告宋嘉鸿在1991年第9期《现代通信》杂志上发表了《用TDA2822BTL耳聋助听器》一文，内容主要包括文字约950字和电路原理图。被告张延琪主编，中国电力出版社2004年12月出版的《常用电子电路280例解析》一书中有一篇名为“另一款耳聋助听器电路”的文章（作者为张文），该文章包括文字约420字和一幅电路图，行文处和页下皆没有出现原告姓名。经法院比对，文字部分张文对原告文字部分总体上作了删节，去掉了段落的小标题，有个别字、标点符号和参数符号的改变。电路图部分除符号、技术参数与原告的电路图有个别不同之处外，其余部分与原告完全相同，张文的电路图与原告的电路图实质上相同。

案外人何家明、王南阳所著《功放集成电路 TDA2822M》一文发表于《电气时代》杂志 1989 年第 2 期，其中说明 TDA2822M 应用的例子“3、微型助听器”的文字共有 110 字，还配有一幅电路图，表示话筒输出的音频输出信号经电阻电容耦合后通过电位器直接输入到 TDA2822 进行放大，最后接耳机。

原告诉称，被告未经原告同意将原告作品占为己有，未署原告姓名、未支付稿酬，被告的行为侵犯了原告的署名权、汇编权、发行权、作品完整权以及取得报酬权等权利，并导致读者对原告署名权的混乱，侵害了原告的名誉权。遂诉请三被告停止侵权并赔偿经济损失 1800 元，被告电力出版社、被告张延琪登报赔礼道歉。

被告电力出版社辩称，已与该作者签订图书出版合同，并尽到审查义务，故无须承担侵权责任。涉案电路图参考了案外人何某的作品，原告作品发表于何家明、王南阳之后，该电路图并非原告原创。该装置的原理图已成为电子领域的公共技术资源，依此原理设计的不同形式的电路图在多种媒体上均已发表，原告对此图不享有著作权。

被告上海书城和被告张延琪未作答辩。

【审　判】

法院经审理认为：原告文章分为文字和电路图两部分。原告是《用 TDA2822BTL 耳聋助听器》一文的作者，依法对该文的文字部分享有著作权。原告助听器电路图使用的 TDA2822M 集成电路，确实处于公知和公有领域，但 TDA2822M 集成电路并不能替代应用 TDA2822M 集成电路而绘制的助听器电路图。我国《著作权法》保护的独创性并不以新颖性和排他性作为前提，且《著作权法》只是保护该产品设计原理的表达方式。本案中，原告的电路图有其独特的对元器件的选择、技术参数的确定和电路连接方法的表达方式，是对音频放大、消除外界噪声和控制音量的思路在电路中的应用与表达，是原告在该领域里智力劳动的成果，属于我国《著作权法》第 3 条第（7）项所规定的“产品设计图”。

张文的文字部分约 420 字，是对原告文字部分作了删节和段落调整，除有个别字和参数符号的改变，大部分语句与原告文字部分的表达相同；电路图部分除了一些符号标注有异和参数的表述有改变外，其余与原告文章中电路图全部相同，张文的电路图与原告的电路图构成实质性相同。被告张延琪采用删节、重新编排和改变符号标注等方法使用了原告的作品，且未署原告姓名，侵犯了原告依法享有的著作权，应当承担相应的民事责任。被告电力出版社是出版电子产品方面的专业出版社，应该对其出版行为的授权、稿件来源和署名、所编辑出版物的内容等尽到合理的注意义务。被告电力出版社未能尽到合理的注意义务，应当承担相应的民事责任。上海书城有证据证明其发行系争图书有合法来源，故只需承担停止发行本案系争图书的民事责任。法院遂判决被告中国电力出版社、被告张延琪立即停止侵权；被告上海书城立即停止销售涉案书籍；被告张延琪以书面形式向原告宋嘉鸿赔礼道歉；被告中国电力出版社、被告张延琪分别赔偿原告经济损失 400 元、1400 元。

【法官评析】

一、如何理解普通电路图的独创性

本案原告的电路图，属于著作权中的产品设计图，然而不是所有的产品设计图都受到我国《著作权法》的保护，它必须是具有独创性并能以某种有形的形式复制的智力成果。原告的电路图能否受《著作权法》的保护，主要是看其有无独创性，这是本案的关键。独创性体现了作品的个性，是区别“作品”和“制品”的分水岭，也是《著作权法》对作品的判断基础。我国《著作权法》保护的独创性并不以新颖性和排他性作为前提，即对独创性的要求并不高。对于独创性，在知识产权界有两种理解，一种观点认为是指作品是自己独立完成的，不考虑与其他作品是否相近似和相同，对作品质量也无要求，学者郑成思甚至认为对创造性高度的要求则是把工业产权中的条件不合理地引入了著作权法；另一种观点来源于德国法学，认为独创性既包括独立创作也包含创造性，要求作品体现作者一定的创作高度。[1] 从第一种观点来分析本案的电路图，无疑应获得《著作权法》的保护。若按照第二种观点来看原告的电路图，法官也有两种理解。第一种理解只将电路图理解为当元器件和参数都确定以后的电路连接方式，专家认为这种连接的方式非常有限缺乏创造性，因此，电路图不能成为作品获得《著作权法》的保护；第二种可以将电路图理解为包括对元器件、参数的选择和用连线将这些确定的符号连接起来两个步骤。与此相应，原告的设计思路的表达也分为两个部分：原告将元器件、参数的选择用符号和数字的方式表达出来；原告将连接用连线的方式表达出来。即使按照对独创性要求较高的第二种观点的标准，如果用第二种理解来看待电路图，也有足够的创作机会，即原告的电路图符合《著作权法》对独创性的要求。笔者赞成第二种理解方式。

[1] 韦之. 著作权法原理［M］. 北京：北京大学出版社，1998：18.

二、电路图的内容与形式之辩

对于《著作权法》只保护表现形式而不延及作品的思想内容已经是一个公认的常识。著作权中的思想观念是指想法、概念、原则、客观事实、创意、发明和发现、程序、工艺和方法等；著作权中的表述则是指对于上述思想观念的各种形式或方式的表达，如文字的、音符的、数字的、线条的、色彩的、造型的、形体动作的表述或传达等。❶ 然而对于一个具体作品的思想内容与表现形式的边界区分，有时却是智者见智的事情。边界区分的焦点集中在对“内容”“形式”的定义上。例如，一些人主张作品不保护内容，而只保护表现形式，把内容定义成“作品的主题、作品内在的思想”，而表现形式则不仅仅包括文字符号，也包括作品的结构；而另一些人则认为情节和结构已属于作品的内容。由于作品的思想、内容、形式三者的划分有很大的随意性，因此，学者韦之认为内容与表现形式两分法的科学性，应该受到质疑。他参考了德国当代学者的观点，即主张放弃传统的分法，而着眼于区分作品中的有个性特征和属于公有领域的因素，只有前者是受到《著作权法》保护的。所以他将自己的观点归纳为“哪里有独创，哪里就有著作权”。这就是说，当作品中的思想是独创的，那么作者对该思想享有著作权，当其内容或形式具有独创性时，则作者对其内容与形式享有著作权。《著作权法》对作品思想内容的保护，体现在它肯定作者与他的思想的人身联系，并使他有权利维护他的思想的完整性。这种功能主要是赋予作者人身权利和演绎创作的权利。❷ 韦之的观点有其独特的创新之处，也有一定的合理性。用该观点来解释原著与改编成其他文体、剧种的剧本或者缩写本等之间的关系十分贴切，但是如果有人在不改变原来创意、情节的前提下，创作了同一体裁的文字作品，对于后一作品能认为是演绎作品吗？还是对原著作品的侵权？所以，这个问题绕回来还是回到了对情节是属于思想还是表达形式的争论中。

但是该观点中提到的应对有个性特征和属于公有领域的因素进行区分，还是很有见地的。由于作品的创作主要是对其思想内容的创作，因而作品的个性也集中反映到其思想内容之上。虽然《著作权法》保护并不以作品的思想内容具有创造性为条件，一件作品只要在表现形式上具有创造性就可以受到保护。然而由于思想主导着作品的内容，内容又决定作品的表现形式，所以凡是思想新的，那么内容也会是新颖的，凡是内容新的，那么表现形式也是新的。所以，一件作品

❶ 李明德．美国知识产权法［M］．北京：法律出版社，2003：137．

❷ 韦之．著作权法原理［M］．北京：北京大学出版社，1998：20．

其表现形式具有创造性时固然受到保护，倘若它的内容甚至思想都是创造性的，那么它就更应该受到保护。原告电路图是否属于公有领域，就看其是否有个性特征还是属于公有领域的因素。被告认为已经属于电子领域的公共技术资源的辩称，主要根源在于这些电路图中都使用了TDA2822M集成电路，几个电路图有相似的部分。被告是故意混淆了TDA2822M集成电路与使用该电路而绘制的助听器电路图之间的区别。原告助听器电路图使用的TDA2822M集成电路，确实是处于公知和公有领域的，人人可以用到自己的电路中，但TDA2822M集成电路并不能替代应用TDA2822M集成电路而绘制的助听器电路图。原告电路图通过变压器耦合的方式和滤除外界环境噪声的功能是在耳聋助听器电路图领域里的独创性思想，原告的电路图将该思想转化为其独特的对元器件的选择、技术参数的确定和电路连接方法的表达，是原告在该领域里智力劳动的成果。原告的电路图从思想内容到表达形式都有自己的个性特征，因此，就其本身的性质来讲，符合《著作权法》对作品的基本要求。

《著作权法》只保护思想观念的表述，不保护思想观念本身的原则也有例外的时候。当思想观念与表述密不可分的时候，或者说当某种思想观念只有一种或有限的几种表述时，如将五线谱记录的曲子改成简谱，将汉字文稿译成汉语拼音，则《著作权法》不仅不保护思想观念，也不保护这唯一的表达。原告电路图是否只有唯一的表达或者为数不多的表达呢？当把原告电路图理解为包括对元器件、技术参数的选择和用连线将这些确定的符号和技术参数连接起来的时候，原告表达个性的余地即创作机会还是有较大空间的。因此，原告的这种思想观念与表述不能说是密不可分，其电路图的表达应该受到《著作权法》保护。

更何况，根据专家的咨询意见，原告的电路图与何某的电路图在理念、功能继而在元器件的选择及线路的连接上都有实质性区别，且原告文章的字数也远多于何某的文章字数，原告文章是不可能抄袭自何某的电路图及文字的，而被告电力出版社以发表在原告文章之后的两篇文章来证明原告的电路图已成为该领域的公共技术资源，既没有法律依据，也缺乏说服力，更无法推论出因为有发表在原告之后的文章与原告文章相似或相同而导致原告没有著作权的结论。因此，从证据规则和逻辑推理的角度来看，原告的电路图也不属于公共技术资源，是独立创作的作品。

三、侵权认定中对原创性的理解

被告的电路图与原告的电路图是否相似，是判定被告是否侵权的关键性因素。就同一思想观念的表述来说，后来创作的作品与原有作品相比必须有实质性的变化。如果没有表述上的实质性变化，就可能是侵犯了原有作品的版权。[1] 在这里，原创性相当于表述上的实质性变化。因此，对于原告、被告的电路图是否构成实质性相似的认定，关键还在于对作品原创性这一基本概念的理解。根据两幅电路图的对比，两者的差异是在符号、技术参数表述方面的区别，有些地方甚至是被告的错误，整个电路图功能的表达和线路的连接方法几乎是一致的，被告的电路图与原告的电路图构成实质性相似。在著作权理论上，剽窃的表现形式分为原封不动地复制他人作品和改头换面将他人的独创性部分抄进自己作品予以发表，被告张某采用删节、重新编排和改变符号标注等方法使用了原告的作品，不具有实质性的变化，从这一角度可断定被告电路图没有自己的原创性，是对原告文章的剽窃，侵犯了原告依法享有的著作权。

（评析人：陈红）

【学术评析】

一、电路设计图受《著作权法》保护的依据及条件

（一）电路设计图受《著作权法》保护的依据

我国《著作权法》第 3 条规定："本法所称的作品，包括以下列形式创作的文学、艺术和自然科学、社会科学、工程技术等作品：……（七）工程设计图、产品设计图、地图、示意图等图形作品和模型作品。"根据我国《著作权法实施条例》的定义，图形作品是指"为施工、生产绘制的工程设计图、产品设计图，以及反映地理现象、说明事物原理或者结构的地图、示意图等作品。"由此可见，电路设计图是可以受我国《著作权法》保护的。但是，并不是所有的电路设计图都能受到保护，其必须满足《著作权法》所保护的智力创造成果所具备的条件。

（二）电路设计图受《著作权法》保护的条件

电路设计图要受《著作权法》的保护必须满足《著作权法》保护的客体所具备的"独创性"，即：独立创作，源于本人，并且具有最低限度的美感。没有任何创作空间的劳动过程不能称为创作，其劳动成果也不能受到《著作权法》的保护。

我国《著作权法实施条例》第 4 条第（12）项规定，图形作品，是指为施工、生产绘制的工程设计图、产品设计图，以及反映地理现象、说明事物原理或

[1] 李明德．美国知识产权法［M］．北京：法律出版社，2003：147．

者结构的地图、示意图等作品。由此可见，电路设计图属于为施工、生产绘制的工业设计图，在满足作品独创性的前提下，是可以作为图形作品受《著作权法》保护的。

有人可能会质疑，《著作权法》的基本原则是不保护任何技术方案。工业设计图虽然以图形为表现形式，却并非为了给人以艺术美感的享受，而是用于实现技术功能，即制造与之对应的产品。那么，将为了实现技术功能的工业设计图列为受《著作权法》保护的客体，是否违反了《著作权法》不保护技术方案的原则呢?

实则不然。工业设计图能作为作品受《著作权法》保护的依据，并非其艺术吸引力，而在于其是由点、线、面和各种几何结构组合而成的，包含着严谨、精确、简洁、和谐与对称的“科学之美”。[1] 只要这种组合源自于设计者本人，就是一种具有“科学之美”的独创性表达。而该电路设计图所体现的技术先进与否，是否具有进步性、可操作性都不是其能否受《著作权法》保护该考虑的因素，而是《专利法》考虑的问题了。本案中原告的电路图符合独创性的要求并且该电路图的设计体现了一定的科学美感，应当受到《著作权法》的保护。被告作品的电路图部分除符号、技术参数与原告的电路图有个别不同之处外，其余部分与原告文章中的全部相同，构成著作权侵权行为。

二、出版者在出版物侵权中的责任承担

本案中涉及的另一个问题是出版者在出版物侵权中应当承担怎样的责任。

（一）责任承担之依据

《最高人民法院关于审理著作权民事纠纷案件适用法律若干问题的解释》第20条规定：“出版物侵犯他人著作权的，出版者应当根据其过错、侵权程度及损害后果等承担民事赔偿责任。出版者对其出版行为的授权、稿件来源和署名、所编辑出版物的内容等未尽到合理注意义务的，依据著作权法第48条的规定承担赔偿责任。出版者尽了合理注意义务，著作权人也无证据证明出版者应当知道其出版涉及侵权的，依据民法通则第117条第1款的规定，出版者承担停止侵权、返还其侵权所得利润的民事责任。”从该司法解释中可以看出，出版者在出版活动中为避免侵犯他人著作权需尽合理注意义务的范围包括：①对其出版行为的授权；②稿件的来源；③稿件的署名；④所编辑出版的内容；⑤其他。

---

[1] 王迁．论著作权法保护工业设计图的界限——以英国《版权法》的变迁为视角［J］．知识产权，2013（1）：27．

（二）出版者是否尽到注意义务的判定

关于对出版行为的授权。根据《著作权法》规定，出版者出版图书应当和著作权人订立出版合同，并支付报酬。出版者与作者之间是合同关系。出版行为的授权来自著作权人或其他对作品拥有合法权利人的授权。像签订其他合同一样，出版者应当对合同另一方的主体资格进行审查，即合同另一方是否为著作权人或其他对作品拥有合法权利的人。这种审查是对对方当事人的主体资格的审查，而不是对双方合同标的物即作品的审查。如果审查的结果表明对方当事人是拟出版作品的权利人，那么，在对其出版行为的授权方面，出版者尽到了合理的注意义务。❶

关于稿件的来源。稿件的内容受《著作权法》保护，而稿件作为作品内容的载体，则具有物权的属性。稿件的所有权人依法对稿件具有占有、使用、收益、处分的权利。但是，稿件的所有权人并不一定是著作权人。稿件的所有权人行使自己权利的时候，不能侵害著作权人的合法权益。当稿件的所有权与著作权分离的时候，核实稿件的持有人是否为合法的所有人，以及稿件的所有人是否得到著作权人的授权，对出版者来说，属于合理注意义务。❷

关于稿件的署名。根据《著作权法》的规定，著作权属于作者，如无相反证明，在作品上署名的公民、法人或其他组织为作者。如果把作者署名写错，那么著作权的归属则处于一种不确定状态，即构成对著作权人的侵权。另外，如果有两名以上的作者，那在排列顺序上应体现作者的意志。核实稿件的署名，体现作者的意志，属于出版者合理注意义务。❸

关于所编辑出版物的内容。根据《著作权法》的规定，编辑作品的著作权由编辑人享有，但是编辑人不得侵犯原作品的著作权。因为编辑出版物的内容是对已有作品的使用，一般来说，原作品的著作权的归属是明确的。出版者完全有可能核实编辑出版物的内容是否构成对原作品的侵权。因此，出版者在出版编辑作品时，应当对编辑人是否取得原作品著作权人的许可，是否侵犯他人的著作权进行审查，这也属于出版者的合理注意义务。❹

概括地讲，出版者的合理注意义务，就是出版者对其拟出版作品的著作权归属、状态和对方签约人的主体资格、权限以及作品内容合法性的审查义务。在我国，出版者的合理注意义务是一项法定义务，而非约定义务。违反法定义务就要承担责任。例如，梁某诉鲁某和山西某出版社侵犯文字作品著作权纠纷一案

❶❷❸❹ 周正义. 论出版者的“合理注意义务”[J]. 出版参考，2003（7）：21.

中[1]，法院认定著作权侵权时认为，虽然出版社与鲁某在该书出版前曾签订合同，鲁某保证该书不侵犯他人的著作权和出版权，如有违反，鲁某承担由此引起的一切损失。但是，《梁漱溟随想录》是汇编作品，是对梁培宽已有作品的编辑，根据相关司法解释，出版者对所编辑出版物的内容是否侵犯他人著作权有合理注意的义务。

（评析人：杜靖怡）

【附　录】

案号：上海市黄浦区人民法院（2005）黄民三（知）初字第50号

[1] 冯刚. 出版社的合理注意义务研究［J］. 科技与出版，2008（8）：5.

北京地斯克图片有限公司与上海绿地集团（昆山）置业有限公司、上海华基广告有限公司侵犯著作财产权纠纷案

【提　示】

未经著作权人许可商业性使用正版光盘中的图片构成侵权。

【案　情】

原告：北京地斯克图片有限公司（以下简称“地斯克公司”）

被告：上海绿地集团（昆山）置业有限公司（以下简称“绿地公司”）

被告：上海华基广告有限公司（以下简称“华基公司”）

法院查明的事实，原告地斯克公司于2004年6月经转让取得《东方人物》图片的著作权。同年7月，原告与电子工业出版社签订《电子出版物出版合同》，约定电子工业出版社为原告出版《东方人物（二）》电子出版物，每套100张光盘。该系列光盘包括涉案7张图片。2005年12月至2006年7月，被告绿地公司在《新闻晨报》上先后7次刊登“绿地21城”的广告，分别使用了涉案7张图片，广告中均有“发展商/上海绿地集团（昆山）置业有限公司”“广告策划/华基”的字样。

另原告提供的《东方人物（二）》电子出版物所附《产品使用说明书》载明

事项有：1. 本图库产品包含精美图片目录书一本、光盘一盒 100 张 CD、注册使用授权序列号一个、使用说明书一份；2. 客户需持产品序列号向原告注册登记，经原告认证后获得图库产品的钢印使用授权；3. 授权内容为客户享有在 1 年内随意使用图库中任何一张图片制作作品发布 30000 份的权利；4. 若客户在购买图库后未向原告认证，即未获取原告钢印授权书或传真，并且使用本图库的图片，视为侵权；5. 图库升级的有关内容。

诉讼中，被告华基公司认可上述广告系其制作，广告中使用的图片与《东方人物（二）》光盘中相应编号的图片一致，但否认产品中包含《产品使用说明书》，原告亦认可被告华基公司所购系正版图库。

原告地斯克公司诉称，其系《东方人物》图片库中所有摄影作品的著作权人。两被告未经许可在《新闻晨报》使用原告享有著作权的摄影作品刊登商业性广告，侵犯了原告的著作权，故请求判令两被告停止侵权，在报刊上刊登声明、赔礼道歉、消除影响，赔偿原告经济损失 14000 元及为制止侵权而支出的合理费用 3000 元。

被告华基公司辩称，1. 华基公司在制作广告时使用的涉案图片来源于其购买的《东方人物（二）》正版产品，其购买产品的目的就是制作广告，从双方的交易目的来看，应当视为原告授予华基公司无期限、范围限制的使用图片的权利；2. 华基公司购买产品时未发现《产品使用说明书》，原告对所谓的使用权限制负有举证责任；3. 原告与其他公司签订的使用权升级许可费与本案无关，缺乏可参照性。

被告绿地公司未作答辩。

【审　判】

法院经审理认为：原告地斯克公司享有涉案图片的著作权，其合法权益受到法律保护。被告华基公司使用涉案作品应当征得著作权人地斯克公司的明示许可，涉案产品使用说明书载明的仅仅是产品购买人获得许可使用的方法及可能获得许可使用的期限和范围，其本身并不构成著作权许可使用授权，因此，无论被告华基公司购买该产品时是否收到该产品使用说明书，均不能免除其使用图片必须获得原告许可的法定义务。被告华基公司提供的案外人亚洲影像数位科技有限公司向华基公司出具的《著作权使用授权书》，表明图片使用市场上存在无限制的授权可能性，但不能证明无限制的授权已经成为行业惯例。同时，该证据恰恰从侧面反映了被告华基公司在购买案外人正版图片库时并非默示地获得著作权许可使用授权。被告华基公司作为专业的广告从业者，具备足够的专业能力应当知晓使用他人作品必须获得著作权人明确的授权许可，被告华基公司的行为构成侵权。被告绿地公司作为广告主，对广告内容涉及的著作权未尽到合理注意义务，与被告华基公司构成共同侵权。法院在综合考虑作品类型、合理使用费、侵权行为性质、后果等情节后，依法判决两被告共同赔偿原告经济损失人民币5500元。

一审宣判后，双方均未提起上诉，一审判决生效。

【法官评析】

本案事实比较清楚，争议焦点在于华基公司购买正版产品是否自动获得原告著作权使用许可授权。

一、著作权与所有权的区别

著作权指作者就其创作的文字和艺术作品所享有的权利。著作权的客体是智力创作的作品，本质上是一种“信息”[1]，具有无形性。除口头作品外，为了传播，这种信息需要包含在有形载体中，例如纸张、光盘等。根据《著作权法》有关理论，作品本身的权利（即著作权）与作品载体（原件或复印件）的所有权系完全不同的概念。作品属于智力成果的范围，具有无形性的特点，是《著作权法》保护的对象；而作品载体是附载作品的物质实体，是所有权保护的对象。前者适用《著作权法》，后者则适用《物权法》。因此，作品载体所有权的转移、灭失并不意味着该载体所载作品的著作权亦随之自动转移、灭失。以本案为例，被告华基公司购买《东方图库（二）》获得的是《东方图库（二）》的有形载体（光盘和图片目录书）的所有权，但并不意味着取得该图库的著作权。

二、使用权在著作权法与物权法中的不同含义

《物权法》第39条规定，所有权人对自己的不动产或者动产，依法享有占有、使用、收益和处分的权利。应当说，使用权是所有权的重要权能之一。广义的使用有两种情形，一种是指依照物的性质和用途在不毁损物或变更其物理形态而对物的利用，如居住房屋、使用工具等，此种使用主要限于非消耗物；另一种是指因使用或享用客体而使物的物理形态发生变更或使物本体归于消灭，此种使用主要限于消耗物，如食品、工业原料等，是对物的一种事实处分。[2]

根据我国《著作权法》第10条规定，著作权包括发表权、署名权、复制权、

[1] 汤宗舜．著作权法原理［M］．北京：知识产权出版社，2005：4.

[2] 马俊驹，陈本寒．物权法［M］．上海：复旦大学出版社，2007：121.

发行权等 17 项人身权和财产权。简单地讲，著作权实际上是一系列专有权利的总称，其目的是使著作权人能够控制他人的行为。所谓著作财产权，尽管世界各国的称谓有别，但基本含义都是指作者享有的使用或者授权他人使用作品，取得报酬的权利，其主要包括复制权、发行权、展览权、播放权等。[1] 换言之，著作权法意义上的“使用或许可他人使用作品”中的“使用”实际上系特指著作权法所明确规定的复制、发行、展览、播放等特定行为。

综上所述，所有权人对物的使用权与著作权人对作品的使用权其含义是完全不同的。本案中，被告华基公司在购买图库后，当然有权使用图库，此处的“有权使用”系物权法意义上所有权权能之实现，是对图库有形载体的物理利用；但是，被告华基公司在未经著作权人同意且无法定豁免情形下，无权使用图库中的作品，此处“无权使用”系指无权进行著作权法所言之“复制、发行”等行为。被告华基公司将图库中的图片用于商业性广告并在报纸上发布的行为，当属《著作权法》所规定的复制行为，如果没有经过原告授权许可，被告华基公司擅自复制作品的行为必然构成对原告著作权的侵犯。

三、交易目的不能成为著作权限制的理由

一种观点认为，原告系专业图片公司，其出版图库的目的便是通过出售图库并授权他人使用获取报酬，被告华基公司作为专业的广告公司，其购买图库的目的显而易见，即通过使用图片进行商业广告而获得盈利。依照双方交易目的，被告有理由认为其购买原告正版产品后便享有永久且不限范围的使用权。原告应对是否作出特别限制且被告知悉这一事项承担举证责任。笔者认为，这种观点值得商榷。根据《著作权法》第 24 条之规定，除了合理使用及法定许可不需要经著作权人许可外，使用他人作品应当经著作权人许可，并签订书面的许可使用合同。《最高人民法院关于审理著作权民事纠纷案件适用法律若干问题的解释》第 22 条规定，著作权转让合同未采取书面形式的，人民法院依据《合同法》第 36 条、第 37 条的规定审查合同是否成立。本案原告、被告双方并未签订书面的许可使用合同，被告亦未履行其支付报酬的义务，不能认定许可使用合同成立。那么，交易目的能否成为著作权限制的正当理由呢?

为了平衡创作者、传播者和使用者的利益，促进整个社会科学文化事业进步，世界各国均对著作权进行了适当的限制。一般而言，著作权限制分为两种：一类是允许自由和免费使用（如合理使用），另一类是必须支付报酬的使用（如

---

[1] 吴汉东．知识产权基本问题研究［M］．北京：中国人民大学出版社，2005：258.

法定许可使用和强制许可使用)。我国《著作权法》第 22 条列举了 12 种可以不经著作权人许可，不向其支付报酬即可使用作品的情形，其中包括“为个人学习、研究、欣赏而使用作品”“为介绍、评论而引用作品”“为教学或科研而翻译或复制作品”等，该条被普遍认为系对“合理使用”的规定，纵观这 12 种情形，主要是为维护公共利益，商业性目的的使用显然被排除在外。美国版权法第 107 条明确规定了判断某一行为是否构成合理使用的四项标准：（1）使用的目的和性质，包括这种使用是具有商业性质或者是为了非营利性的教育目的；（2）作品的性质；（3）所使用的部分作品的数量和内容的实质性；（4）这种使用对作品的潜在市场或价值所产生影响。使用是否具有商业性质在认定合理使用中具有重要意义。美国法院亦认为，使用他人有著作权的作品，即使是符合商业惯例，也可能构成侵权。因为合理使用的构成是法院依照法律作出认定而不是依照商业习惯来判断。[1] 由是观之，即使被告交易目的就是为了获得图片的著作权使用许可，其与原告之间的买卖关系也并不使得被告必然获得著作权使用许可，被告可以重大误解等理由请求撤销合同或请求其他救济，但并不因此免除其擅自使用原告作品而应当承担的侵权责任。

此外，未经著作权人许可不得擅自使用其作品系法定义务，无需著作权人的特别提示。产品使用说明书载明的仅仅是产品购买人获得许可使用的方法及可能获得许可使用的期限和范围，其本身并不构成著作权许可使用授权。因此，无论被告华基公司购买产品时是否收到产品使用说明书，均不能免除其使用产品需获得原告著作权授权许可使用的法定义务。被告华基公司作为专业的广告从业者，具备足够的专业能力能够知晓使用他人作品必须获得著作权人明确的授权许可，即便该图片系合法途径购得。被告华基公司未经原告许可，使用原告享有著作权的作品，侵犯了原告的著作权，应当承担相应的法律责任。

（评析人：孙巾淋）

【学术评析】

本案中，被告华基公司混淆了著作权与物权所保护的权利。物权是权利人直接支配特定物的权利，即物权人依照自己的意思对标的物加以管领、处分权利人

[1] 吴汉东．知识产权基本问题研究［M］．北京：中国人民大学出版社，2005：307－308.

有权通过对物的支配而获取利益。[1] 著作权作为一种专有性权利，其保护的是著作权人对于作品所拥有的排除他人未经许可对作品行使著作权权能控制下的权利的能力。因此，获得正版作品的所有权并不等于获得了作品上附着的著作权。作品的所有权人对作品的使用还是受著作权人控制的。在没有法律规定的情形下，任何未经许可的使用都是对著作权人著作权的侵犯。对于本案的争议点，即著作权与物权的区别，《著作权法》与《物权法》中所指向的使用权的不同含义以及交易目的不能对抗著作权的排他性等问题，法官已经进行了详述，笔者也十分认同该观点。

随着作品的商业性使用，侵权行为越来越多，笔者日渐关注著作权保护与作品的商业化之间的联系。虽然著作权在作品被创作出来时即开始享有，但此时却没有任何经济上的回报，属于还没有商业化的作品。很多作品价值的实现都建立在作品的商业化基础之上。所谓作品商业化是指在商业或者是公开的环境中，通过把作品投入运作，获得收益的行为。这在一定程度上彰显了著作权人对作品的专有权利，鼓励再创作。但是，这种行为如果由别人来进行而没有得到著作权人的授权时，将构成著作权侵权。著作权作品的商业化行为非常广泛，如出版文字作品、出售或出租计算机软件、公开放映电影作品、公开展览美术作品等。因此，作品的著作权人在防止他人未经许可对作品进行商业性使用的同时也可以考虑把自己的作品投入商业运作，获得回报以刺激再创作。

（评析人：杜靖怡）

【附　录】

案号：上海市黄浦区人民法院（2007）黄民三（知）初字第72号

[1] 梁慧星，陈华彬．物权法［M］．北京：法律出版社，2007：6.

格林豪泰酒店（威海）管理有限公司诉上海辉盛酒店管理有限公司侵犯著作权纠纷案

【提　示】

未公开发表的数码照片权利归属的认定。

【案　情】

原告：格林豪泰酒店（威海）管理有限公司（以下简称“格林豪泰公司”）

被告：上海辉盛酒店管理有限公司（以下简称“辉盛公司”）

法院查明的事实，原告格林豪泰公司持有电脑光盘两张，刻录了在格林豪泰公司经营管理的格林豪泰静安店（上海新闸路1829号）中拍摄的系列数码宣传照片（文件名分别为0019～0054）。其中文件名为0020、0031、0038、0053的4张照片，在原告于2005年10月12日委托案外人进行设计和制作的四折页宣传单中使用。2007年初，原告发现被告辉盛公司未经授权，在其经营管理的帝悦大酒店二楼前台放置、任来客随意阅看的宣传资料中，使用了文件名为0032、0043的两张酒店室内照片。公证处出具公证书证明原告在帝悦大酒店取得上述宣传资料。该宣传资料为单张双面，每面的中部并排陈列了3张图片，从左向右的第二张、第三张图片即为涉案图片。经比对，第二张图片与原告0032照片完全一致；第三张图片除杯子上缺少原告公司商标标识外，与原告0043照片完全一致。

原告格林豪泰公司诉称，被告对外散发的帝悦大酒店宣传资料中使用的部分宣传图片，来源于原告在2004年11月拍摄的系列宣传图片，未经原告授权，侵犯了原告的合法权益，请求判令被告停止侵权、在《解放日报》及《新民晚报》上公开赔礼道歉、赔偿原告损失20万元及合理费用3110.80元。

被告辉盛公司辩称，原告从未在其宣传资料中使用过两张系争照片，且被告使用的其中一张图片与原告光盘中的图片不一样，图片中杯子上并无原告的标识图案，原告仅凭所持有刻录系争两张照片的光盘不足以证明原告享有系争两张照片的著作权，故请求驳回原告诉请。

【审　判】

法院经审理认为：按常理，同一场景下不同的人因构思不同、视角不同，所拍摄的照片也不会完全相同；同时，数码照片具有可修改性。经对比，被告宣传资料中使用的图片除其中一张图片中杯子上缺少原告注册商标标识外与原告所持光盘的照片完全相同，故在无相反证据的前提下，法院确认被诉侵权图片与原告光盘中文件名为0032、0043数码照片具有一致性。通过细节推定系争照片与光盘中的其他系列照片于同一天拍摄完成，即其他照片合法在先使用之日，系争照片已拍摄完成；且被告未对其合法使用宣传资料中的图片提供相应证据予以反驳，故法院确认原告对系争照片享有著作权。被告未经原告授权，擅自使用原告享有著作权的、未发表的图片，并未经同意予以部分修改，侵犯了原告的署名权、发表权、修改权以及复制权等权利，应承担相应的民事责任。法院综合考虑原告的作品类型、被告侵权行为的性质和主观过错程度、侵权的后果和社会影响等情节，判决被告立即停止对原告享有的照片著作权的侵犯、向原告赔礼道歉、赔偿包括合理费用在内的经济损失6000元。

一审宣判后，双方均未提起上诉，一审判决生效。

【法官评析】

随着科学技术的不断发展，数码照片已逐渐替代传统胶卷照片走进了千家万户。数码科学技术的普遍推广和应用，也影响到知识产权法对图片著作权归属的认定。因为传统照片以感光材料即胶卷作为载体，拍摄后的胶卷要经过冲洗才能得到照片，一次成形，不能轻易修改；而数码照片则是将影像信息以数字方式存储于磁盘或内存卡中，因而可以直接把数据传给计算机或者刻录成光盘，并借助于计算机的处理手段，对数码照片进行修改。这些新特点，使得如何确定数码照片作为可以复制的作品源与被复制的图片之间的同一性判定，以及数码照片，特别是未发表的数码照片著作权归属等法律事实认定标准产生很大的挑战。

一、数码照片著作权案件审理的难点

数码照片权利作为著作权之一，是一种事实权利，无论发表与否，均享有著作权。❶ 保护著作权的前提是确定权利归属。已公开的数码照片主要是指专业艺术照片，这类照片往往会通过合法出版物，或在公开场合（例如网站、会展场所等）发布而为公众所知，因此很容易确认著作权的归属；而未发表的数码照片，主要是指商业自用和家庭自用两种私用型的数码照片，前者是为宣传和开拓自身的商业市场而拍摄，后者是为家庭欣赏和美化生活而拍摄，一般不会公开发表，这样就不被公众所知晓，也无可以证明作品权属的权利凭证，且著作权人往往自我保护意识差，一旦被侵权，要权利人自己证明数码照片的著作权人是困难的，相应的著作权保护也就难以实现。针对未发表的数码照片如何认定著作权属，审理的难点主要表现在以下两个方面。

（一）数码照片本身的特点所产生的审理难点

数码照片是现代科技的产物，它本身存在特有的弱点和局限性，这样就给审理相关案件带来一定的困难。主要表现在：1. 数码照片❷具有无形性。传统照片在拍摄完成后即在胶卷底片上一次成形，影像和胶卷具有一一对应性。因此，底片就是唯一的作品源，无相反证明，拥有传统胶卷照片底片的人就应被认定为照片的著作权人。而数码照片是由数字所构成的虚拟组合，必须以存储的方式依附于存储卡、电脑硬盘、光盘等载体。数码照片的数据可随时与载体相分离，并可反复多次刻录于不同的载体中。在多个载体同时承载数码照片虚拟数据的情况下，甚至通过鉴定都无法分辨哪个载体中的数码信息是最早形成的源数据。也就是说，任何载体都不具有证明数码照片著作权形成时间的可靠证明力，因此，审理这类案件时，不能按传统照片的认定标准而认定数码照片载体的持有人即是数码照片的著作权人，也无法直接认定数码照片著作权形成的时间。2. 数码照片具有易修改性。数码照片数据资料存在于有形的载体中，无论照片本身的内容，还是载体上所记载的属性、格式、容量等数据皆能够更改。因此，数码照片的内容被修改后印制于其他附着物上，图像不会反映出任何的修改痕迹。而传统照片

---

❶ 我国《著作权法》第 2 条第 1 款规定，中国公民、法人或者其他组织的作品，不论是否发表，依照本法享有著作权。

❷ 此处“数码照片”仅在“数码照片数据”意义上使用，当数码照片数据通过载体表现出来的图像意义上的数码照片是有形的。

一般不易被修改，修改难度大，且痕迹相对明显，容易被发现。这一特点使得当数码照片与被诉图片之间存在差异，使用人又不提供图片的数码载体时，很难确定双方诉争标的的同一性，即如何认定两者之间的关联性存在很大的困难。

（二）数码照片的证据属性所引起的审理难点

如前所述，数码照片[1]具有无形性，要作为一种证据，必须依附于一定的载体，具有一定的形式。本案数码照片的载体为光盘，原告以持有的光盘为证据，主张其为系争照片的著作权人。光盘从证据类型来看，属视听资料。所谓视听资料，是指采用先进科学技术，利用图像、音响及电脑等储存反映的数据资料等来证明案件真实情况的一种法定证据形式。在我国《民事诉讼法证据规则》中设定视听资料的适用规则有三种：1. 存在疑点的视听资料不能单独作为认定案件事实的依据；2. 一方当事人提出的有其他证据佐证并依合法手段取得的、无疑点的视听资料或者与视听资料核对无误的复制件，对方当事人提出异议，但没有足以反驳的相反证据的，人民法院应当确认其证明力；3. 视听资料其证明力小于物证、档案、鉴定结论、勘验笔录或者经过公证、登记的书证。由此可见，我国将视听资料确立为一种独立的证据形式，具有一定的证明力，但它同时存在容易被人伪造、裁剪或涂改的局限性，因此，是一种不可靠的证据，证明力较弱，需要有其他证据以佐证方式补强其证明力。在数码照片著作权纠纷案件中，数码照片的著作权与其所附载体相分离，且承载数码照片的图像是静态的，其传递的信息有限，相应的证明力也是有限的。因此，对未发表的数码照片，仅仅通过光盘及其中刻录的数码照片数据资料为证据证明作品形成时间和权利归属是非常困难的。

从技术的角度而言，数码照片的源数据来自于数码相机的存储卡而非光盘，光盘对于其他载体而言并不具有排他的证明效力；光盘上所记载的任何数据都可以被修改，诸如创建时间、文件格式等。因此，光盘对数码照片形成时间及权利归属等事实的证明力是微弱的，不能单独作为认定上述事实的证据。

从举证能力上看，数码照片数据资料可重复多次刻录于不同的载体，作品的著作权与其载体相分离，拥有一件记录作品的载体并不能享有著作权。客观上的事实是，未发表的数码照片数据依附于唯一的载体中，相应数码照片的著作权人就是载体的所有人。但因未公开发表，不被公众所知，所以要证明这一客观事实是极其困难的。本案中，原告持有光盘除能证明持有人是记录数码照片数据的载

[1] 此处“数码照片”仅在“数码照片数据”意义上使用，当数码照片数据通过载体表现出来的图像意义上的数码照片是有形的。

体之物权所有人之外，几乎没有其他证据可以证明数码照片的权利归属，因此，原告的举证能力是有限的。

从著作权属认定规则上，无论是《伯尔尼公约》，还是我国《著作权法》均一致规定，如无相反证据，根据作品上署名确定作品作者的规定。原告以持有未发表数码照片的光盘作为反证，对抗被告公开使用的数码照片附着物而主张著作权，原告在证据上处于弱势。一旦发生侵犯著作权的行为，原告著作权得到切实保护就很困难。

二、未发表数码照片著作权归属认定的标准

尽管此类案件的审理存在诸多困难，结合案件的审理和思考，谈谈几点关于未发表数码照片著作权归属的认定标准。未发表作品著作权归属的认定一般存在两大待证事实：1. 被诉侵权图片与原告主张著作权的数码照片之间的关联性问题；2. 谁是未发表数码照片的著作权人。

（一）被诉侵权图片与原告主张著作权的数码照片之间是否存在关联性的认定标准

这是本案当事人之间形成争议首先必须解决的逻辑前提。众所周知，受《著作权法》保护的作品具有独创性，这是此作品区别于彼作品的本质特征之一。如果被诉侵权图片并非原告主张权利的数码照片，那么侵权与赔偿均无从谈起。如果侵权人在使用他人享有著作权的照片时，利用数码照片的可修改之特点，对照片进行一定的修改，这样两者之间可能会存在很大的差异性，使得两者的关联问题变得扑朔迷离，难以分辨。

根据经验法则确定如下认定标准，第一，按常理所确立的标准，同一场景下不同的人因构思不同、视角不同、所用照相机不同，所拍摄的照片也不会完全相同，这是由受《著作权法》保护的数码照片独创性的特点所决定的，它凝聚了拍摄者的智力劳动成果，是区别此照片与彼照片的基本特征；第二，根据数码照片的特点所确立的标准，数码照片的可修改性，允许两者存在差异。但作品的独创性，决定了无论如何修改，也改变不了数码照片作者独特的视角，因此，两者局部的不一致不足以推翻整体的一致性。本案中，被告宣传资料中使用的图片除其中一张图片中杯子上缺少原告注册商标标识外，无论是拍摄的视角、图片中场景、物品及其相互的空间位置等均与原告所持光盘的照片完全相同，法院认为，被告所使用图片与原告光盘照片局部不完全一样的事实不足以推翻其与原告所持有光盘中照片的一致性，且被告虽对光盘真实性提出质疑，但未提供证据予以反驳，也未申请鉴定，故在无相反证据的前提下，确认被告使用的两张图片与原告

光盘中的数码照片具有一致性。

（二）未发表数码照片著作权人的认定标准

对于这一事实认定，目前立法中没有规定，司法中没有统一的标准。从法理上讲，“通过证据证明而得出的结论往往较为精确；而运用推定法则，人们可以比较容易地依据经验法则和逻辑思维得出结论，但在精确度方面则逊色一些，因此它是一种容易采用但不精确的方法。”[1] 因此，对于未发表数码照片著作权属的认定规则，实务界有两种不同的观点：第一种观点，著作权属于绝对权，具有排他性和唯一性，权利人必须以具有绝对排他证明力的证据证明其是权利人，因为著作权与载体相分离，原告持有数码照片数据资料的载体不足以证明数码照片的权属。第二种观点，客观上未发表的作品没有直接证明其权属的合法出版物或者权利凭证，无法直接通过证据证明而确定权属，要求权利人直接证明权利归属，举证责任过重，证明标准过高甚至苛刻，不利于这类著作权的保护。因此，对未发表的著作权属争议的判定采取推定方法比较妥当，避免发生对这类权利侵权的泛滥。因为“推定往往与盖然性的证明标准相符合。就是说，通过推定可以产生一种符合盖然性优势的结论，这种结论符合真实的可能性如此之大，除非另一方当事人提出有力的反证，否则应当作出对一方当事人有利的裁决。”[2]

笔者同意第二种观点。对这类案件的审理，应当坚持经验法则和逻辑规则相结合，从细节出发，综合全案，得出符合民事诉讼证据规则的结论。建议从以下两个角度进行全面审查后，对未发表的数码照片著作权属作出判定：

（一）充分运用证据规则，合理分配举证责任

1. 赋予数码照片载体持有者一定的证据优势地位。

数码照片著作权与其载体相分离的特点，使得数码照片的持有者不再拥有和传统胶卷照片底片持有人一样的权利，不能当然成为数码照片的著作权人。但数码照片权属的认定标准仍然坚持民事证据的高度盖然性标准。刻录有数码照片数据资料的载体，也是一种证据，具有一定的证明力。特别是在案件中当数码照片的数据资料由持有人所持载体唯一承载时，此时的载体就应当与传统胶卷底片一样具有相同的证明力，载体的持有人就是数码照片著作权人。除非对方当事人也同样作为持有人，否则仅有抗辩仍不足以对持有人形成有力的驳倒效果，应当确认持有刻录数码照片数据资料载体的人是著作权人的证明力大于非持有人的抗辩，具有一定的盖然性。换句话说，若双方当事人均持有存储有数码照片数据的

---

[1] 叶自强．民事证据研究［M］．北京：法律出版社，2002：91．

[2] 叶自强．民事证据研究［M］．北京：法律出版社，2002：94．

载体，则应结合其他证据进行判断。假如原告提供的所有证据材料及说明，均不足以形成高度盖然性优势的话，应驳回原告的起诉。

2. 赋予使用者对数码照片的合法来源进行举证的责任。

鉴于载体不具有排他性证明数码照片权利归属的证明力，持有人仅享有证据优势地位，但仍不足以满足高度盖然性的证明标准，著作权归属仍处于真相不明的状态，因此，法院还必须合理分配当事人的举证责任，来补强对事实的证明力。

对于数码照片数据存在于其他载体以对抗持有人唯一性的举证责任，法院应当指定由被诉侵权者承担，这符合证据举证责任分配原则。对于权利人来说，其主张的是除自己之外没有其他主体是权利人，这是个消极主张，无法通过积极的行为证明不存在的事实，而且客观上，权利人也没有证据直接证明未发表作品的著作权归属；而对被告而言，其有力反驳权利人的主张是"还有其他载体存在，原告仅作为载体持有人，不能当然成为著作权人"，这就意味着反驳的主张是个积极主张，完全可以通过一定的举证证明其主张的存在。而且，根据《最高人民法院关于审理著作权民事纠纷案件适用法律若干问题的解释》第 19 条有关发行者、出租者应当对其发行或者出租的复制品有合法来源承担举证责任。举证不能的，依法承担相应法律责任的规定，法庭还应认定被诉使用者负有审核图片来源合法之义务，并对此承担相应的举证责任。若无法提供相应的证据，则从另一角度补强了作为有疑视听资料的光盘不能单独作为依附其数码照片著作权归属之证据的证明力，为形成法官内心高度盖然性提供了心证。本案中，法院将被告虽然对原告所持光盘提出质疑，但并未对其合法使用宣传资料中的图片提供相应证据予以反驳，作为认定原告享有著作权的理由之一。

（二）重视对案件细节的关注和审查

仅仅通过举证责任的分配是否就能认定未发表数码照片的权利归属？笔者认为仍然不够充分，毕竟数码照片的著作权人应当是唯一的，推定规则的不精确性决定了仅依据上述认定标准仍不可避免地会出现问题。从这个意义上讲，确认未发表数码照片著作权属仍面临着困难重重。要正确判定相应的著作权属问题，还必须注重细节。审理中，可由法院以释明的方式，由主张著作权的当事人考虑从以下几个方面对事实进行说明和举证，以强化法官对著作权归属的心证。

重点加强对数码照片形成过程的了解。（1）要求主张权利的当事人对数码照片由谁、出于何种目的、在什么地点、如何完成数码照片的拍摄等内容进行说明；法院应当对当事人陈述进行比较，并分别对其合理性、逻辑性进行判断。（2）通过引导寻求是否存在其他证据能佐证数码照片归属的事实。这类事实无法预知，情况千变万化，无章可循，只能根据实际情况予以处理。本案就是通过与系争数码照片同一时间、同一地点拍摄的其他系列照片公开在先发表的事实，结合案件的其他证据，认定了相应的著作权属。

以数码照片显示的内容为线索，查明图像内容与权利人之间的关系。一般数码照片有人物和场景两种。假如照片上显示的是人物，可以通过传唤照片拍摄的对象，即照片中的人物或其法定代理人（指未成年人、无行为能力人或者限制行为能力人）到庭作证的方式，了解照片形成的过程，查明著作权归属。照片图像上的人与著作权人可能有合同关系、亲属关系，或者其他法律关系，通过他们的证人证言及提供的相应材料，可判断著作权形成的时间及归属。假如照片上的图像是静物，则分别由权利人对静物出现的地点、拍摄的场景进行说明，有必要的话，法院可以作实地勘察予以查实。

侵权人是否有机会接近未发表的数码照片数据源或载体。如前所述，未发表的数码照片一般由著作权人自用，侵权人几乎没有机会接触到数码照片的数据源或载体，则不可能发生侵权行为。如今社会人才的快速流动，网络的发达，都可能使这类未发表数码照片的数据随人员的流动、网络的传播而泄露在外，为侵犯著作权的行为提供可能。因此，询问权利人对方是否有可能接触到相关的数据源或载体，对法官形成内心的心证，判定著作权的归属也具有相当的意义。这一节事实未必可以通过民事程序查实，只为法官形成内心的确认提供一种可能。本案中，原告陈述原保管光盘的工作人员现为被告的员工，被告也承认该节事实，但否认该人向被告提供了原告的数码照片，原告也无证据证明该人实施了这种行为。法院虽然未对这节事实予以认定，但却加强了法官认定原告为涉讼数码照片著作权人的心证。

这类案件审理难度大，合议庭紧紧抓住受《著作权法》保护的作品所具备的独创性的特点，结合原告所持有光盘中其他在先使用的照片与系争照片之间的联系，从画面中所显示物品的细节，以及通过常理分析，综合全案，一一解决审理中的难题，认定原告是系争照片的著作权人，被告未经原告许可擅自在其宣传资料中使用系争照片，侵权行为成立。

（评析人：方产）

【学术评析】

数码照相机的普及应用在给人们带来便捷的同时也带来了一系列的问题。由于数码照片具有无形性和易于修改的特点，在现实中很难判定一张数码照片是否经过后期的技术处理，或者该技术分析的成本十分昂贵。这就使得数码照片作品很容易遭受他人的侵权，而侵权的维权成本较高，为数码照片著作权的维权带来了困扰。

本案的法官在上文已经详尽地阐述了数码照片的特征，并探讨了其在著作权侵权诉讼中的普遍疑难点问题及归属认定标准，笔者对其观点十分赞同，在此不再赘述。下文将简单介绍一起类似的关于数码照片著作权案件，希望能够给读者提供一个展开阅读案件的平行视角。

该案是曾实记某餐饮公司诉王某侵犯其数码照片著作权案。2004 年 11 月 13 日，成都市曾实记某餐饮公司的董事长曾小文所创建的“曾实记泥鳅王”作为四川特色餐饮代表之一，受邀参加了“澳门第四届国际美食节”，在展会上，曾小文与澳门某知名人士合影留念❶。2005 年初，曾小文意外地发现在美食家协会会刊上发现了一张似曾相识的照片，与她当初和澳门知名人士的合影极其相似，唯一的区别是原先曾小文的位置上是一名男子。曾小文认定是有人篡改了她的照片，遂将王某和他的食品公司诉至法院。被告在法庭上并未否认自己曾经篡改照片，而是利用数码照片存储转移方便、著作权不易辨识的特性试图证明曾实记某餐饮公司并不是数码照片的著作权人。王某为证明其公司用于合成的原始照片来源于四川美食家协会陈某的数码相机的事实，举出一张载有曾实记某餐饮公司主张著作权数码照片的存储卡。这张卡显示，照片的创建时间为 2004 年 11 月 13 日，修改时间为 2005 年 3 月 26 日。

法院经过司法鉴定后认为，曾实记某餐饮公司提供的照片中的图像内容明显多于王某提供的照片，且这两张数码图像都属于同一张数码照片，依日常生活经验和正常逻辑，两部相机同时拍摄同一对象，特别是人像，形成完全相同的两张照片极不可能；而照片所记载的影像信息只会因复制而减少，不会因复制而增加，且王某所出示照片记载的信息少于餐饮公司的照片，故应当认定王某所举照片复制于曾实记某餐饮公司的照片，在王某未举出其他证据的情况下，应当认定曾实记某餐饮公司的数码照片为原件。法院判决其公司停止篡改成都曾实记某餐饮公司摄影作品的行为，并赔偿该某餐饮公司经济损失 4000 元、合理开支 6000 元。❷

上述案件涉及数码照片著作权归属及侵权判断的问题。随着信息技术的高速发展，数码照片通过数字形式能够便捷的储存和修改，增加了其被侵权的可能

---

❶❷ 张志海．数码照片偷梁换柱被判侵权［N］．中国知识产权报，2007－3－7．

性。因此，作为数码照片的著作权人应该提高自己的著作权维权意识。从技术角度分析，有经验的摄影朋友可能都知道，将 RAW 格式的数码照片转换为 JPEG 等格式时，可以同时将 RAW 原始数据格式刻盘保存。这样一来，即使将来发生纠纷，RAW 原始数据就能证明数码照片的著作权所有；或者利用 PS 等软件，采取在自己的作品上做“水印”等方法，避免遭遇侵权；另外，还可以将数码照片在不破坏美感的前提下进行适量剪裁，这样侵权者就得不到 100% 全画面的数码照片了。

（评析人：杜靖怡）

【附　录】

案号：上海市黄浦区人民法院（2007）黄民三（知）初字第 46 号

佛山市顺德区孔雀廊娱乐唱片有限公司与北京联丰通信技术有限公司、中国移动通信集团上海有限公司侵犯著作权纠纷案

【提　示】

网络内容服务提供者与网络服务提供者具有不同的侵权责任认定标准。

【案　情】

原告：佛山市顺德区孔雀廊娱乐唱片有限公司（以下简称“孔雀廊公司”）

被告：北京联丰通信技术有限公司（以下简称“联丰公司”）

被告：中国移动通信集团上海有限公司（以下简称“移动公司”）

法院查明的事实，原告孔雀廊公司系《一万个理由》《我不后悔》等作品录音制作权的权利人。原告发现掌秀网未经原告许可擅自向公众提供由上述歌曲制作而成的手机铃声下载服务并收取相关费用。原告通过公证取证方式获得的公证书反映了使用手机根据掌秀网的提示下载涉案歌曲的过程：登录掌秀网首页，搜索涉案歌曲并点击相应曲目，在弹出的“图铃无限下载”对话框中输入手机号码，会收到来自800281的数条短信提示，在下载歌曲《一万个理由》制作的手机铃声时，可以通过800281的短信直接收到并播放该手机铃声，短信内容包括“感谢您使用联丰通信公司的自制彩信业务，服务代码8002、信息费3.00元”

等。在下载其他三首涉案歌曲制作而成的手机铃声时，手机短信会显示歌曲来自“a. 8002. cn”网站，按“转到”后，下载过程中显示“快乐下载”字样，下载完毕后可进行存储或设为铃音操作。

另查明，800281 系联丰公司提供的短信服务号码；“a. 8002. cn”网站在互联网上的搜索结果中选择进入“捉鱼网”，其相关频道的内容中标明了联丰公司的联系方式。联丰公司与移动公司于 2006 年 9 月签订了《移动梦网短信业务合作协议》，约定：移动公司向联丰公司有偿提供通信、计费通道，服务代码为 8002；联丰公司保证提供的信息内容不违反有关法律法规政策并不损害社会公共利益；移动公司完全享有由于用户占用移动通信网络资源而产生的通信费用，用户使用联丰公司提供的应用服务或信息服务而产生的信息费由联丰公司享有，同时联丰公司需向移动公司支付代计代收信息费服务的劳务费，结算基准为联丰公司应收本省（直辖市、自治区）移动梦网用户信息费的 15%。

原告孔雀廊公司诉称，两被告未经原告许可向公众提供由上述歌曲制作而成的手机铃声下载服务并收取相关费用，侵犯了原告的合法权益，请求判令两被告停止侵权、向原告公开赔礼道歉并赔偿经济损失。

被告联丰公司辩称，涉案四首歌曲系“掌秀网”和“快乐下载网”向用户直接提供下载；联丰公司仅是被动地向用户提供链接的地址，而未直接提供下载，是链接服务提供者；联丰公司在提供链接服务中，主观上没有过错，原告未曾向联丰公司提出警告，因此联丰公司不应当承担侵权赔偿责任。

被告移动公司辩称，其与联丰公司确实签有短信业务合作协议，为联丰公司有偿提供通信、计费通道，服务代码为“8002”，但依据现有技术条件，移动公司无法对内容服务商提供的短信内容在传送信息时作识别、记录、编辑等处理，移动公司向联丰公司收取的仅是短信通道使用费，而且原告未曾向其发出侵权警告，要求移动公司承担赔偿责任缺乏依据。

【审　判】

法院经审理认为：原告在下载《我不后悔》等歌曲时，是按照联丰公司所发送的提示短信的递进引领，最终完成了涉案歌曲的下载，联丰公司在涉案歌曲的下载过程中一直处于主导地位。“a. 8002. cn”网站在互联网上的搜索结果显示联丰公司与之有关联，联丰公司向用户提供该网站链接，却未能提供证据证明该网站系案外人经营；而且“快乐下载”仅是在进入“a. 8002. cn”网站下载过程中出现的字样，并未有充分的证据表明“快乐下载”是信息来源，故应当认定联丰公司实施了侵权行为。即便如联丰公司所言，其只是为涉案歌曲的下载者提供链接服务，但由于联丰公司明知或应知其短信服务通道被用于歌曲下载，却从未要求内容服务提供者提供合法的授权许可证明，对被链接网站的合法性疏于审查，主观上具有过错，客观上对侵权行为的实施提供了帮助，给原告的权利造成了损害后果，同样也应当承担侵权民事责任。而移动公司在涉案歌曲铃声的网络传播行为中并无法律上的过错，其辩称的理由有理有据，在本案中不应承担责任。判决被告联丰公司赔偿原告损失 8 万元。

一审宣判后，原告与被告联丰公司均不服一审判决，提出上诉，二审判决驳回上诉，维持原判。

【法官评析】

本案是一起典型的手机彩铃侵犯著作权的案例，但在审理中出现了两种截然不同的观点。一种观点认为，移动公司和联丰公司在本案中的作用仅是提供短信平台，是网络服务提供者，没有理由了解涉案彩铃的侵权情况，且原告也没有事前通知，因此联丰公司不应承担赔偿责任；另一种观点认为，移动公司无须承担责任，但联丰公司不仅提供了短信平台，还直接提供了彩铃下载服务，是内容服务提供者，构成对原告邻接权的侵犯，应当承担相应的侵权责任。上述观点争议的实质在于，本案联丰公司在信息传输中的作用，这也是判断联丰公司责任的基础和关键。

一、网络服务提供者的类别

广义的网络服务提供者（Internet Service Provider，ISP）是个非常宽泛的概念，泛指一切为通过信息网络向公众提供信息或者获取信息等目的提供服务的机构，如为公众提供接入互联网服务、传输服务对象的信息，为单位或个人出租网页，提供搜索或链接服务，或者通过网络提供自己制作、收集的信息等。[1] 目前，对于网络服务提供者尚无统一的定义和概念。从 ISP 所提供服务的范围不同可大致将其分为以下 3 类[2]，即网络接入服务提供者、网络平台服务提供者及网络内容服务提供者；狭义的网络服务提供者则是指为网络信息传播提供技术支持

---

[1] 张建华. 信息网络传播权保护条例释义［M］. 北京：中国法制出版社，2006：52.

[2] 也有的学者采用四分法，例如王迁学者就认为网络服务提供分四类：网络接入服务、网络内容服务、主机服务及搜索引擎服务，参见王迁. 网络版权法［M］. 北京：中国人民大学出版社，2008：133 – 134.

和服务的主体，包括网络接入服务提供者和网络平台服务提供者。也有学者将之统称为网络中介服务者。[1]

（1）网络接入服务提供者（Internet Access Provider，IAP），即主要为各种在线业务提供线缆、路由器、交换机等基础通信服务，如通过自有通信设施向用户提供以电话线、光缆等方式接入互联网的服务。此类服务提供者的硬件设施仅是信息的传输通道，其并不控制信息的内容。

（2）网络平台服务提供者（Internet Platform Provider，IPP），即为用户提供网络连线后各项网络相关业务的服务，例如提供电子邮件、文档传输服务、BBS 服务、检索服务，数据库储存与代理等。此类服务提供者虽不主动对信息进行筛选、加工，但是在某些情况下有能力对用户发表的信息加以控制。

（3）网络内容服务提供者（Internet Content Provider，ICP），即为用户主动提供各种类型的具体信息。ICP 所提供的信息均系自行采集、编辑、加工而成，对信息的内容有绝对的控制力。

应当说明的是，上述分类并不是绝对的，随着信息技术的发展 ISP 往往集几重身份于一身，提供全面服务来满足网络用户的需求。但这并不意味着这样的分类界定毫无意义，尽管在现实生活中可能身兼数职而界限不够清晰，但在法律上仍有重要意义，意义在于根据各类网络服务提供者服务行为的特征，界定其法律地位，从而确定其应当承担的法律责任。

二、网络服务提供者在信息传播中的法律责任

网络内容提供者作为网络服务器的经营者，直接向用户发布信息，充当主动传输内容的角色；网络中介服务者则是为其提供技术支持和服务，充当被动传输信息的角色。这不同的传播角色，在信息网络传播权侵权诉讼中往往承担不同的侵权责任。

（一）网络内容提供者的法律责任

网络内容提供者可以完全控制网上信息的发表、传输等，网页上的内容均由网络内容提供者自行采集、加工而成，用户只可浏览、下载而无法改变。网络内容提供者的作用是将信息置于网络上的公众可访问的状态，与传统出版者的作用非常类似。因此，网络内容提供者一般都被类比为“出版者”，网络内容提供者

---

[1] 高富平. 电子商务法律指南［M］. 北京：法律出版社，2003：35.

承担的是类似于出版者的责任❶，其对于出现在其服务控制范围内的著作权侵权行为承担的是直接侵权责任，即只要未经著作权人许可，也没有法定的免责事由，擅自上传或传播作品就构成侵权。至于其主观心理状态如何，只影响到责任承担的方式，而不影响对于侵权的认定，如果的确无主观过错，则无须承担损害赔偿责任。对于“主观过错”的举证义务，由网络内容提供者承担。

（二）网络中介服务者的法律责任

根据《著作权法》及《信息网络传播权保护条例》（以下简称《条例》）的规定，二者均认可网络内容提供行为构成对著作权的侵犯，但《条例》中同时亦对于搜索、链接服务等网络中介服务行为规定了避风港原则。结合《最高人民法院关于审理涉及计算机网络著作权纠纷案件适用法律若干问题的解释》第3条、第4条的规定，网络中介服务提供者通过网络参与他人的侵权行为或者教唆、帮助他人侵权的，应当承担共同侵权责任；在明知或应知他人通过网络实施侵权行为，或经著作权人通知仍不采取移除侵权内容等时，应当承担共同侵权责任。换言之，对于网络中介服务者是否应当承担侵权责任的标准在于其主观是否有“过错”，是否对他人的侵权行为“明知或应知”。如果网络中介服务者不知晓也没有合理理由知晓侵权行为，或者知晓后采取措施制止侵权行为的，即没有主观过错。对于“主观过错”的举证义务，由权利人承担。

三、准确判断网络服务提供者的性质是认定责任的基础

如前所述，为了维护互联网的健康发展，加大对著作权人的保护但又不妨碍信息的自由交流与传播，现行法律对网络内容提供者与网络中介服务者的法律责任作了区别对待。而且现实生活中网络服务提供者往往是集多种功能于一身，因此，在认定网络服务提供者在具体案件中的侵权责任时，首先要确定其在个案中所扮演的角色。法院认为，联丰公司与移动公司客观上与涉案歌曲的

---

❶《最高人民法院关于审理著作权民事纠纷案件适用法律若干问题的解释》第19条规定：“出版者、制作者应当对其出版、制作有合法授权承担举证责任，发行者、出租者应当对其发行或者出租的复制品有合法来源承担举证责任。举证不能的，依据著作权法第46条、第47条的相应规定承担法律责任。”

第20条规定：“出版物侵犯他人著作权的，出版者应当根据其过错、侵权程度及损害后果等承担民事赔偿责任。

出版者对其出版行为的授权、稿件来源和署名、所编辑出版物的内容等未尽到合理注意义务的，依据著作权法第48条的规定，承担赔偿责任。

出版者尽了合理注意义务，著作权人也无证据证明出版者应当知道其出版涉及侵权的，依据民法通则第117条第1款的规定，出版者承担停止侵权、返还其侵权所得利润的民事责任。

出版者所尽合理注意义务情况，由出版者承担举证责任。”

网络传播均有一定的关联，但作为网络服务提供商，是否应当承担侵权责任，应根据两者在涉案歌曲网络传播中所起的不同作用及主观上是否有过错作出判断。

以本案为例，移动公司的作用是为接收联丰公司发送的信息及向移动用户发送该信息提供基础性的技术连接服务，该服务是技术性和被动的，属于网络中介服务者。判断其是否应当承担责任，标准在于其是否具有“主观过错”。法院认定，在现有技术条件下，移动公司提供该项服务时无法对其传送的信息进行遴选，客观上亦无法对信息内容逐一审查，对于信息内容是否具有合法性无从知晓。而且移动公司的收费本质上是联丰公司占用移动公司短信通道资源的对价，移动公司提供基础设备服务而收取费用的行为，不能作为要求其承担侵权责任的理由，故没有判定移动公司承担侵权责任。

对联丰公司在涉案歌曲网络传播中的作用，联丰公司辩称其只是提供了链接服务，而没有提供涉案的侵权内容。我们认为，作为网络服务提供者，联丰公司应当提供证据证明自己没有提供下载服务，如果未能举证，则法院可以根据实际情况推定是其实施了上载行为并提供下载服务，从而构成直接侵权。结合本案，虽然联丰公司极力否认，但是综合以下几个事实足以推定联丰公司就是网络内容提供者，第一，联丰公司是经相关主管部门批准的增值电信业务经营者，其所经营的增值电信业务范围包括了歌曲下载服务在内的信息服务业务等相关内容；第二，用户下载涉案歌曲是通过联丰公司提供的 8002 短信服务通道，在其短信内容的指引下完成的，且联丰公司向用户收取了下载的费用；第三，短信中出现的“a. 8002. cn”网站与联丰公司有关联，联丰公司虽主张其与之是合作关系却没有证据证明“a. 8002. cn”网站系由案外人经营。联丰公司的上述行为侵犯了原告的合法权益，且由于联丰公司未经许可擅自将作品传播，主观过错明显，应当承担相应的赔偿责任。

（评析人：凌崧、孙巾淋）

【学术评析】

一、我国网络服务提供者侵权责任的立法现状

近几年来，我国在网络侵权研究方面取得了长足的进步，对很多问题进行了有价值的探索。但在立法上，目前我国还没有出台专门的网络侵权法律，相关的规定散见于其他法律、解释、条例、规定等法律文件中。

我国在国内外的司法实践和法律法规的基础上于2006年5月颁布，7月1日开始正式实施了《信息网络传播权保护条例》。在该条例中，对网络服务提供者侵权责任进行了较为详尽的规定，更加明确和完善了这一制度。2012年11月26日最高人民法院审判委员会第1561次会议通过了《最高人民法院关于审理侵害信息网络传播权民事纠纷案件适用法律若干问题的规定》。其中，对作品提供行为和网络服务提供行为进行了区分，并且对于如何确定网络服务提供者的法律责任和如何认定网络服务提供者的过错进行了详细的规定。

我国《侵权责任法》第36条规定，“网络用户、网络服务提供者利用网络侵害他人民事权益的，应当承担侵权责任。网络用户利用网络服务实施侵权行为的，被侵权人有权通知网络服务提供者采取删除、屏蔽、断开链接等必要措施。网络服务提供者接到通知后未及时采取必要措施的，对损害的扩大部分与该网络用户承担连带责任。网络服务提供者知道网络用户利用其网络服务侵害他人民事权益，未采取必要措施的，与该网络用户承担连带责任。”该规定包括两方面的内容：其一是网络服务提供者利用网络实施的直接侵权行为。第36条第1款对网络服务提供者利用网络侵害他人民事权益应当承担的侵权责任作出了原则性的规定。其二是网络服务提供者在网络用户利用其网络实施侵权行为时，与网络用户承担连带责任的两种情形。第一种情形是第36条第2款规定的“通知条款”，即网络服务提供者在被害人发出侵权通知后，应当及时采取删除、屏蔽或者断开链接等措施，阻止侵权信息的进一步传播，否则将对损害的扩大部分与侵权人承担连带责任。第二种情形是第36条第3款规定的“知道条款”，即网络服务提供者知道网络用户利用其网络服务侵害他人民事权益的，未采取删除、屏蔽或者断开链接等必要措施的，与该网络用户承担连带责任。该款是对网络服务提供者构成帮助侵权的认定，因为从“知道”侵权行为的发生而没有采取必要措施之时起网络服务提供者和网络用户之间就具有了共同的过错，网络服务提供者实际上扮演着帮助侵权的角色，其具体表现形式为“知道”，核心要件为“过错”，承担的法律后果则是网络服务提供者和网络用户的连带责任。

二、WCT中关于网络服务提供者侵权责任的规定

《世界知识产权组织版权条约》（*WIPO Copyright Treaty*，*WCT*）正文本身虽没有对网络服务提供者的侵权责任作出规定，但在其所附的解释著作权人网络传播权的声明中指出：仅提供传播设备的行为本身不构成著作权侵权。据此可以推出结论，提供传输存储设施的网络服务提供者对他人提供的侵权信息不负侵权责任。

根据上述规定，网络服务提供者的免责适用如下规则❶：

（1）只能是ISP，而不能是ICP。且ISP为确保其服务的中介性，除可采取自动化的技术过滤等预防性措施外，不负有对其系统或网络中传输、存储或缓存信息的监控义务；

（2）ISP只有在其知道或应当知道（即违反其合理注意义务）侵权或违法行为发生而没有及时制止时，才承担责任；

（3）ISP在接到通知时，应当采取删除、屏蔽、断开链接等必要措施防止侵害的扩大，ISP在采取上述措施时不对被控侵权或违法者承担违约责任。

三、本案中移动公司的法律地位

本案中，移动公司的作用是为接收联丰公司发送的信息及向移动用户发送该信息提供基础性的技术连接服务，该服务是技术性和被动的，属于网络中介服务者。判断其是否应当承担责任，标准在于其是否具有“主观过错”。

在现有技术条件下，移动公司提供该项服务时无法对其传送的信息进行遴选，客观上亦无法对信息内容逐一审查，对于信息内容是否具有合法性无从知晓。而且移动公司的收费本质上是联丰公司占用移动公司短信通道资源的对价，移动公司提供基础设备服务而收取费用的行为，不能作为要求其承担侵权责任的理由，故移动公司无需承担侵权责任。

关于移动公司的法律地位，笔者认为可以参考2006年11月，百度作为被告的另一起因提供MP3文件下载而涉讼的案件❷。此案是由环球、华纳、百代等7家国际知名唱片公司起诉百度网站未经许可，为用户提供大量歌曲的在线播放和下载服务。审理此案的北京第一中级人民法院认为，百度提供的MP3搜索引擎服务，功能在于帮助互联网用户在海量的信息中迅速定位并显示其所需要的信息。由于搜索的内容来源于上载音频数据格式文件的网站，并受控于上载作品的网站，因此，搜索引擎本身对搜索内容的合法性并不具有预见性、识别性和控制性。而且，用户下载的歌曲并非来自于被告网站，而是来自未被禁止链接的、开放的第三方的网络服务器，故判决驳回了原告的诉讼请求。此处百度公司与移动公司的共同点就是它们皆为网络中介服务者，客观上无法对信息内容逐一审查，

---

❶ 刘颖，黄琼．论《侵权责任法》中网络服务提供者的责任［J］．暨南学报（哲学社会科学版），2010（3）：57.

❷ 陈惠珍．网络服务提供者侵权责任辨析［N］．中国知识产权报，2009（5）：15.

对于信息内容是否具有合法性无从知晓，因此无需承担侵权责任。

（评析人：杜靖怡）

【附　录】

一审案号：上海市黄浦区人民法院（2007）黄民三（知）初字第50号

二审案号：上海市第二中级人民法院（2009）沪二中民五（知）终字第4号

刘昕、孙京永、张伟与上海圣慧信息技术有限公司侵犯著作权纠纷案评析

【提　示】

时事新闻报道、时事新闻作品可以受《著作权法》保护。

【案　情】

原告：刘　昕
原告：孙京永
原告：张　伟
被告：上海圣慧信息技术有限公司（以下简称“圣慧公司”）

法院查明的事实，2006年5月，原告三人合写的《仲村人大发蒜财》一文，在《农村大众》第8001期第8版的新闻·省内上发表。在该文的标题旁列有副标题“收获季节仅劳务收入一项，人均增收一百二十元”，文章开头署有：本报平邑讯（通讯员刘昕、孙京永、张伟）字样，全文近400字，无著作权人“不得转载”的有关声明。嗣后，被告在其“国际大蒜贸易网”首页本站动态栏上全文刊载了系争文章，但在文章标题上增加了“平邑”二字，为《平邑仲村人大发蒜财》，未出现“收获季节仅劳务收入一项，人均增收一百二十元”的副标题；并注有：“发布时间2006－5－29 8：40：24，来源：国际大蒜贸易网”，在文章开头署有：“（通讯员刘昕、孙京永、张伟）”字样。

2009年2月11日，经原告刘昕申请，上海市东方公证处对被告在国际大蒜贸易网刊载上述文章的事实进行了保全公证。庭审中，原告明确被告擅自使用原告的作品，未支付报酬。

三原告诉称，被告未经授权，私自将原告作品转载至其网站上进行广告宣传。并且在转载的文章标题上增加了“平邑”二字，又删除了文章的“收获季节仅劳务收入一项，人均增收一百二十元”的副标题，侵犯了原告对作品所享有的修改权和获得报酬权。遂请求法院判令被告停止侵权、支付三原告稿酬1000元及合理费用8515元。

被告辩称，原告方撰写的《仲村人大发蒜财》一文，是对平邑县仲村镇村民挖蒜、分拣蒜头、装运蒜头等时事消息进行平白地描叙，属时事新闻。时事新闻是不受《著作权法》保护的，网站等媒体均可以自由转载，只要注明出处即可。被告网站的确登载了系争文章，但被告是转载于其他网站，被告的行为符合法律规定，未侵犯原告的合法权利，故不应承担法律责任。

【审　判】

法院经审理认为，根据法律规定，时事新闻是指通过报纸、期刊、广播电台、电视台等媒体报道的单纯事实消息。这种“单纯事实消息”只是反映一种客观事实的存在，应当是全部由信息，包括时间、地点、人物、事件等客观现象或事实所组成。它没有对新闻事实的细节描述，不反映作者的思想内容、不带有作者的主观色彩，因此不具有《著作权法》意义上的作品所应当具备的独创性特点。本案系争文章具备了作品的独创性特点，与时事新闻只是单纯反映客观事实存在的特征不符，应受《著作权法》的保护。被告辩称系争文章为时事新闻，缺乏事实和法律依据，本院不予采纳。被告未经著作权人许可，擅自在其网站上刊载涉案文章，且未在合理时间内向原告支付报酬，构成侵权。法院遂判决被告立即停止侵权、赔偿三原告包括稿酬及合理费用在内的经济损失共计2500元。

一审宣判后，双方均未提起上诉，一审判决生效。

【法官评析】

按照《著作权法》第5条第2款（下文称为“时事新闻条款”）规定：“本法不适用于：（二）时事新闻。”但实践中很多人误将时事新闻和对时事新闻的报道混淆，即认为凡是媒体上刊发的时事新闻报道、时事新闻作品甚至新闻作品都不受《著作权法》的保护，进而导致司法实践中涉及时事新闻作品的侵权纠纷时有发生。事实上，时事新闻并不同于时事性文章，也不同于新闻作品，司法实践中应当严格把握时事新闻的认定标准，正确区分时事新闻、时事性文章与一般新闻作品，不要将大量本应受到保护的新闻作品因为我们的误解而被《著作权法》“拒之门外”。

一、立法与实践之间的时事新闻界定

关于时事新闻的界定，法学界与新闻界从未形成过统一的意见，两者对时事新闻概念存在严重分歧，这也是对时事新闻不受保护条款的理解莫衷一是的重要原因。

就新闻行业而言，时事新闻包括两个方面，即时事和新闻，根据《现代汉语词典》的解释，“时事”即最近期间的国内外大事；“新闻”在《辞海》中解释为报社、通讯社、广播电台、电视台等新闻机构对当前政治事件或社会事件所作的报道。因此，“时事新闻”可以理解为报社、通讯社、广播电台、电视台等新闻单位对最近国内外大事包括政治事件、社会事件所作的报道。而根据《著作权法实施条例》第6条的规定，时事新闻是指通过报纸、期刊、电台等传播媒介报道的单纯事实消息。据参与著作权立法的专家解释，时事新闻又称纪实新闻，是指全部由信息（或硬件，包括时间、地点、人物、事件等客观事实）组成的新闻，反映新近发生的事。❶

为此，有人指出：“什么是单纯的事实消息？从新闻界来说，一点也不明确，至今为止的新闻教科书也找不出这样的概念。立法和新闻法学理论中，也没有展开充分讨论和研究。他还指出此类文体在新闻媒体上几乎不存在。即使是新闻学中的简讯、快讯、综合消息等消息也不是单纯的事实消息，这些消息也都是在事实的基础上，结合作者个人的分析观点而形成，这样的时事新闻具有评论性、描述性，凝结着作者的独立构思和创意，应该得到著作权的保护。”❷

诚然，在新闻行业竞争愈演愈烈、日益求新求异的社会背景下，新闻报道已越来越多地融入了媒体自身对信息资源的整合、加工和价值判断，其中包含了越来越多的智力劳动，构思独特、创意新颖的新闻报道将是新闻媒体在市场中立足的关键。即使是时事新闻，相信没有哪家媒体会根据时间、地点、人物等单纯事实消息进行生硬、枯燥、乏味的报道，都会或多或少的选取某个角度切入，体现一定的独特构思和表达。因此，新闻报道实践中的确可能不会出现《著作权法》

---

❶ 刘春田．著作权法讲话［M］．北京：法律出版社，1991：66.

❷ 段安平．对“时事新闻”不适用著作权法的“检讨”［J］．今传媒，2009（7）：21.

意义上的“单纯事实消息”。新闻界对法律不保护时事新闻的规定存有争议的原因在于著作权立法与新闻行业实践的不契合，没有与人们对时事新闻的普遍理解相呼应，没有注意到法律眼中的“时事新闻”与生活中的“时事新闻”在内涵上是不同的。重新审视上文中新闻行业和法学界对时事新闻的定义，可以发现新闻学中对时事新闻的界定落脚在“国内外大事”和“报道”上，是指对新近发生的国内外大事的报道；而法律对时事新闻的界定则落脚在“单纯事实消息”，并没有突出“大事”。区别在于前者是对国内外大事的报道；后者则是事件本身。既然是报道，很有可能涉及记者等报道人员的创造性劳动。例如报道一则时事新闻，作者往往要深入生活，对社会上发生的时事进行捕捉、采访、撰写和评价，这一活动本身是一种智力劳动的过程，是作者对该事件进行捕捉、判断、分析、采写的智力劳动。[1]

由此可见，新闻学中将时事新闻的报道等同于时事新闻本身，认为对时事新闻的报道表现为时事性文章，体现了作者的独创性，因而应当受到法律的保护，进而认为《著作权法》不保护时事新闻是不合理的。这实际上是立法与现实之间的脱节引发的“误解”，事实上，时事新闻并不等于时事新闻报道，二者是内容与形式的关系，但是，《著作权法》并没有顾及新闻行业对时事新闻的普遍理解，从而导致分歧的产生。事实上，《著作权法》不保护时事新闻本身，但对时事新闻的报道是给予保护的。

二、《著作权法》保护对时事新闻的报道

《著作权法》第22条第1款第（4）项规定：“在下列情况下使用作品，可以不经著作权人许可，不向其支付报酬，但应当指明作者姓名、作品名称，并且不得侵犯著作权人依照本法享有的其他权利：……（四）报纸、期刊、广播电台、电视台等媒体刊登或者播放其他报纸、期刊、广播电台、电视台等媒体已经发表的关于政治、经济、宗教问题的时事性文章，但作者声明不许刊登、播放的除外……”此处的时事性文章即时事性新闻稿件，是作者对时事进行采访和撰写的劳动结晶，在作品的主题选择、材料筛选和组织、遣词造句、布局谋篇等方面都具有一定的独创性。时事性文章可以表现为消息、通讯、专题报道、评论等多种题材形式。上述规定虽然是《著作权法》关于合理使用的规定，但其隐含的前提是时事新闻与时事性文章不同，《著作权法》不适用于时事新闻，但却适用于时事性文章。

[1] 刘洪秋．论时事新闻稿件的著作权保护［J］．东北财经大学学报，2004（6）：68.

第一，时事新闻与时事性文章的内涵是不同的，否则《著作权法》根本没有必要在合理使用中对时事性文章再次进行规定。因为《著作权法》已经在第5条中规定不适用于时事新闻，如果时事新闻和时事性文章的指涉相同，《著作权法》的规定之间就会出现体系冲突。时事性文章与时事新闻的相交点就是“单纯事实消息”或者“新闻事态信息”——通过文字记述的、没有个性色彩的、具备新闻基本要素的事实。权利人通过独创性的表达将这种事态信息表达出来便表现为时事性文章。《著作权法》之所以不保护这种单纯事实消息是由于这种事态信息的本质是反映客观事实，而事实本身是不能创造的，因此时事新闻只是忠实地反映了客观情况；此外，这种事态信息的表达形式是有限的，甚至是唯一的。由于时事新闻仅仅是由新闻的最基本要素组成，符合“唯一表达标准”——新闻行业中大多都是对事态信息进行了独创性加工，从而表现为具有不同表达的时事性文章。

第二，合理使用制度隐含的前提在于《著作权法》保护时事性文章。时事性文章虽然被规定为可以合理使用的作品，但这并非意味着不受《著作权法》的保护。首先，未发表的时事性文章不属于可以合理使用的范畴，使用人必须经过权利人的许可，并且向其支付报酬。其次，即使使用已经发表的时事性文章可以不经许可、不支付报酬，但是使用人应当指明作者姓名、作品名称，并且不得侵犯著作权人依照本法享有的其他权利；而且合理使用的主体仅限于报纸、期刊、广播电台、电视台等媒体，其他企业等主体使用时事性文章仍然要经过许可并且支付报酬。再次，如果作者在刊登时事性文章时明确声明“不许刊登、播放”，其他报纸、期刊等媒体是无权未经许可直接使用的。由此，可以看出《著作权法》承认时事性文章是具有独创性的，应当给予尊重和保护，而不是像新闻界批评的“不保护对时事新闻的报道”。时事性文章之所以被纳入合理使用的范畴，是因为时事性文章的内容涉及公民的经济、政治、文化以及社会生活，与人民群众的日常活动息息相关，为保护公民的知情权，让公民及时了解国内外大事，就必须尽可能地使时事新闻迅速、广泛地传播和利用，因而，《著作权法》将报道时事新闻的时事性文章纳入合理使用的范畴。为此，此处的“时事性文章”应与新闻界理解的“时事新闻”的概念相同，即对国内外大事的报道，否则如果不管是对大事小事的新闻报道都属于合理使用，明显不利于对相关作者的利益保护，也与合理使用制度的初衷不符。由此也反映出《著作权法》有关“时事新闻”和“时事性文章”两个概念中对“时事”的理解出现了反复。前者按照《著作权法实施条例》的解释不限于国内外大事，这与新闻实践以及一般人的理解是有冲突的；后者则应指国内外大事，一般的新闻报道并不属于时事性文章，这又与新闻实践的理解趋于一致。

此外，《最高人民法院关于审理著作权民事纠纷案件适用法律若干问题的解释》（以下简称《解释》）第16条的规定也印证了时事新闻与对时事新闻的报道是不同的，该条规定："通过大众传播媒介传播的单纯事实消息属于著作权法第5条第（2）项规定的时事新闻。传播报道他人采编的时事新闻，应当注明出处。"为此，有人认为这是"首次将时事新闻的著作权纳入司法保护范围"。但笔者认为这是对上述规定的误读，这种观点与《著作权法》的规定相违背，毕竟司法解释不应突破《著作权法》的规定。事实上，该《解释》规定恰恰印证了《著作权法》不适用于时事新闻，但适用于对时事新闻的报道。该条规定的是传播报道"他人采编的时事新闻"，"采编"说明时事新闻已经不再是单纯的事实消息，而是经过作者的采集和编写，体现了一定的智力创造性，已经表现为"时事性文章"。按照《著作权法》对合理使用的规定，他人若要传播报道理应注明出处。

三、本案涉及的作品是一般的新闻作品

在涉及新闻作品纠纷的司法实践中，大多数被告都会辩称自己使用的作品为时事新闻，不受《著作权法》的保护。本案中被告也提出了类似的抗辩。这其实正是缘于对时事新闻的理解与《著作权法》的本义存在偏差，将时事新闻和对时事新闻的报道混淆，而且本文系争的作品并非时事性新闻作品，只是一般的新闻作品，也不属于合理使用的范围，被告不仅应当经过作者许可，还应当支付相应的报酬。司法实践中，此类纠纷的审理应首先判断系争作品是时事性的新闻作品还是一般性的新闻作品，如果是一般性的新闻作品，其不仅应受《著作权法》的保护，而且不属于合理使用的范畴。如果是涉及时事性的报道，应进一步判断是时事新闻还是时事性文章。前者不属于《著作权法》的保护范围；后者虽受到《著作权法》的保护，但受到合理使用的限制。其中，审判中的难点在于时事性的判断以及系争作品独创性的判断。就本案而言，系争作品并不属于时事新闻，也不属于时事性文章，而是一般的新闻作品。

首先，本案涉及的作品不属于《著作权法》意义上的时事新闻。本案涉及的作品为《仲村人大发蒜财》，反映的是山东省平邑县仲村镇村民因种植大蒜以及后续的挖蒜、分捡蒜头、装运蒜头而增收的新闻。该文简要介绍了当地大蒜的种植面积以及农民当起大蒜经纪人的情况，随后以一个事例证明仲村农民的收入情况，再以统计数据人均增收120元点题结尾。纵观全文，无论是构思安排、写作技法，还是遣词用句，都已经超出了"单纯事实消息"的范畴，一定程度上凝聚着原告的创造性劳动。

其次，本案涉及的作品并不属于有关政治、经济、宗教的时事性文章。上文已述，此处的“时事”与新闻行业的普遍理解相同，应指最近期间发生的国内外大事。结合《著作权法》的相关规定，时事性文章应指报纸、电台、广播等媒体对最近发生的关于政治、经济、宗教问题的国内外大事的报道。其中时效性和重大性应是时事性文章的两个重要因素。但是何谓“重大”或者“大事”，《著作权法》及相关解释并没有作出明确的规定。对此，在新闻行业的竞争日趋激烈的背景下，基于对著作权人创造性劳动的尊重和保护，营造健康有序的行业竞争环境，司法实践中对“时事”的界定标准应从严把握，不能认为凡是涉及政治、经济、宗教问题的新闻报道，都属于合理使用的范围，应当将时事性文章限于重大的新闻报道，否则将不利于广大新闻工作者合法权益的保护，也会纵容侵权行为的发生。本案涉及的文章虽然属于关于经济问题的新闻报道，但明显不符合“重大”的要求。一方面，系争新闻报道涉及的区域为山东省平邑县仲村镇，是区域性的新闻报道，该报道并不属于全国性的重大事件、重点建设或者重大典型，给予其著作权保护并不会不适当地影响社会公众的知情权或者获取信息权。另一方面，系争新闻报道涉及的主题为仲村镇村民因大蒜而增收的事情，并不属于全国性的普遍事实，具有地域性和个例性。因此，系争作品并不属于重大的新闻报道，并不属于时事性文章。虽然被告在使用的时候注明了出处和作者，但由于系争作品不属于合理使用的范畴，被告仍然构成侵权。

（评析人：金滢、凌宗亮）

【学术评析】

本案争议的焦点在于时事新闻和对时事新闻的报道有何区别，两者是否都能受到《著作权法》的保护，以及对于受《著作权法》保护的新闻作品是否构成侵权抑或是构成合理使用等问题的辨析。往往由于这些问题的混淆才导致司法实践中涉及时事新闻作品的侵权纠纷时有发生。下面笔者来阐述一下关于时事新闻条款的若干问题依此来确定新闻作品的认定标准。

一、受保护的时事新闻作品的界定

时事新闻可以理解为报社、通讯社、广播电台、电视台等新闻单位对最近国内外大事包括政治、社会事件所做的报道。其中有关时事新闻的法律规定即时事新闻条款是指《著作权法》第 5 条第 1 款第（2）项规定的本法不适用于（二）

时事新闻。因为《著作权法》所保护的客体为作品，所谓作品就是文学，艺术和科学技术领域内具有独创性并能以某种有形形式复制的智力成果。若要成为作品，首先，作品必须是人类的智力成果，其次，只有具备独创性的，并能被客观感知的外在表达，这才是作品。而时事新闻只是单纯的对客观事实的简单描述，不含有独创性的表达或表达方式非常有限，所以不构成《著作权法》所要保护的客体。而对于时事新闻的报道即时事性文章是撰稿人独自完成的智力成果，并且根据文中对新闻事实的描述，不仅仅是反映单纯的事实消息，还包括大量的细节描述，构成了一个被充分描述的结构则就构成了具有独创性的外在表达，即受《著作权法》保护的新闻作品。本案中，被告辩称其转载的内容属于时事新闻，只是对客观事实的直白描述，不具有独创性，不构成《著作权法》保护的客体。但是被法官否决，其侵权内容已经具备了独创性，应被界定为时事性文章，受到《著作权法》保护。可见，《著作权法》虽然不保护时事新闻本身，但对时事新闻报道中的时事性文章若构成作品则受到《著作权法》保护。但是这种保护也受到法律规定的合理使用的限制。

二、《著作权法》中关于"时事性文章"的合理使用

作品的合理使用是指使用作品可以不经著作权人许可，不向其支付报酬，但应当指明作者、作品名称，并且不得侵犯著作权人依照《著作权法》享有的其他经济权利。《著作权法》是一部衡量权益的法。而《著作权法》中的合理使用体现了《著作权法》实施的社会成本和权益间的平衡。而法律规定时事性文章的保护权利受到一定程度的限制，其目的也是为了权衡权利人享有的权益与社会的公共利益之间的平衡。

首先，《著作权法》中的合理使用的判断标准。根据《伯尔尼公约》与《与贸易有关的知识产权协议》和《世界知识产权组织版权公约》在有关成员立法所规定的"权利限制"条款，可以得出著作权的合理使用并非只能针对特定情形规定对"专有权利"的限制和例外，而是对相应条款的制定和解释应当适当、合理，不能导致影响作品正常利用和严重损害权利人合法利益的后果。所以一个行为是否构成合理使用应当符合"三步检验标准"[1]，即使用可以不经著作权人许可的已发表的作品，不得影响该作品的正常使用，也不得不合理地损害著作权人的合法权益。只有符合这三步检验标准，在使用他人已发表的作品时，不影响他人的正常使用，不损害著作权人的合法利益，则行为人便可依据《著作权法》

[1] 王迁．知识产权法教程［M］．3 版．北京：中国人民大学出版社，2005：209．

的相关规定，不经著作权人的许可也不支付报酬的情况下使用他人已发表的作品。

其次，本案的行为是否构成合理使用。我国《著作权法》第22条第1款第（4）项规定："在下列情况下使用作品，可以不经著作权人许可，不向其支付报酬，但应当指明作者姓名、作品名称，并且不得侵犯著作权人依照本法享有的其他权利：……（四）报纸、期刊、广播电台、电视台等媒体刊登或播放其他报纸、期刊、广播电台、电视台等媒体已经发表的关于政治、经济、宗教问题的时事性文章，但作者声明不许刊登、播放的除外。"根据本条款关于时事性文章的合理使用我们可以看到其构成条件：一是必须符合"三步检验标准"。行为人若想不经作者许可也不支付报酬的使用已经发表的时事性文章，则该行为不得影响该作品的正常使用，也不得不合理地损害著作权人的合法权益。并且应当指明作者的姓名、作品名称，不得侵犯著作权人依照本法所享有的其他权利。二是时事性文章合理使用的主体是报纸、期刊、广播电台、电视台等媒体中介，合理使用的相对权利人同样是报纸、期刊、广播电台、电视台，其他的主体的相关行为不适用时事性文章的合理使用制度。三是该条款所针对的作品必须为报纸、期刊、广播电台、电视台发表的有关政治、经济、宗教的时事性文章。四是作者声明不许刊登、播放的任何人不得未经许可直接使用。这也是在权衡各方利益的情况下，保障作者的合法权益，给予充分的尊重和保护，鼓励人们积极地再创作。

而本案中，不仅主体不符合合理使用的要求，而且被告的使用目的具有营利性，有损原作者的合法权益。在本案中的被告并非报纸、期刊、广播电台、电视台等媒体中介，而是营利性机构，并且使用系争文章并非单纯地为了刊登、转载而是具有营利性的使用，用于广告宣传，这种行为损害了著作权人的合法权益，侵犯了著作权人对其作品享有的相关财产权利，并不符合"三步检验标准"，故该行为不构成合理使用，应认定为该行为侵犯了作者的相关财产权。

最后，合理使用制度的正当性意义。本案的侵权行为发生在网络环境之下。其实，网络环境一方面增加了著作权人控制作品的市场范围，另一方面也可能因作品在网络空间的失控而影响到其利益。所以，在网络环境中适用《著作权法》的合理使用来限制著作权的形式，能使《著作权法》在新的环境下更好地服务于公共利益。然而，网络空间的难控制性使得合理使用制度易变得扭曲和误用，对著作权人也存在极大的风险和损害。

诚然，合理使用制度是《著作权法》体现公平、正义、平等等正义性价值的精髓所在。一方面既要维护作者的利益，激发其创作热情，另一方面又要对该权利予以必要的限制，以保护社会利益，因此，合理使用制度化解了多种利益之间的冲突和确保社会责任的承担。无论是网络环境还是现实环境中，当个人利益与社会利益相冲突时，个人利益要付出代价，从而确保能建构一种和平共处的社会秩序。

（评析人：卜红星）

【附　录】

案号：上海市黄浦区人民法院（2009）黄民三（知）初字第93号

秦智渊与清远市江山电子有限公司、上海亦隆小商品市场经营管理有限公司侵犯著作权纠纷案

【提　示】

市场管理公司对市场内侵犯著作权的行为在注意义务范畴外不承担侵权责任。

【案　情】

原告：秦智渊

被告：清远市江山电子有限公司（以下简称“江山公司”）

被告：上海亦隆小商品市场经营管理有限公司（以下简称“亦隆公司”）

法院查明的事实，原告秦智渊系职业摄影师，于2005年9月28日采用“蓝夜”拍摄手法完成摄影作品《浦江两岸》，该作品于2009年5月4日由上海市版权局予以登记（作登字：09－2009－G－028）。原告秦智渊于2009年5月12日自被告亦隆公司管理的商铺处，购得被告江山公司生产的数码信息历1台，价格260元，该产品使用了上述摄影作品。另外上述摄影作品已于2008年12月22日由上海美术馆收购，并用于冲抵原告所欠该馆的费用，收购价格12800元。

庭审中，被告亦隆公司向法庭提交了其与案外人——涉案产品实际销售者签订的商铺使用管理协议以及案外人的个体工商户营业执照。

原告秦智渊诉称，被告江山公司未经原告授权或许可，擅自在其生产的“江山”牌数码信息历上使用原告的摄影作品《浦江两岸》作为主要背景，被告亦隆公司未尽合理注意之义务销售上述产品，两被告的行为侵犯了原告的著作权，并给原告造成巨大的经济损失，请求法院判令两被告立即停止侵权行为、在《新闻晨报》（除中缝外）公开向原告赔礼道歉并发表声明以消除影响、连带赔偿原告经济损失 20 万元、合理费用5040 元。

被告江山公司辩称，涉案摄影作品系从市场上购得，于 2007 年使用在生产的数码信息历上，该涉案产品仅是被告产品中的一种，而且使用的照片并非仅有原告的涉案摄影作品。涉案产品仅生产 100 台，每台利润不超过 30 元，其尚未销售完毕，故同意原告停止侵权的诉讼请求，但不同意其他的诉讼请求。

被告亦隆公司辩称，被告是市场管理者，并非具体的经营者、销售者，不存在销售和经营行为，不应当承担侵权的民事责任。被告亦尽到了合理的注意义务，市场内有 10 万余种商品在进行销售，不可能具体到对每一个产品的著作权都进行审核，且对原告作为摄影家的认知度并不了解，故请求驳回原告对于被告亦隆公司的所有诉讼请求。

【审　判】

法院经审理后认为，本案原告享有的著作权依法应受保护。被告江山公司未经原告允许或授权，擅自将原告的摄影作品作为背景使用于其生产的数码信息历产品，其行为侵犯了原告的著作权，应承担停止侵权、赔偿损失的民事责任。

被告亦隆公司并未进行直接的销售行为，其系以提供场地、设施等相关服务吸纳商品经营者在场内集中进行现货商品交易，从事市场经营管理的企业法人，属于市场经营管理者，其为场内经营的个体经营户开具普通发票的行为亦属其履行市场管理职能，而且市场管理公司也确实没有能力对市场中出售的所有商品进行监管和审查，因此，原告主张被告亦隆公司共同承担侵权责任的诉讼请求不能成立。法院遂判决被告立即停止侵权、在《新闻晨报》（除中缝外）公开向原告赔礼道歉、赔偿原告经济损失及合理费用共计 1.2 万元。

一审宣判后，双方均未提起上诉，一审判决生效。

【法官评析】

本案的争议焦点在于市场管理公司是否应对市场内侵犯知识产权的行为承担责任。近年来，针对商品交易市场内的侵犯知识产权行为，权利人不再将目光仅仅盯在直接销售侵权产品的经营者，而是将矛头同时对准了商品交易市场的管理者——市场管理公司。由于市场管理公司及其权利义务在现有法律体系中缺乏明确界定，市场管理公司对市场内的侵权行为是否承担民事责任仍需要明确。如果承担责任，其民事责任的认定标准也需要统一。

一、本案被告亦隆公司的法律地位

民事主体的性质决定了其应承担的法律义务，进而对最终认定是否侵权具有十分重要的意义。因此，明确市场管理公司的法律地位是分析其民事责任承担的必要前提。市场管理公司本质上是以提供服务、获得场地租金为目的的经济组织。对于其法律地位，理论及司法实践中存在不同的认识。

一种观点认为市场管理公司是销售者，侵犯知识产权的销售行为是在市场管理公司管理的市场内发生的，经营者在销售产品期间是以商场名义开具的发票和电脑购物小票，经营款项也由商场统一收取。因此，市场管理公司应当视为侵权产品的销售者。对此，司法实践的看法基本一致，认为并不能根据侵权行为发生在商品交易市场内就推定市场管理公司是销售者，实际销售侵权产品的应是租用市场内经营场地的商户。市场管理公司代开发票或者电脑小票的行为是基于税务部门税收管理或者市场统一管理的需要，不能据此认定其为销售者。

一种观点认为市场管理公司是场地出租人。该观点认为“场地出租人”与“销售者”是两个不同性质的概念。“场地出租人”以出租、物业管理等为其经营主业，不包括批发、零售商品。对于一般消费者来说，其也不是具有公示意义的销售者身份。各地许多小商品批发市场、服装批发市场都是由场地管理公司将场地租赁给场内商贩进行经营，直接销售产品的是承租场地的商贩，管理公司的地位像“房东”（landlord）。[1] 该观点看到了市场管理公司与销售者的不同性质，但将市场管理公司仅仅视为“场地出租人”却忽视了市场管理公司的其他职能。诚然，为经营者提供商品交易的场地是市场管理公司的重要服务内容，但是现代化的商品交易市场还要求市场管理公司能够提供物业服务、信息服务、物流服务以及金融服务等服务功能。市场管理公司与商户之间并不是简单的租赁合同关系，而是一种包括提供场地在内的综合性服务关系。

因此，市场管理公司并不是“实际销售者”，也并不仅仅是提供经营场地的“房东”，而是一类特殊的综合性服务公司。如果说市场内的商户是销售商，那

[1] 马宁，杨晖．场地出租人的商标侵权责任——评北京市新秀水市场商标侵权案［J］．中华商标，2006（2）：6.

么市场管理公司应当是销售服务提供商，其不仅要提供经营场地等基本市场经营设施服务，还要提供物业管理、交易结算等综合性配套服务。为此，市场管理公司要履行市场准入管理、市场营销推广、基础设施及配套设施管理、商品管理等职责。本案中法院便认为被告亦隆公司属于市场经营管理者，其为场内经营的个体经营户开具普通发票的行为亦属其履行市场管理职能，而非实际的销售行为。

二、本案被告亦隆公司是否负有注意义务

现代欧洲侵权法均认可这样一个原则：导致赔偿责任的不是（因其本质而无法抽象认定的）“过错”，而是对具体情况下必须施加的注意义务标准的偏离。❶因此，认定被告亦隆公司是否应承担侵权责任的前提是分析其是否负有保护他人知识产权的注意义务。如果市场管理公司负有注意义务，并违反了注意义务，其主观上便存在过错，应当承担相应的民事责任。

（一）市场管理公司的注意义务

注意义务是指行为人在特定情形下必须遵循的行为准则，以及依该准则而采取的合理防免措施。根据注意义务的明确性大小，可以将注意义务分为：法律法规、规章制度规定的注意义务；根据合同（或契约）所产生的注意义务；基于先行行为而产生的注意义务；习惯常理所要求的注意义务。❷ 笔者认为，基于市场管理公司开办商品交易市场并提供各种综合性服务的先行行为，市场管理公司对知识产权人负有避免侵犯知识产权人利益的注意义务。首先，市场管理公司通过筹建商品交易市场，为经营者提供经营场地以及其他各种配套服务，为经营者及消费者提供便利的同时，也使他人的知识产权受到侵犯的危险性增大，有的市场甚至成为假冒商品的集散地，对知识产权人的利益构成严重威胁，为此，商品交易市场理应负有一定的注意义务，最大限度地降低开办市场的行为给权利人造成的威胁。其次，市场管理公司的注意义务符合收益与风险相一致原理的要求。市场管理公司为商户提供商品交易服务并不是无偿的，而是以获得租金及其他管理费用为对价。在此种意义上，市场管理公司在商户销售商品过程中也是可以获得收益的，而商户销售的极有可能是侵犯知识产权的产品，从而使知识产权人面临一定的风险。为此，市场管理公司从危险源中获取经济利益的同时，也具有制止风险的注意义务。具体言之，市场管理公司的注意义务包括：

1. 市场准入前的审查义务。首先，在商户进入市场经营前，市场管理公司

❶ 冯·巴尔．欧洲比较侵权行为法（下卷）［M］．北京：法律出版社，2001：310

❷ 周光清．注意义务的根据探析［J］．江西科技师范学院学报，2004（4）：49.

要及时审查商户的经营主体资格、商业信誉以及违法记录等情况，并建立入场经营户的经营资料档案。其次，与商户签订入场经营合同，明确告知商户应当在法律规定范围内进行经营，不得侵犯他人的知识产权等合法权益。

2. 日常管理中的巡查义务。市场管理公司应当对市场内商户的销售活动进行定期或者不定期的巡查，最大可能地发现市场内侵犯他人知识产权的行为，并及时予以制止。

3. 明知侵权后的补救义务。在市场管理公司明知或应当知道市场内存在侵犯他人知识产权的情况下，市场管理公司应及时采取措施避免侵权后果的进一步扩大。

（二）市场管理公司的责任承担

从归责的意义上说，民事过失的核心不在于行为人是出于疏忽或懈怠而使其对行为结果未能预见或未加注意，关键在于行为人违反了对他人的注意义务并造成对他人的损害，行为人对受害人应负的注意义务的违反，是行为人负过失的责任的根据。[1] 因此，市场管理公司若违反其应负的注意义务，便应承担相应的民事责任。

1. 违反市场准入前的审查义务之责任承担。

市场管理公司虽然不知道市场内存在侵权行为，但无法提供或者拒绝提供直接销售侵权产品的商户的资料。由于市场管理公司存在过错，导致权利人无法追究直接销售者的侵权责任，因此，市场管理公司应承担相应的责任。《最高人民法院关于审理涉及计算机网络著作权纠纷案件适用法律若干问题的解释》第 6 条有类似的规定，即提供内容服务的网络服务提供商，对著作权人要求其提供侵权行为人在其网络的注册资料以追究行为人的侵权责任，无正当理由拒绝提供的，人民法院应当根据《民法通则》第 106 条（侵权责任的一般规定）的规定，追究其相应的侵权责任。

但最高人民法院对此种侵权责任的性质并没有明确界定。对此，是否因为市场管理公司不能提供直接销售者的资料，而发票及购物小票都是市场管理公司出具的，进而将市场管理公司视为销售者，追究市场管理公司的直接侵权责任？笔者认为上述做法并不妥当。市场管理公司此种情况下承担侵权责任的性质应是补充责任。所谓补充责任是指在责任人没有赔偿能力或者不能确定直接责任人时，由有关的其他责任人依法补充承担责任的形式。市场管理公司承担补充责任后，可以就自己已经支付的赔偿额向第三人追偿。如果直接将市场管理公司视为销售

[1] 王利明．民法·侵权行为法［M］．北京：中国人民大学法律出版社，1993：157.

者承担直接侵权责任，那么市场管理公司将丧失向直接销售商的追偿权。这对市场管理公司是不公平的。毕竟其“不是直接侵权人，其过错只是注意义务没有尽到而已，第三人的过错才是导致损害的直接原因，如果不允许追偿则减少了第三人的责任，过错与责任不对等。”❶

2. 违反日常管理中巡查义务之责任承担。

市场管理公司只要尽到日常管理的注意义务，就应当知道市场内存在的侵权行为，但由于没有进行日常的巡查管理，导致未能发现侵权行为的存在，即市场管理公司应当发现但未发现，例如权利人的商标具有极高的知名度时，市场管理公司主观上应当知道市场内商户存在销售侵犯他人知识产权产品的行为，仍然为其提供场地等实质性帮助，构成间接侵权，应当与直接侵权人承担连带责任。

3. 违反明知侵权后补救义务之责任承担。

市场管理公司通过权利人发出的通知等方式明知市场内存在侵权行为时，并未采取必要措施及时制止侵权行为，从而使侵权后果进一步扩大。此时，市场管理公司明知市场内商户存在侵权行为，仍然为其提供场地等实质性帮助，构成间接侵权，应当对损害的扩大部分与直接销售者承担连带责任。

三、本案被告亦隆公司是否违反注意义务的司法认定

在确定市场管理公司负有保护他人知识产权注意义务的前提下，法院的任务就是判断市场管理公司在何种程度上负有注意义务，进而在个案中分析其是否违反上述注意义务。这无疑需要法官在利益平衡基础上进行个案裁量。

（一）认定市场管理公司民事责任的利益平衡

1. 知识产权人利益保护与商品交易市场发展的平衡。

知识产权人利益保护与商品交易市场发展的平衡不仅是市场管理公司自身发展壮大的需要，也是维护商品交易秩序、满足人民群众不断增长的消费需求的需要。经过改革开放30多年的培育和发展，商品交易市场已经成为我国商品流通的重要组织形式，成为人民群众日用消费品和生产、建设所需物资的重要集散地，在活跃商品流通、方便居民生活、扩大城乡就业、应对国际金融危机和推动国民经济发展等方面，都发挥着重要作用。❷ 因此，在打击市场内侵犯知识产权行为、保护知识产权人利益的同时，我们不应对市场管理公司施加过高的注意义

---

❶ 全国人大常委会法制工作委员会民法室．侵权责任法——立法背景与观点全集［M］．北京：法律出版社，2010：663.

❷ 王子臣，李敏，刘晓燕．近几年我国商品交易市场发展状况分析［J］．市场营销导刊，2009（5）：15.

务。不能因为市场内存在侵犯知识产权的行为，就认定其没有尽到注意义务；也不能因为市场管理公司虽然进行了日常巡查，但没有发现侵犯知识产权的行为，就认定其违反了注意义务。否则，市场管理公司将面临难以承受的运营成本和价格负担，严重制约商品交易市场自身的发展，也不利于商品交易规模效应的形成，进而无法满足人民群众不断增长的消费需求。毕竟市场内存在成百上千家商户，市场管理公司不可能也没有能力对所有商户的经营活动进行全面监督。

2. 知识产权权利人利益保护与商户经营自由的平衡。

市场管理公司接到权利人发出的侵权通知后，负有及时采取补救措施的注意义务，但在认定市场管理公司是否违反补救义务时，需要在两个方面把握知识产权权利人利益与商户经营自由的平衡。首先，并不是权利人只要发出权利通知，市场管理公司就应当对商户采取相应的措施。鉴于是否侵权并未经过司法的最终确认，而且权利人无需向市场管理公司提供担保，为充分保护商户的经营利益，权利人的通知应当满足确有证据证明存在侵权行为的要求，包括权利人身份证明、权属证明、侵权情况证明以及商户的具体信息，这些证据必须达到高度盖然性的标准，使一般人能够确信侵权行为的存在。其次，市场管理公司采取的措施应当是必要的，以能有效制止侵权行为为限，从而最大限度地减少对商户经营自由的侵害。

（二）认定市场管理公司民事责任的个案裁量

首先，被告亦隆公司向法院提供了其与实际销售者签订的商铺使用管理合同以及实际销售者的个体工商户营业执照，尽到了市场准入前的注意义务。其次，由于权利人发现市场内存在的侵权行为后并没有向被告亦隆公司发出要求制止侵权行为的通知，原告也没有提供其他证据证明被告亦隆公司对市场内的侵权行为是明知的，因此，被告亦隆公司并不负有明知侵权后的补救义务，进而不存在违反补救义务的问题。因此，本案的关键是审查被告亦隆公司是否违反日常管理中的巡查义务，是否应当知道原告诉称的侵权行为。对此，人民法院可以结合涉案知识产权的知名度、使用方式以及侵权行为的持续时间、规模等因素进行综合考量。

第一，从涉案知识产权的知名度看，本案原告拍摄的《浦江两岸》摄影作品并非十分知名，社会公众对作品的来源也没有形成普遍的认知。由于对摄影作品运用的拍摄技巧缺乏专业知识，一般公众无法轻易地判断作品到底是销售者自己拍摄，还是销售者使用了他人的作品。因此，侵权行为并非十分明显。对于被告亦隆公司而言，其并非专业的摄影师，而且市场内有 10 万余种商品在进行销售，其没有能力对每一个产品都进行审核；即使其对涉案产品进行审核，由于作品缺乏知名度，其也没有能力判断涉案产品使用的作品是否侵权。

第二，从涉案知识产权的使用方式看，本案中受到侵犯的摄影作品是作为数码信息历的背景进行使用，而且信息历并不仅仅使用了原告的摄影作品，还有其他摄影作品，让市场管理公司发现信息历中的某张背景图片涉嫌侵犯他人知识产权显然是对市场管理公司的过高要求。

第三，从侵权行为的持续时间、规模等情节看，如果侵权行为的持续时间特别长，侵权产品的销售规模十分庞大，市场管理公司在日常巡查中发现上述侵权行为的难度便会相对降低。如果市场管理公司在此种情况下仍然没有发现侵权行为，可以认定其违反注意义务。但本案中原告并没有对侵权行为的持续时间、销售规模等侵权情节进行举证证明。

综上所述，虽然市场管理公司基于开办市场的先行行为负有保护他人知识产权不受侵犯的注意义务，但本案被告亦隆公司并没有违反该注意义务，无需承担相应的民事责任。

（评析人：凌宗亮）

【学术评析】

本案的争议焦点在于市场管理公司对于著作权的间接侵权是否应当承担责任的问题。间接侵权是指即使行为人并未实施直接受专有权利控制的行为，如果其行为与他人的“直接侵权”行为之间存在特定的关系，也可基于违背公共政策的原因而被法律定为侵权行为。构成间接侵权的各种行为都不在著作权法专有权利控制的范围之内，将其界定为侵权是基于扩大保护范围的政策考量，因此必须以行为人的主观过错为构成要件。[1] 如果著作权人指控被告“直接侵权”，只需证明其实施了受专有权利控制的行为。但如果著作权人指控被告“间接侵权”，则还应当举证被告在实施间接侵权行为时主观上存在过错。所以，原告秦智渊指控被告亦隆公司对其摄影作品具有间接侵权的行为，则其应当举证证明被告亦隆公司没有尽到应有的注意义务而存在主观过错。

那么又该如何界定被告亦隆公司的注意义务的范围及如何分配主观过错的举证责任呢？由于被告亦隆公司的性质与网络环境下的网络服务提供者的性质相当，因此我们可以借鉴《信息网络传播权管理条例》中规定的网络服务提供者

---

[1] 王迁．知识产权法教程［M］．3 版，北京：中国人民大学出版社，2011：237．

的间接侵权行为以及其承担的举证责任的认定标准，来衡量本案中被告亦隆公司所要承担的相应责任。

现在我们就将某音像出版有限公司与全某网络科技有限公司一案❶与本案相比较来分析本案例。该案的基本事实是原告某音像出版公司拥有音乐作品《呼唤黎明》的著作权，而被告全某网络科技公司的注册用户未经著作权人的许可擅自将该音乐作品上传到被告网络服务器提供的信息存储空间。原告主张被告未尽到合理的注意义务，并且从中获取了点击量、广告费等利益，故主张被告侵犯了原告的信息网络传播权。本案中，原告秦智渊主张被告亦隆公司在其管理的市场的个体工商户处销售侵犯其著作权的产品，未尽合理的注意义务，并且被告亦隆公司为其场内经营的个体经营户开具普通的发票的行为视为从侵权产品中的直接获利行为，也主张被告亦隆公司侵犯了原告的著作权。这两个案例虽然一个发生在虚拟的网络环境中，一个发生在现实的交易市场之中。但两者的事实部分存在异曲同工之处。该两案中法院均认定被告尽到了合理的注意义务，不构成间接侵权，无须承担法律责任，但在上述的音乐作品侵权案中似乎给出了更有说服力的理由与法律依据❷。

在两个案例中，法院的审理过程中主要针对两个方面。首先，被告对于案件中涉及的侵权行为是否具有主观过错。在音乐作品的网络侵权案中，法院认为，对于视频分享网站中所提供的音乐作品，不能简单地认为网站经营者主观上对其是否明知或者应知，在海量信息的情况下，要求网站经营者对音频内容的权利状态有明确的认知显然是不合理的，对于这类内容，应视具体情况对网站经营者的主观状态进行分析。网络服务提供商不知晓或没有合理理由知晓侵权行为的，或者知晓后采取措施制止侵权行为的，即没有主观过错。在该案中，虽然专辑《呼唤黎明》曾获得格莱美奖，该奖项也具有一定的知名度，但由于涉案歌曲并非一般意义上的流行音乐，其受众较小，在国内的传统影视媒体及网络媒体上的传播度不是很高，某网作为视频分享网站，其主营业务多集中在有视频的影视作品或MTV上，并非专业的音乐分享网站，故要求其对于没有显著信息的音频文件作出是否侵权的判断显然超出了合理注意的范围。本案中，市场管理公司的主要职能就是为商品经营者提供场地、设施等服务，而要求市场管理公司对其场地内销售的大量产品是否存在侵权内容出于明知或应知的状态超出了市场管理公司的权利范围内所应承担的责任。况且原告的摄影作品并非具有较高的知名度，即使获

---

❶ 上海市第一中级人民法院（2012）沪一中民五（知）终字第207号民事判决书。

❷ 《信息网络传播权保护条例》（2013年修订）。

得一些奖项但对于非专业人士来说很难认清楚其艺术价值抑或是在没有任何信息的情况下判断出其著作权归属，而被告亦隆公司也不是专业的摄影作品审查或监管公司，所以，要求被告亦隆公司承担侵权责任超出了其合理注意的范围。

其次，被告的获利行为能否作为认定其侵权的理由。在音乐作品侵权案中，原告主张被告从服务对象提供的作品等中直接获取了经济利益，故应当承担侵权责任。然而，事实上，被告网络公司并非直接依靠侵权作品的上传而获得经济利益，仅仅是通过网页的点击量及投入的广告获得间接收益，与侵权产品并没有必然的因果联系。相比于本案中，原告主张被告亦隆公司属于市场经营的管理者并为其场内的个体工商户开具发票，所以被告亦隆公司直接从销售侵权产品中获利，应当承担侵权责任。然而，被告亦隆公司系以提供场地、设施等相关服务吸纳商品经营者在场内集中进行现货商品交易的企业法人，属于市场经营管理者，其为场内集中进行的现货商品交易开具普通发票的行为属于履行市场管理职能，也不能将此行为认定为依靠侵权商品的直接获利行为。所以，被告的间接获利行为并不能构成间接侵权的判断依据，被告的获利行为不能认定其构成间接侵权。

综上所述，通过两个案例的比较我们可以看到，网络环境下的间接侵权的认定标准可以适用到现实市场交易过程中的间接侵权认定，但也不能完全适用。毕竟网络环境与现实生活还是存在差异性，要想切实地保障著作权人及其他相关主体的合法权益，界定间接侵犯著作权的认定标准，则必须完善相关的法律法规来规定间接侵权的行为类型、侵权行为人的责任认定及责任承担，不仅保护著作权人的合法权益，而且调整市场秩序，保障市场交易安全。

（评析人：卜红星）

【附　录】

案号：上海市黄浦区人民法院（2009）黄民三（知）初字第177号

上海激动网络有限公司与上海全土豆网络科技有限公司侵犯信息网络传播权纠纷案

【提　示】

信息存储空间服务提供者明知或应知侵权行为的存在，而怠于采取相应措施的，应当承担侵权责任。

【案　情】

原告：上海激动网络有限公司（以下简称“激动公司”）

被告：上海全土豆网络科技有限公司（以下简称“土豆公司”）

法院查明的事实，影片《喜羊羊与灰太狼之牛气冲天》的出品单位为上海文广新闻传媒集团（以下简称“文广集团”）、广东原创动力文化传播有限公司、北京优扬文化传媒有限公司。2009 年 2 月，原告通过相关权利人的授权获得该片在中国大陆地区（不包括香港、台湾、澳门地区）的独家信息网络传播权及分许可权、独家数字电视播映权及分许可权（包括 INTERNET、IPTV 播映权，但文广集团自有新媒体信息网络传播平台的播出使用除外），并有权通过诉讼和非诉讼手段排除任何其他以相同方式使用授权节目的侵权行为，授权期限自 2009 年 2 月 16 日至 2012 年 2 月 15 日止。2008 年 12 月，文广集团影视剧中心出具《有关授权进行网络推广的证明》一份，内容为其授权被告在涉案影片公映后的不特定时间内，在视频分享网站上对该剧进行持续的、不间断的网络推广。具体包括为宣传目的，对该剧的宣传片、片花、主题曲和插曲及片段行使信息网络传播权。

2009 年 4 月 3 日，原告进行了证据保全公证。公证文书及相关材料显示：在 IE 地址栏中输入“www. tudou. com”进入视频分享网站首页，在该页搜索栏内输入“喜羊羊与灰太狼之牛气冲天”，点击搜索后，找到《喜羊羊与灰太狼之牛气冲天》相关视频 27 个，并在视频豆单栏目中分列出该 27 个视频图标，在每个图标下方均注有视频时长、播客名、播放次数、上传时间。其中有 4 段视频标注的时长为：“1: 25: 39”“1: 25: 20”“1: 25: 39”“1: 25: 39”，播客为：“4691078”“pstara”“～歌?”“雪痕”等，上传时间分别为 2 天前、2 天前、1 天前和 1 天前。点击“喜羊羊与灰太狼之牛气冲天 DVD 高清晰”，即时长为“1: 25: 39”、播客为“4691078”的视频进行播放，页面显示在播放框内左上角有“喜羊羊与灰太狼之牛气冲天 DVD 高清晰”“tudou. com”字样，播放框两侧有广告播放。

另外在当庭播放原告提供的涉案影片光碟过程中，最后字幕显示除 3 家出品单位外，还有“媒体支持视频分享网站”字样。

原告激动公司诉称，被告擅自在其所属的网站上提供涉案影片的在线播放、下载等服务，并在该影片播放界面发布广告牟利，严重侵害了原告的合法权益，故请求判令被告立即停止涉案影片的网络传播服务、赔偿原告经济损失 10 万元及合理费用 1000 元。

被告土豆公司辩称，其获得涉案影片相关权利人的授权，拥有对涉案影片的片段和片花进行推广的权利，在被告网站上有涉案影片的片段视频属正常。涉案影片的片段均系用户上传，被告作为网络存储空间服务的提供者，未对用户上传的视频进行任何的整理编辑，且已对可能涉嫌侵权的上传影片采取监控、筛选和屏蔽措施。被告曾对包括《喜羊羊与灰太狼之牛气冲天》在内的用户上传的不同档期的热播影片视频进行过删除，尽到了合理的注意义务。原告未尽通知义务，故被告符合法律规定的免责条件。

【审　判】

法院审理后认为，原告提供的权利证据能够形成证据链证明其系通过合法授权取得对涉案影片在合同有效期内的信息网络传播权。由于涉案影片系国内具有一定知名度的电影作品，尤其当时仍处于该片热播期间，通常情况下相关权利人不会许可他人或主动将该影片上传免费供公众下载或播放；从被告辩称并举证其对包括涉案影片在内的热播影片进行过删除的事实可以印证出，被告对用户未经授权而擅自上传的情况已有充分意识。因此，被告对于网站上存在用户擅自上传这样一部具有较高知名度的影片，应该施以较高的注意义务。现经公证的被告网站页面上显示的上传视频的名称明确注明为“喜羊羊与灰太狼之牛气冲天 DVD 高清晰”，作为已采取了一定技术措施的专业网站，应该能够通过相应技术予以发现和控制，被告未能举证该视频是用户采取技术手段绕过了其所设置的监控、屏蔽措施而上传的。同时，从公证书所附涉案影片在线播放的页面中，还显示出被告存在广告的投播。此外，被告对涉案影片获得的是不超过 3 分钟的片段或不超过 5 分钟的宣传片、片花等在网络上播放的权利，其对于涉案影片在授权范围内的传播负有相应的注意义务，完全可以通过技术手段控制相关上传视频的播放长度。被告对其视频分享网站存在具有较高知名度的涉案影片的在线播放，怠于在日常维护中施以应有的注意义务，放任侵权行为的发生，为他人实施的侵权行为提供帮助，并获取相应的经济利益，应承担相应的民事责任，故判决被告停止对原告就影片《喜羊羊与灰太狼之牛气冲天》所享有的信息网络传播权的侵害，赔偿原告包括合理费用在内的经济损失 2 万元。

一审宣判后，被告不服一审判决，提出上诉。二审判决驳回上诉，维持原判。

【法官评析】

本案涉及视频分享网站过错标准的判断。视频分享网站属于信息存储空间服务提供者，因为它并非把视频内容直接传送至网络向公众提供，而是由用户自行上传。根据《信息网络传播权保护条例》的规定，如果视频分享网站知道或者有合理理由应当知道用户上传的视频是侵权的，而未在合理期限内采取相应措施，就应当承担侵权责任。这样规定的目的是要求网络服务提供者提供服务应出于善意，主观上没有过错。可见，故意或过失，即“明知”和“应知”是判断视频分享网站存在过错与否的判断标准。

一、视频分享网站没有主动审查义务

目前，大多数国家并没有要求网络服务提供者对网络内容的著作权进行主动审查和监控。我国现行法律法规也没有规定类似的义务。这意味着即使视频分享网站没有主动监控审查网站上的活动，也不能由此推定其具有主观过错。《信息网络传播权保护条例》规定了网络服务提供者的免责条件，通常称之为“避风港原则”，也即“通知 + 删除”规则。实践中，多数网络服务提供者都会以“避风港原则”作为抗辩理由，但是，该规则的适用须具备一定条件，不是所有抗辩都能成立，需

要具体问题具体分析。首先，“避风港原则”免除的是网络服务提供者的损害赔偿责任，而不是停止侵权责任。即使网络服务提供者可以“进港”免除赔偿责任，但仍可能承担停止侵权的责任。其次，“避风港原则”适用的前提是网络服务提供者对侵权事实“不明知也不应知”，即对侵权事实的发生没有过错。此时，如果权利人通知，网络服务提供者及时删除或屏蔽，则网络服务提供者“进港”免责。如果权利人通知后，网络服务提供者拒不删除或屏蔽，则仍需承担责任。再次，如果网络服务提供者对侵权事实是“明知或应知”的，或者采用教唆、引诱等方式鼓励用户侵权，则不能适用“避风港规则”，而应直接按民法的过错规则认定侵权。此时，权利人是否通知网络服务提供者侵权事实的存在，对侵权认定不具影响。因此，司法实践中双方的争议焦点往往在于网络服务提供者有无过错。一般认为网络服务提供者不负主动的审查义务，但应当承担合理的注意义务。如果没有尽到合理的注意义务，甚至是故意引诱、教唆，则可认定具有主观过错。

二、视频分享网站主观过错的判断

网络服务提供者对网络内容没有主动的监控审查义务，侵权视频出现这一事实本身并不足以证明作为信息存储空间服务提供者的视频分享网站存在过错。在网络服务提供者的过错判定上，通常考虑的因素包括：服务的性质、方式、引发侵权的可能性大小；作品的类型、知名度及侵权信息的明显程度；是否直接获利；是否对作品进行了选择、编辑、修改、推荐等；是否采取了同行业普遍采取的技术措施，等等。就本案而言，可以“红旗标准”来判断被告的主观过错，即如果侵权事实如一面鲜亮的红旗飘扬在网络服务提供者的面前，网络服务提供者就不能再像鸵鸟一样将头埋在沙子里，对侵权事实视而不见。

首先，涉案的影片系国内具有一定知名度的影片，在本案侵权行为发生之时，正值该影片热播期间。由于电影作品的拍摄要付出巨大的人力、物力和财力，因此，通常情况下相关权利人不会许可他人或者主动将影片放在他人网站上免费供公众下载或播放。

其次，被告提供证据证明其已获得了对涉案影片宣传片、片花、主题曲、插曲、片段的信息网络传播权，这说明被告对于涉案电影作品及其宣传片、片花、主题曲、插曲、片段等在互联网上的传播须得到权利人的授权应当是明知的，故其就服务对象将上述内容上传至其网站是否得到权利人的授权，应当尽到更为审慎的注意义务。而被告作为视频分享网站的实际经营者，也完全有能力为权利人提供授权内容上传的专门通道，或者自行将授权内容放置在其经营的视频分享网站，并采取其所述的“事先技术过滤”措施，通过设置简单的关键词屏蔽的技术方法，防止未经授权的侵权行为的发生。但是，被告未对涉案电影作品采取“事先技术过滤”的防范措施，未尽到合理的注意义务。

再次，被告自称并举证其在网站上对包括涉案影片在内的热播影片进行过删除，因此，被告对用户系未经授权而擅自上传涉案电影作品的情况已有充分认识。根据本案实际，在采取了适当的“事先技术过滤”防范措施后，由于技术原因致使现有技术措施不能过滤所有侵权视频的，再给予信息存储空间的网络服务提供者合理期限，以便采取“事后人工审查”的补救措施，删除其事后发现的侵权视频，具有合理性。但是，被告自述其在接到原告的诉状之后删除了涉案影片，此时距公证保全发现侵权视频的时间已过去2个月，明显超出了“合理期限”的范畴。

综上所述，被告作为信息存储空间的网络服务提供者，在明知涉案影片的网络传播须获得权利人授权的情况下，知道或者应当知道服务对象提供的涉案影片《喜洋洋和灰太狼之牛气冲天》属于侵权视频，但既未采取“事先技术过滤”的防范措施，也未采取“事后人工审查”的补救措施，没有尽到合理的注意义务，应当承担赔偿责任。

（评析人：凌宗亮）

【学术评析】

最高人民法院曾审理过一例相似案件。2005年12月16日，一审原告慈文公司起诉至海口市中级人民法院称，慈文公司拥有电影《七剑》的著作权，海南网某公司在其经营的网站www. hai169. com上向公众提供该电影的在线播放服务，其行为侵犯了慈文公司的著作权。海南网某公司辩称，海南网某公司没有未经许可传播涉案电影的行为，播放涉案电影的网站是http：//221. 11. 132. 112，海南网某公司提供的仅是链接服务，且在慈文公司起诉后已断开链接，不应承担侵权责任。海口市中级人民法院一审认为，从技术角度分析，海南网某公司网站仅是通过链接功能引导慈文公司到达了信息来源的网站。海南网某公司没有将《七剑》作品存储在自己的服务器上向社会公众提供在线播放服务，现有证据也不能证明登载《七剑》作品的网页系海南网某公司开设。海南网某公司的链接行为，不侵犯慈文公司的著作权。且其在受到侵权指控后已及时断开了链接，避免了侵权结果的扩大。因此，海南网某公司对于播放侵犯慈文公司著作权的作品不应承担侵权的民事责任，故一审判决驳回原告诉讼请求。海南省高级人民法院二审确认了一审认定的事实，驳回上诉，维持原判。

最高人民法院再审认为，在海南网某公司未提供相关证据的情况下，其关于仅提供链接服务的抗辩不能得到支持，其应对该网页上播放涉案电影的侵权行为承担相应的法律责任。即使该网页确属第三方主体所有或实际经营，因该“影视频道”与海南网某公司网站“主页”“新闻频道”“文学频道”等并列，海南网某公司将该网页作为其内容频道向公众提供，且从其在原审中提交的公证书显示的被诉后即变更了该“影视频道”内容来看，该选择完全是海南网某公司自主进行的，因此，此种行为与仅提供指向第三方网站的普通链接不同，海南网某公司对该频道上的内容亦有一定程度的审核义务，其至少应对该网站的实际所有者或经营者的主体资质进行一定的审核。海南网某公司至今称其并不知晓该网页的实际经营主体，其未尽到最低程度的注意义务，对该网页上出现的侵权行为亦应承担连带责任。❶ 本案与上述案件有很多共同点，均涉及提供服务一方的被告所属性质的判断、法律地位的认定以及注意义务（过错标准）的判断。

我国现行法律并未规定网络服务提供者必须主动对网络内容的著作权进行审查与监控。网络服务提供者对损害后果承担责任的前提是具有主观过错，包括故意和过失。从是否为故意的角度判断：“当网络服务提供者不知道，也没有合理理由知道用户正在或将要利用其网络平台传播信息，对于造成的后果，网络服务提供者不具有主观过错，不应承担法律责任。”❷

诚然，网络服务提供者虽然在上述情况下不承担法律责任，但仍回避不了合理的注意义务。这就涉及了著名的“避风港原则”，简单来说，就是“通知 + 删除”规则。“避风港原则”在《信息网络传播权保护条例》中主要体现在第 22 条和第 23 条的规定中。本案中，被告曾以“避风港原则”进行抗辩，认为原告并未尽到通知义务，同时其自称对涉案作品在网站上进行了删除，但显然事实并非如此。正如法官在评析中提到的，适用“避风港原则”的前提是“不明知也不应知”，被告的行为并不满足《信息网络传播权保护条例》第 22 条第（3）项的规定。与上文引述的《七剑》案相比较并结合法官评析，我们不难发现本案被告同样未尽到最低程度的注意义务，因此并不能免除责任。

（评析人：孙航）

---

❶ 参见最高人民法院（2009）民提字第 17 号民事判决书。

❷ 王迁. 网络版权法［M］. 北京：中国人民大学出版社，2008：137.

【附　录】

一审案号：上海市黄浦区人民法院（2009）黄民三（知）初字第133号

二审案号：上海市第二中级人民法院（2010）沪二中民五（知）终字第26号

上海玄霆娱乐信息科技有限公司与北京百度网讯科技有限公司、上海隐志网络科技有限公司侵犯著作财产权纠纷案

【提　示】

搜索引擎服务商未经许可，在技术解码过程中复制并提供作品的行为，构成直接侵权。

【案　情】

原告：上海玄霆娱乐信息科技有限公司（以下简称“玄霆公司”）

被告：北京百度网讯科技有限公司（以下简称“百度公司”）

被告：上海隐志网络科技有限公司（以下简称“隐志公司”）

法院查明的事实，原告玄霆公司享有《斗破苍穹》《凡人修仙传》《卡徒》《近身保镖》《天王》5部小说（以下简称“涉案作品”）的复制权、信息网络传播权等著作财产权，涉案作品的作者还确认由原告行使维权的权利。

被告百度公司是“www. baidu. com”搜索服务网站的经营者。百度公司提供的百度（www. baidu. com）搜索服务长期以来大量公开提供原告拥有独家信息网络传播权的涉案作品的侵权盗版链接。原告多次与被告百度公司沟通，并出具附有涉案作品著作权证明及盗版链接地址的通知函，要求在24小时内删除相应侵权链接，对原告提供的侵权链接信息的删除结果进行逐条反馈，根据原告提供的

侵权链接示范、作品名、作者名，对特定网站内的侵权信息进行检索和全部删除。但百度公司明知涉案作品的信息网络传播权仅归属于原告及侵权链接的状况，未及时删除侵权信息或断开链接。另外被告百度公司还以在其二级域名“wap. baidu. com”设立“最热榜单”和“精品推荐”栏目的形式对涉案作品进行推荐，公众可以在其 WAP 网站上直接阅读涉案作品。

被告隐志公司系“7999 网址大全”（www. 7999. com）网站的制作者。该网站作为百度联盟成员，在网页显著位置嵌有百度搜索条，与百度公司之间签有基于搜索结果的分成协议。

原告诉称，被告百度公司在接到通知后没有断开涉案链接以及在“wap. baidu. com”上向公众提供涉案作品的行为侵犯了原告的著作权，被告隐志公司与百度公司共同推广百度搜索且从中获取收益，加大了侵权盗版链接的传播范围，给原告造成巨大损失，应与被告百度公司共同承担侵权责任，故请求判令两被告停止侵权，共同赔偿原告经济损失 100 万元及合理费用 84500 元。

被告百度公司辩称，原告的通知不符合法定条件，其已经尽到了注意义务，不构成帮助侵权。“wap. baidu. com”也只是提供了搜索和技术转码服务，并未复制和存储第三方网页的内容，原告从未针对百度公司 WAP 搜索发送过任何通知，故不构成侵权。

被告隐志公司辩称，其只是“www. 7999. com”网站的制作者，而不是实际经营者，不是本案适格被告。

【审　判】

法院经审理认为：原告作为权利人向被告百度公司送达的通知删除函完全符合《信息网络传播权保护条例》第 14 条的规定，据此可以推定被告百度公司知道涉讼作品的权属及侵权链接的状况，但被告百度公司并未履行其断开侵权链接的义务，故其不具备免除赔偿责任的条件。被告百度公司的不作为主观上具有帮助他人侵权的故意，客观上扩大了侵权行为的损害后果，其行为构成间接侵权，应当对损害的扩大部分与直接侵权的网络用户承担连带责任。

在正常情形下，搜索引擎是帮助互联网用户在海量信息中迅速查询定位其所需要的信息，向用户提供来源网站的信息索引和网络地址链接方式，引导用户到第三方网站浏览搜索内容，而不是替代第三方网站直接向用户提供内容。本案原告公证取证是从电脑通过互联网进入“wap. baidu. com”，不是用手机浏览无线频道的内容，公证书显示在“wap. baidu. com”页面有对涉案作品的推荐，对搜索结果进行编辑、修改。被告百度公司以 WAP 频道搜索结果及点击阅读功能向用户提供涉案作品的全部内容，无论是点击阅读页面的地址栏，还是每一个网页的打印结果，地址显示均属于百度公司的服务器，显示页面也都有“百度”及“荐：手机上网必备，尽在新版掌上百度!”的字样，通过页面属性查询，可以看到该页面显示其主数据内容存储于百度网站服务器的事实。百度公司还在每页最下端显示“原网页”，证明其确认该网页不是原网页，而是原网页之外的一个复制页，而该复制页的内容明显有所删减和重新编排，并非应访问用户的要求自动形成。被告百度公司所称的格式转换，就技术而言，Web 网页内容需复制在百度服务器内存或硬盘上才能处理转换成 WAP 网页。百度公司以 WAP 搜索方式提供涉案作品内容的行为使用户无需访问第三方网站即可完整获得内容，已超出了提供搜索引擎服务的正常范围，不属于法律规定的免责情形，因此，可以认定百度公司直接、完整地将涉案作品放置在其服务器上，以点击小说搜索方式向用户提供涉案作品，属于复制和上载作品的行为，并通过网络进行传播，构成直接侵权；“7999 网址大全”网站虽在网页显著位置嵌有百度搜索条，尚不足以证明隐志公司有主观过错，且参与百度公司的侵权行为，遂判决被告百度公司停止侵权，并赔偿原告经济损失 50 万元以及合理费用 44500 元。

一审宣判后，被告百度公司不服一审判决，提起上诉，在二审期间又申请撤回上诉，二审法院裁定准许撤诉。

【法官评析】

本案对于百度公司侵权责任的认定具有参考意义。

一、百度公司是否在其服务器上存储了涉案作品

这也是本案的争议焦点之一。原告认为其通过电脑进入百度无线频道，在该网址下可以直接浏览涉案作品，故涉案作品直接存储在百度服务器上。被告百度公司对此声称，其提供的只是搜索和技术转码服务，并未存储涉案作品，百度无线频道的基本工作原理如下：用户提交了对关键词的检索请求后，搜索引擎按用户的请求，在索引数据库中依照技术规则，把和用户指令有关的检索数据组织起来，生成临时链接提供给用户；手机适配：将搜索结果通过技术转码服务，适配为手机页面并返回给用户的过程。适配过程为：用户请求百度转码服务——→转码服务解析 URL 获得第三方 Web 网页链接地址——→转码服务请求第三方 Web 网页——→转码服务将 Web 网页转换为 WAP 网页——→转码服务将 WAP 网页返回给用户的移动终端浏览器——→用户查看到 WAP 网页。百度公司认为，百度 WAP 网页没有也不可能在无法预知用户指令的情况下预先存储海量的第三方网站内容。

另外，为完成手机适配的需要，必须采用代理方式，即浏览器地址栏的 URL 开头的域名为百度的域名，而真正目标网站的网址则变成了一个 URL 参数（就是地址栏后半部分的 URL）。URL 以“wap. baidu. com”开头只是百度公司为完成手机适配采取的必要技术手段，并未复制和存储第三方网页的内容。笔者认为，百度公司在实现对第三方网页进行技术转码的过程中，必然伴随着对第三方网页的复制和存储，技术转码后形成的网页显然也不再是原网页，而是某种形式的复制页。从本案的证据来看，通过涉案 WAP 网页页面属性查询，可以看到该页面显示其主数据内容存储于百度网站服务器的事实，百度公司还在每页最下端显示“原网页”，更证明其确认该网页不是原网页，而是原网页之外的一个复制页。因此，本案中百度公司在其服务器上存储了涉案作品。

二、百度公司的行为是否符合法定免责条件

百度公司称其没有也不可能在无法预知用户指令的情况下预先存储海量的第三方网站内容，其是在接到用户指令以后才在网络上搜索相关内容并实时转码后再发送给用户的。百度公司的这一陈述应当是可信的。那么，百度公司在其服务器上存储涉案作品的行为是否符合“临时存储”的免责条件呢？笔者认为，该行为并不符合我国《信息网络传播权保护条例》第 21 条关于临时存储免责的规定。因为该条款规定临时储存免责的目的是提高网络传输效率，针对的是网络传输过程中经常发生的技术现象，即用户访问目标网站往往需要经过一个以上的中转服务器才能传递指令并获取信息，为了提高传输效率，中转服务器在用户访问目标网站时会将目标网站服务器中传来的信息自动保存在其系统缓存内，当后一用户再次试图访问同一目标网站时，中转服务器就直接将保存在其系统缓存内的信息传递给用户，以此提高用户获得信息的速度。本案中百度公司存储涉案作品是为了在转码后向手机用户提供，百度网站服务器在本案中所起到的显然不是单纯为了提高网络传输效率的中转服务器的作用，鉴于本案情况与该免责条款的规范目的不一致，因此，对百度公司存储涉案作品的行为不能适用该免责条款。百度公司的行为实际上构成替代第三方网站向公众提供涉案作品，而且使得涉案作品的传播范围扩大到了手机客户端。被告百度公司的行为影响了原告对涉案作品的正常使用，使得原告通过收费浏览涉案版权作品实现经济目的的效果大打折扣，不合理地损害了原告的合法利益。

综上，百度公司向公众提供涉案作品的行为构成对原告涉案作品著作权的直接侵权。

（评析人：顾文凯、许浩）

【学术评析】

“玄霆诉百度案”是近年来有关“WAP 搜索”及相关服务的著作权侵权责任认定的典型案例，本案的争议焦点在于：（1）搜索引擎在向手机用户提供“WAP 搜索”服务时，需要对原网页进行格式转换，以便用户在较小的手机屏幕上浏览网页，在这一过程中百度公司是进行了“临时存储”还是在其服务器上存储了涉案作品从而形成复制件，即百度公司是否侵犯复制权。（2）百度公司是否可以适用《信息网络传播权保护条例》第 21 条中有关“系统缓存避风港”的规定而免责。对于这两个问题的回答，需要从“WAP 搜索”服务的技术特点出发。此外，原告曾多次向百度公司发出法务函，要求其依法删除侵权链接，法院在审理中查明原告的法务函符合我国《信息网络传播权保护条例》第 14 条的规定[1]，符合“通知 + 移除”规则关于“通知书”的要求，进而认定百度公司需承担间接侵权责任。由于本案中的间接侵权责任认定所引发的关注和争议远远不如“WAP 搜索”著作权直接侵权认定，因而这里对本案间接侵权认定部分予以省略。

一、“WAP 搜索”的技术特点及相关法律问题

台式机与笔记本电脑因较大显示屏和较强多媒体处理能力，其网页使用的是 HTML 格式[2]；而手机因屏幕较小以及多媒体处理能力较弱，为了克服手机用户浏览网页时出现乱码，观看图片、视频或 Flash 动画时耗费太多流量等技术问题，需要将网页格式转换为 WML 格式[3]。目前提供格式转换服务的主要是搜索引擎商，例如百度公司就设置了面向手机用户的搜索门户（wap. baidu. com）。因为手机是通过 WAP[4] 接入互联网，所以也称为“WAP 搜索”。“WAP 搜索”的运行过程大致是：第一，搜索引擎通过手机用户输入的关键词进行搜索，并提供链接；第二，在手机用户点击链接时，自动将网页从 HTML 格式转换为 WML 格式；第三，手机用户获得搜索结果进而浏览相关网页。[5]

---

[1] 《信息网络传播权保护条例》第 14 条规定：通知书应当包含下列内容：（一）权利人的姓名（名称）、联系方式和地址；（二）要求删除或者断开链接的侵权作品、表演、录音录像制品的名称和网络地址；（三）构成侵权的初步证明材料。

[2] 即 Hypertext Markup Language，意为“超文本标记语言”。

[3] 即 Wireless Markup Language，意为“无线标记语言”。

[4] 即 Wireless Application Protocol，意为“无线应用协议”。

[5] 具体的适配过程为：用户请求某某转码服务──→转码服务解析 URL 获得第三方 WEB 网页链接地址──→转码服务请求第三方 WEB 网页──→转码服务将 WEB 网页转换为 WAP 网页──→转码服务将 WAP 网页返回给用户的移动终端浏览器──→用户查看到 WAP 网页。

手机用户点击链接，浏览经过格式转换的网页时，手机浏览器上并不直接显示被链接网页的网址，而是显示了“混合网址”（即搜索引擎的网址+被链接网页的网址）。例如在“蔡骏诉深圳宜搜案”[1]中，法院便以Google搜索引擎对“百度新闻”进行“WAP搜索”后在地址栏所显示的网址，即“http：//www.google.cn/gwt/n?U=http：//news.baidu.com”为例进行说明[2]，“=”前面显示的是Google搜索引擎的网址，“=”后面显示的是被链接百度新闻的网址。由于手机屏幕较小，手机用户通常情况下只能看到“=”前面的搜索引擎网址，而“=”后面的被链网页网址往往并未完全显示，这就极易让手机用户产生该网页直接由该搜索引擎提供的感觉。

如果搜索引擎直接从自己的服务器中提供网页内容，而非仅提供搜索和链接服务，那么在搜索引擎商未获得著作权人授权的情况下，其必须承担侵犯信息网络传播权的直接侵权责任。如果搜索引擎商并非直接从自身的服务器中提供网页内容，而是仅提供搜索、链接和格式转换服务，并且在手机用户获得相关搜索结果后即时在服务器中删除临时存储的网页，那么，搜索引擎商是否因为其临时存储相关网页而构成侵犯复制权。若搜索引擎商在明知或应知的情况下仍然向手机用户提供网页内容，使手机用户得以在“个人选定的时间和地点获得”网页内容所涉及的作品，则搜索引擎便构成对信息网络传播权的直接侵权。

从以上分析可以看出，认定“WAP搜索”服务的性质显得尤为重要。若仅仅以“WAP搜索”结果的地址栏中出现搜索引擎的网址便认定搜索引擎直接从其服务器上传了网页内容进而认定其构成侵权，对搜索引擎而言无疑是不公平的，这不仅违背了“技术中立”原则，也将阻碍“WAP搜索”服务的发展。

二、百度公司不构成“临时存储”而是侵犯了复制权

从技术角度来看，目前我国“WAP搜索”均须进行格式转换，这必然需要搜索引擎的服务器对网页作品的物质载体进行“临时存储”。正如本案法院指出的：“百度公司所称的格式转换，就技术而言，WEB网页内容需要复制在百度服务器内存或硬盘上才能处理转换WAP网页。”这仅仅是一种技术上的安排，搜索引擎无法对其进行控制。虽然目前国际上对“临时存储”是否构成复制权的直

---

[1] 参见广东省深圳市福田区人民法院（2010）深福法知产初字第70号民事判决书。

[2] 即“转换程序？参数名=转换页面的URL（网址）”。

接侵权仍然存在争议❶，但从我国《著作权法》中“复制权”的定义❷及相关法规、司法解释中可以看出，我国并未将“临时存储”纳入复制权的控制范围，即便在承认“临时存储”为复制行为的欧盟《版权指令》，这种纯技术性安排也不会构成复制权侵权。❸

就“WAP 搜索”本身而言，首先，搜索引擎在进行格式转换后，完全可以立即将服务器中“临时存储”的网页内容删除，以满足“临时性”要件；其次，作为网页格式转换的必经技术步骤，这种“临时存储”的使用价值仅在于手机用户浏览网页所必须，并没有被单独利用的“独立经济价值”；最后，正是这一技术步骤，使手机用户的合法浏览成为可能。那么，本案中法院又为何认定百度公司构成复制权的直接侵权呢？百度公司在审理中辩称：“对于搜索结果中的 WEB 网页，必须进行格式转换为 WAP 网页，在手机浏览器上浏览，百度公司的技术转码服务是为实现此目的、服务于 WAP 搜索的附属产品……整个过程全部为根据用户指令实时操作，百度 WAP 网页没有也不可能在无法预知用户指令的情况下预先存储海量的第三方网站内容……URL 以‘百度’开头只是某某公司为完成手机适配采取的必要技术手段，并未复制和存储第三方网页的内容。”

然而本案原告玄霆公司提交的公证书却显示：“在百度页面有对涉讼作品的推荐，对搜索结果进行编辑、修改；被告百度公司以 WAP 频道搜索结果及点击阅读功能向用户提供涉讼作品的全部内容，无论是点击阅读页面的地址栏，还是每一个网页的打印结果，地址显示均属于百度公司的服务器……通过页面属性查询，可以看到该页面显示其主数据内容存储于百度网站服务器的事实，百度公司

---

❶ 《世界知识产权组织版权条约》（WCT）和《世界知识产权组织表演与录音制品条约》（WPPT）的缔结过程中，中国、挪威等国家均对将“临时存储”纳入复制权的控制范围表示反对。而美国《版权法》对“物质载体”（material objects）的定义较为宽松，即使在内存中的“临时复制件”无法被现存机器或设施再次复制，只要它能够以任何方式被“感知”，产生该“临时复制件”的行为仍然构成版权法意义上的“复制”行为。此外，2004 年修改的澳大利亚《版权法》也将在内存中进行“临时复制”认定为版权法意义上的“复制”。详见王迁．网络环境中的著作权保护研究［M］．北京：法律出版社，2011：35－45.

❷ 2013 年《著作权法修改草案（第三稿）》第 11 条第 3 款第（1）项将“复制权”定义为：“以印刷、复印、录制、翻拍以及数字化等方式将作品固定在有形载体上的权利”。

❸ 欧盟《版权指令》第 2 条规定，成员国应为权利人规定授权，或禁止直接或间接地、临时或永久地通过任何方法或以任何方式全部或部分复制的专有权利。其第 5 条便规定了第 2 条的例外，即第 2 条所指的“临时复制行为”，如是短暂的或附带性的、是技术过程中必要及不可分割的组成部分，并且其唯一目的在于：（1）使作品或其他客体在网络中通过中间服务商在第三方之间传输成为可能，或（2）使对作品或其他客体的合法使用成为可能，并且其没有独立的经济价值，则不构成对第 2 条规定的复制权的侵权。参见王迁．WAP 搜索及相关服务著作权侵权问题研究［J］．知识产权，2012（1）：21.

还在每页最下端显示“原网页”，证明其确认该网页不是原网页，而是原网页之外的一个复制页，而该复制页的内容明显有所删减和重新编排，并非应访问用户的要求自动形成。”而在“蔡骏诉深圳宜搜案”中，法院经审理查明，在被告深圳宜搜的搜索网页上，在搜索框中输入关键字对涉案小说进行搜索、阅读，是通过客户端链接到第三方网站上实现的，即提供小说阅读内容的是第三方网站而非被告网站，深圳宜搜就涉案小说《玛格丽特的秘密》的阅读所提供的服务为搜索、链接服务，即深圳宜搜并没有针对涉案小说在其服务器中进行存储，也无法控制第三方网站上传的侵权内容，故而深圳宜搜不构成侵权。因此，虽然本案与“蔡骏诉深圳宜搜案”在判决结果上截然相反，但却是基于完全不同的事实，即百度公司在其服务器上存储了涉案作品形成了复制件，而深圳宜搜没有。就本案而言，百度公司的行为已经超出了“临时存储”以及“格式转换之必要技术步骤”的范围，据此法院认为，百度公司所提供的已不属于正常的“WAP 搜索”服务，可以认定百度在其服务器中形成了涉案作品的永久复制件，因而构成对原告复制权的直接侵权。

三、百度公司不能适用“系统缓存避风港”

当网络用户在浏览器上输入网址，希望访问某一网站时，需要经过一个以上的中转服务器来传递指令并获取信息，从用户想要访问的目标网站传出的信息需要经过中转服务器向用户传递。那么在该网站访问者众多的时候，若每一条信息都经过这样的程序运行，会导致信息通道的堵塞，即中转服务器与目标网站之间会发生所谓“堵车”现象，这就需要中转服务器自行将相关内容进行“系统缓存”，以解决传输效率问题，当下一用户要求传递相同信息时，无需再从目标网站向外传递，而由中转服务器直接向外传送。我国《信息网络传播权保护条例》第 21 条❶和欧盟《电子商务指令》❷ 均借鉴了美国《数字千年版权法》（DMCA），规定网络服务提供者（ISP）对“系统缓存”无需承担侵权责任，此即“系统缓存避风港”。由此可见，只有为了解决“网络传输效率问题”才能适用该规定。那么，在本案中百度公司能否适用该规定呢？DMCA 规定适用“系统缓存避风

❶ 网络服务提供者为提高网络传输效率，自动存储从其他网络服务提供者获得的作品、表演、录音录像制品，根据技术安排自动向服务对象提供，并具备下列条件的，不承担赔偿责任：（一）未改变自动存储的作品、表演、录音录像制品；（二）不影响提供作品、表演、录音录像制品的原网络服务提供者掌握服务对象获取该作品、表演、录音录像制品的情况；（三）在原网络服务提供者修改、删除或者屏蔽该作品、表演、录音录像制品时，根据技术安排自动予以修改、删除或者屏蔽。

❷ 欧盟《电子商务指令》明确规定，这种系统缓存的唯一目的只是能使信息的“继续传递”（onward transmission）过程更有效率。

港”的前提条件在于：信息从原始提供者经过（transmitted…through）缓存提供者的系统，传至接收者。❶ 美国国会报告中也指出，这种临时存储应在信息来源网站和最终用户之间起到桥梁作用。❷ 我国《信息网络传播权保护条例》第21条中也明确规定适用“系统缓存避风港”的唯一目的是为了“提高网络传输效率”。从以上立法可以看出，ISP只能以“提高网络传输效率”为目的进行“系统缓存”，而且这种缓存必须是善意的、临时性的，发生在“信息从目标网站传至用户的正常运输过程中”的。只有这样，才能适用“系统缓存避风港”。

从本案的判决及原告提供的证据来看，百度公司不仅在其服务器上存储了涉案作品，而且对页面进行编排和修改，以吸引手机用户。因而百度公司存储涉案作品的目的是在进行格式转换后向手机用户提供，并使手机用户“可以在其个人选定的时间和地点获得”涉案作品，完全符合信息网络传播权直接侵权的构成要件，其行为显然已经超过了“提高网络传输效率”的合法范围，使得原告通过收费浏览涉案版权作品实现经济利益的权利受到了影响。因此，法院认为百度WAP存储涉案作品的行为不能适用“系统缓存避风港”，其行为实际上构成替代第三方网站向公众提供涉案作品，而且使得涉案作品的传播扩大到了手机客户端，影响了原告著作权人对涉案作品的正常使用，需要承担侵犯信息网络传播权的直接侵权责任。

综合以上分析可以得出的结论是：“WAP搜索”服务仅是基于手机相对于电脑的局限性而产生的格式转换技术服务，在发生著作权侵权纠纷时，关键在于认定搜索引擎是否在其服务器中形成了涉讼作品的永久复制件，是否具有传播他人作品，吸引手机用户的不正当商业目的。当然，对于该项认定，不管是搜索引擎还是著作权人都难以提供直接证据加以证明，这就需要法院通过一些间接证据形成证据链并运用优势证据规则进行个案认定。

（评析人：林戈）

---

❶ See 17 USC 512（b）（1）（B）. 转引自王迁. WAP搜索及相关服务著作权侵权问题研究［J］. 知识产权，2012（1）：24.

❷ See House Report 105－551, Part 2, 105th Congress, 2nd Session, p. 52, and Senate Report 105－190, 105th Congress, 2nd Session, p. 42. 转引自王迁. WAP搜索及相关服务著作权侵权问题研究［J］. 知识产权，2012（1）：24.

【附　录】

一审案号：原上海市卢湾区人民法院（2010）卢民三（知）初字第61号

二审案号：上海市第一中级人民法院（2011）沪一中民五（知）终字第141号

广东中凯文化发展有限公司与中国移动通信集团山东有限公司及济南分公司、山东齐鲁八达网络通信技术有限公司、上海优度宽带科技有限公司侵犯信息网络传播权纠纷案

【提　示】

网络证据保全公证时所使用的电脑设备若未实质处于公证员的控制之下，可能会影响网络证据保全公证的证明力。

【案　情】

原告：广东中凯文化发展有限公司（以下简称“中凯公司”）

被告：中国移动通信集团山东有限公司济南分公司（以下简称“济南移动公司”）

被告：中国移动通信集团山东有限公司（以下简称“山东移动公司”）

被告：山东齐鲁八达网络通信技术有限公司（以下简称“齐鲁八达公司”）

被告：上海优度宽带科技有限公司（以下简称“优度公司”）

法院查明的事实，原告经影片《天堂的眼睛》权利人广东宋祖德影视文化传播有限公司授权，获得该片在中国大陆独家出版发行权及信息网络传播权，期

限为5年，原告依据协议有权单独以自己名义对侵权人采取包括以司法手段诉诸法律在内的一切合法手段制止侵权行为并获得赔偿，授权日期为2005年8月19日。

2006年10月，原告委托河南省郑州市公证处进行了公证证据保全并出具第6828号公证书，其上记载：2006年10月16日原告委托代理人陈广金向公证处申请证据保全。本公证员和我处工作人员张云峰以及原告委托代理人陈广金、计算机操作人员胡东升和照相人员陈炎召于2006年10月17日上午8时50分来到郑州市黄河路10号天中网络休闲会所二楼3721号房间，在公证人员的监督下计算机操作人员胡东升分别进行了下列操作：①打开计算机并打开IE浏览器，9时09分在IE浏览器的地址栏中输入“www. jnmobile. com”进入“移动星空”页面，在“宽频影视”登录栏中的“手机”栏输入“13505404388”和密码后，点击“登录”进入“宽频影视”登录后的页面。下拉滚动条对该页面浏览。②在对其他三部案外影片进行搜索播放后，返回“宽频影视”登录后的页面，9时43分在“宽频影视”登录后的页面中输入“天堂的眼睛”，点击“提交”，进入搜索结果页面，显示影片“天堂的眼睛”画面，进入影片“天堂的眼睛”播放页。9时44分点击“天堂的眼睛”，开始在线播放影片“天堂的眼睛”。播放过程中，胡东升用鼠标拖动播放滑块随机选取播放点进行播放，该影片均能播放，9时53分播放结束，返回“宽频影视”登录后页面。

经查询，信息产业部ICP/IP地址信息备案管理系统的结果显示为：网站首页URL为jnmobile. com的ICP单位为山东齐鲁八达（移动），备案号为鲁ICP备05009129号。被告济南移动公司系领取营业执照的企业分支机构，隶属于被告山东移动公司。2006年8月25日，被告齐鲁八达公司与被告优度公司签订《山东移动市场战略合作协议》，双方约定共同开发推广优度公司拥有合法版权许可的各类影视及相关视听内容，向互联网及手机用户提供收费的电影、电视剧、动画片、综艺节目、手机流媒体等各种服务，优度公司保证提供节目的质量达到网络播出指标，齐鲁八达公司负责与移动运营商进行资源协调及争取，协议有效期1年等。

2010年3月17日，被告济南移动公司委托河南省郑州市黄河公证处进行证据保全公证。公证内容显示：济南移动公司的代理人王圣泳于2010年3月16日在河南省郑州市黄河路10号天中网络休闲会所二楼3721号房间，在公证人员的监督下由计算机操作人员张正进打开计算机，在检查所操作的计算机没有无线上网卡，并拔掉计算机主机与互联网网络连接的情况下，再通过检查计算机已经处于不能登录互联网状态的操作，随后点击该计算机桌面上的IE浏览器，在地址栏中输入“www. jnmobile. com”进入“宽频影视”页面，按照原告提供的公证书中的操作步骤同样可以进行涉案影片的播放。审理中，被告济南移动公司当庭演示了前述证据保全公证的内容，以此证明通过在操作计算机中预存特定内容的技术处理，在不连接互联网状态下，同样可以达到在特定网站上播放特定影片的效果，故原告的侵权证据保全公证不具有证明效力。

原告中凯公司诉称，被告济南移动公司未经合法授权，在其网站上提供电影《天堂的眼睛》的在线播放，侵犯了原告的信息网络传播权。原告与被告济南移动公司联系，被告济南移动公司称该网站虽然是自己所有，但是涉案电影是由被告优度公司提供，相关法律责任应当由被告优度公司承担。因被告济南移动公司系山东移动设立的分公司，其民事责任应由山东移动公司承担。齐鲁八达公司为涉案网站提供了技术与内容支持，亦应承担相应的责任，故请求判令四被告共同赔偿原告经济损失和为制止侵权所支出的合理费用共计4万元。

被告济南移动公司辩称，原告作为被告侵权证据提供的公证书显示，公证保全中所使用的计算机并非是公证处的，且公证书也没有记载公证人员在进行证据保全时是否已经对计算机和互联网的连接情况以及公证保全所要使用的全部硬件设备是否“清洁”进行检查，故该公证证据存在重大瑕疵，无法证明被告有侵权事实存在。相反被告提供的有关公证证据恰能够证明在非互联网状态下，通过预设的技术可以虚设侵权的目标网页，造成侵权的假象，原告主张被告侵权的证据不足。

被告山东移动公司未答辩，亦未提供证据。

被告齐鲁八达公司辩称，原告主张被告侵权的证据亦不足，齐鲁八达公司没有在“www. jnmobile. com”网站上在线播放涉案影片。

被告优度公司辩称，优度公司与齐鲁八达公司确实签署过战略合作协议，但没有向其提供过涉案影片。

【审　判】

法院经审理认为：第6828号公证书明确记载公证地点是在位于郑州市黄河路10号的天中休闲会所内，整个证据保全操作过程中所使用的计算机系该会所的而非公证处的，故该计算机事先是不为公证处或是公证人员可以控制的，而该公证书中也未记载公证地点是由公证人员所选定。鉴于计算机技术的发展和互联网的特殊性，当前技术也确存在可通过预先在本地计算机中设置特定目标网页，在非互联网状态下，使输入的特定域名所打开的网页为预先设定的特定页面等情况。因此，证据保全时检查操作使用的计算机是否与互联网处于连接状态和检查计算机服务器硬盘中事先有无与本案相关内容存在，对于确保证据来源的准确性和可靠性来说就显得极为必要。而原告提交的第6828号公证书中未记载有公证人员对计算机进行了上述情况的检查操作，因此该第6828号公证书在无法确定是否是在网络环境下采集，操作使用的计算机服务器事先不存在任何与本案相关内容的情况下，不能证明保全证据来源的准确性与可靠性，不足以证明被告方侵权的事实，遂判决对原告的诉讼请求不予支持。

一审宣判后，原告不服一审判决，提起上诉。二审判决驳回上诉，维持原判。

【法官评析】

鉴于网络证据具有易逝性和易更改性的特点，网络公证成为权利人保全侵权证据的主要手段。但是，复杂的网络环境对公证的效力提出了严峻的挑战，通过人为的技术操作便可能使“眼见未必为实”，为此，大多数被告都会对网络证据保全公证提出质疑，这也给司法实践带来了极大的不便和困扰。本案的争议焦点即在于网络证据保全公证文书的效力认定。

一、挑战——网络公证保全为什么会受质疑

目前，公证处进行网络证据保全公证的做法大多都是由两位公证员在申请人在场的情况下，监督操作人员按申请人的指示登录有关网页并进行实时打印，将操作结果存盘封签后保存，并对全过程进行录像或者拍照即可。随后制作的公证书会对此过程进行描述。这种操作方法对于现实环境中的证据保全是合适的，但是在网络环境下，公证人员在计算机上看到的一切可能未必就是客观发生的事实。通过一定的技术操作，以下几种情形均有可能出现“眼见未必为实”的情况：

1. 电脑并没有连接互联网络，保全对象是计算机硬盘内暂存的网页。通常，浏览器在脱机的情况下仍然能够访问原先浏览过的网页，这些网页实际上作为临时文件暂存在硬盘中，这些网页可以容易地进行修改以满足特定的目的。如果公证人员进行网络公证时，并不检查网络连接状态，很容易被蒙蔽。

2. 电脑虽然已经上网，但通过修改特定文件使某特定域名指向内部IP地址，从而制造自己所需要的假象。例如通过修改特定的文件，使新浪的域名指向腾讯的主页，从而造成一种假象，即侵权事实是发生在别的网页中。如果网络公证使用的电脑并不是公证处自己的电脑，而是申请人或者其选定的电脑，根据现

有技术，申请人完全可以进行上述操作达到自己的目的。

3. 修改传递网页的服务器，使某域名指向自己希望的 IP 地址。任何一个网页都是通过很多服务器的传递才能到达用户终端，在这些服务器的任何环节都可以进行恶意修改，使 IP 地址的指向发生变化，从而人为制造一些“事实”。

4. 在公证处的电脑中安装某种木马软件或者通过黑客远程侵入公证处网络系统，从而实现控制公证处电脑的目的，使整个公证都由自己控制。为比，即使在公证处自己的电脑上进行网络公证，如果不是公证员自己操作电脑，申请人很有可能进行上述操作。

以上几种情形均是基于互联网络的复杂环境而可能出现的公证事实并非客观事实的情况。如果在进行网络公证时，操作地点选取不当，操作程序不规范，都有可能导致公证文书的效力受到质疑，影响公证本身具有的强证明力。

二、审视——涉案证据保全公证存在的问题

本案中，权利人同样申请了网络证据保全公证，但是公证人员并没有注意到网络环境的特殊性和复杂性，在证据保全的程序上存在瑕疵，被告也为此提出了有针对性的质疑和反证。

第一，涉案证据保全公证的地点选取不当。本案中公证保全的地点并非公证处，而是位于郑州市黄河路 10 号的天中网络会所内，公证书中并没有记载是公证员任意选取的地址；而且公证使用的电脑也没有证据证明是公证员任意选取的。

第二，涉案证据保全公证使用的电脑未进行检查。公证书中并没有对公证使用的电脑是否与互联网络连接、是否存在与本案相关内容进行检查的记载。

第三，涉案证据保全公证的操作员选用不当。从公证书的记载看，整个公证保全的过程并非由公证员自己进行操作，而是由申请方的计算机操作人员进行操作。

以上三处程序操作上的瑕疵直接影响涉案公证文书的效力。为此，被告也提出相反的公证书予以反证，通过在操作的计算机中预存特定内容的技术处理，在不连接互联网状态下，同样可以达到在特定网站上播放特定影片的效果。被告认为在公证人员未检查操作使用的计算机是否处于互联网连接状态，也未进行本机文件搜索的情况下，存在可以利用技术手段造成访问特定网站的假象，故涉案侵权证据保全公证不具有证明效力。

三、判定——涉案网络证据保全公证的效力

网络证据保全公证虽然已经成为知识产权侵权诉讼中最主要的取证手段，但

是，由于互联网涉及诸多技术性问题，大多数公证人员由于缺乏计算机方面的专业知识，尚无法形成开展网络证据保全的操作规范，使得网络公证难免出现诸多瑕疵。对此，作为一种具有较强证明力的证据，司法实践中应当如何认定有瑕疵公证文书的效力成为困扰当前司法审判的一大难题。笔者认为，网络公证作为一种新兴的公证形式，具有较高的技术要求，司法审判不应施加过于严苛的认定标准；虽然网络公证文书确实可能存在操作不当、程序不规范等瑕疵，当事人多对公证书提出了合理的质疑，但只要公证时所使用的电脑处于公证人员实际控制下，能够排除申请人事先进行技术操作的可能，公证文书程序上的瑕疵不应对公证文书的效力产生实质性影响，当事人提出的质疑也不应认定为“足以推翻公证书的相反证据”。

按照是否可控制的标准，其一，如果进行公证使用的是公证处的设备，即使公证员并未对设备的清洁度进行检查，电脑的操作也并非公证人员，基于公证机构作为证明机构的公信力，申请人一般没有在该设备中进行事先设置的可能性，故法院应当认定在公证处控制下的设备是清洁的，所进行的网络证据保全是真实的、合法的和客观的。其二，如果进行公证使用的设备并非公证处的设备，亦要进一步区分不同情况：一是该设备由当事人的代理人提供，此时公证员必须对该设备的清洁度进行检查，未进行清洁度检查而盲目使用其设备进行的公证无法排除事先预设的可能性，在无其他证据相互印证的情况下，法院对该公证的证明力应不予采信。二是受限于公证处电脑上网速度慢等原因，某些公证有可能使用网吧中的电脑等设备进行。此种情形下依然应根据使用的公证设备是否为公证人员控制为标准进行区分，若该设备是由公证人员随机选定的，则申请人无法对该设备进行预先控制，则不影响公证的效力；若是由申请人选定的，则须对该电脑进行清洁度检查，否则，法院对该公证的证明力不予采信。

涉案公证取证的过程即不符合公证使用的电脑应处于公证人员可控制的要求。一方面，网络证据保全公证的地点不是公证处而是网吧，使用的电脑是网吧的电脑；另一方面，公证书没有记载该电脑是当事人指定的，还是公证人员随机挑选的。此种情况下难以排除当事人事先进行技术操作的可能。对此，本案被告提出了合理怀疑，并且提交了公证文书予以反证，即在电脑未与互联网连接的情形下，通过技术操作，仍然可以打开涉案网站进行电影的播放。因此，法院最终判定涉案公证文书不能证明保全证据来源的真实性和可靠性，不足以证明侵权事实存在。

（评析人：金滢、凌宗亮）

【学术评析】

在民事审判实务中，公证取证具有高于当事人自行取证的效力，《民事诉讼法》和最高人民法院的相应司法解释也确认了这一原则。但近来在网络著作权侵权案件的审理过程中，当事人对于公证取证的效力提出了质疑，并采用了最直接的反驳方式——既然你用公证来证明我侵权，我也用公证来证明通过技术手段可以虚拟一个侵权事实的假象。在对待公证证据的效力问题上，司法实践中出现了不同的观点，有的认为不能对权利人维权要求太高的门槛，既然权利人提出的是公证证据，就应当采用；有的认为既然从技术上可以实现网络链接成功的假象，则原告的证据缺乏唯一性，不能证明被控事实的存在。显然，前者倾向于保护权利人，后者倾向于证据适用的精确性。

由于网络环境的复杂性和多元性，网络信息易更改、删除、复制等特点，加之网络技术具有较强专业性，使通过传统作业模式制作的网络证据保全公证书受到强烈质疑，甚至不被采信，严重影响了公证公信力。

我们首先要明确的概念便是，何为网络证据保全公证?

网络证据的具体定义为，经过互联网传递并在另一终端进行下载的计算机数据。网络证据保全公证指的是公证机构根据当事人的申请，按照法定程序，对于当事人指出的相关电子文件进行固定和保护，并把可能灭失和难以取得的电子数据以“纸质”的形式显现出来的一种证明活动。

然而，计算机技术和互联网技术的发展使得通过计算机技术手段可以修改网络数据导致公证人员看到的并在公证书中记载的事实可能并不是客观事实。“网络证据保全公证中出现瑕疵主要有网络证据自身的虚拟性和易改性，公证人员计算机和网络知识储备不足，办证过程中受到干扰，以及网络证据保全公证活动缺乏完善的法律保障等原因。”[1] 一旦相关公证人员未尽到合理责任，便会给网络取证带来诸多不必要的麻烦，同样也违反了公平公正原则，甚至将会直接影响裁判结果，给当事人造成重大损失。

在本案中，权利人同样申请了网络证据保全公证，但在取证过程中仍然存在一定瑕疵。因此，也引起了被告有针对性的反证。从法院判决书中不难看出，在审理侵犯网络著作权纠纷案件时，网络证据保全公证的效力对案件审理起着举足轻重的作用。当然，这并不意味着其可以取代法院的审判。公证内容与对象之间

---

[1] 仇倍珍. 论网络证据保全公证的风险与防范［D］. 上海：上海交通大学硕士学位论文，2012：9.

以及内容、对象和案件事实之间的关联仍需要法官通过结合案件事实进行分析判断。实践中，为了在证据上平衡各方当事人的利益，网络证据保全的最直接有效的方法便是在公证处使用公证处的电脑进行取证。网络技术越是发达，越是存在不稳定因素，一些专业人员甚至普通人都可以运用相应的技术手段修改某个程序达到自己的目的。因此，若法律一味地强调保护权利人，则反而会阻碍甚至损害互联网的发展。所以，我们仍要本着公平公正的原则，不能凡是权利人提供的证据便过分宽容地采纳，而是要把存在任何造假可能性的概率降到最低。

（评析人：孙航）

【附　录】

一审案号：上海市黄浦区人民法院（2010）黄民三（知）初字第24号

二审案号：上海市第二中级人民法院（2010）沪二中民五（知）终字第51号

摩卡软件（天津）有限公司与上海北塔软件股份有限公司侵犯著作财产权纠纷案

【提　示】

计算机软件用户界面属有限表达，通常不受《著作权法》保护。

【案　情】

原告：摩卡软件（天津）有限公司（以下简称“摩卡公司”）

被告：上海北塔软件股份有限公司（以下简称“北塔公司”）

法院经审理查明，原告为企业管理软件《摩卡业务服务管理系统 V6.5.0》（以下简称“摩卡软件”）的著作权人。被告的北塔 IT 综合管理软件（以下简称“IT 软件”）是与原告的摩卡软件具有相同功能的企业管理软件。

将原告摩卡软件宣传资料上的服务仪表盘和被告 IT 软件宣传资料上的 BTIM－业务管理门户图进行比对，两图均能实现反映业务服务运行状态的功能，但两图在结构布局、图像元素和展现企业业务系统的构成和运行状态的方式上存在较大差异。将原告摩卡软件宣传资料上的主机监控图和被告 IT 软件宣传资料上的 BTIM－Windows 系统状态图进行比对，两图均能实现主机运行时系统状态显示的功能，都采用三栏分置的布局。左栏均显示有系统管理信息，中栏均显示 CPU、内存和硬盘的状态信息，右栏均显示网卡管理和用户管理信息。原告图左栏中还显示等待处理队列、内存性能指标，被告图左栏显示有持续运行时间、进程信息。原告图等待处理队列和被告图进程信息在图像元素和文字表述上存在差异。中栏对于内存状况的显示，原告、被告在图像元素、功能显示和布局上存在不同。对于硬盘状况的显示，原告以柱状图显示硬盘的使用情况，被告采用二层结构，以圆形图和柱状图共同显示硬盘状态。右栏中，原告、被告在显示网络接口的状态时，选定参数存在不同。在系统用户显示中，被告采用了图像元素。另外，两图的部分图像元素相同，如显示 CPU 的环形图、表示网络接口的图像。

原告诉称，其系摩卡软件的著作权人，被告开发的同类型软件 IT 软件与原告的上述软件有颇多雷同之处，抄袭了其软件的两个操作界面，侵犯了原告的著作权，故请求判令被告立即停止侵权、在《网管员世界杂志》上公开赔礼道歉、赔偿损失 100 万元。

被告辩称，原告主张缺乏事实依据，即使被告的用户界面如原告所称与其用户界面有相似之处，也是因表达方式有限而造成，按照相关法律规定，被告并不构成侵权，请求驳回原告的诉讼请求。

【审　判】

法院审理后认为，由于我国《计算机软件保护条例》所保护的计算机软件是指计算机程序及其有关文档，并不包括用户界面，因此，被告没有侵犯原告摩卡公司的著作权。

用户界面的著作权受我国《著作权法》的保护。但《著作权法》保护的是具有独创性的表达，并不保护思想、工艺、操作方法或数学概念。用户界面是计算机程序在计算机屏幕上的显示和输出，是用户与计算机之间交流的平台，具有较强的实用性。用户界面的实用性决定了用户界面的设计必须根据用户的具体需求，并尽可能借鉴已有用户界面的元素，以符合用户的使用习惯。原告提供的宣传资料上的图片即便是用户界面也不符合作品独创性的要求，不应受我国《著作权法》的保护。首先，构成画面的各要素是图形用户界面的通用元素，并不具有独创性。其次，从画面的整体状况看，构成画面各要素的选择、编排和布局的排列组合较为简单，没有明显区别于一般图形用户界面的独特之处。其中原告的服务仪表盘和被告的 BTIM - 业务管理门户图，无论布局、图像元素还是表现方式均不相似。再次，原告、被告均是企业管理软件的开发企业，两者开发的软件功能相似，用户需求相似。软件的用户界面的实用性决定了用户界面的设计须按照用户需求进行，以方便用户使用。而用户界面最优化的设计，决定了用户界面的表达方式将会十分有限，因此，相同类型软件用户界面必然存在一定相似性。但并不能因为相似，就认定侵权。原告的主机监控图和被告的 BTIM – Windows 系统状态图，尽管在总体结构、图像元素和布局上存在一定的相似性，也不能认定被告侵权。原告不能禁止他人在设计软件用户界面时使用有限的表达，遂判决驳回原告的诉讼请求。

一审宣判后，双方均未提起上诉，一审判决生效。

【法官评析】

根据我国《计算机软件保护条例》，计算机软件是指计算机程序及其有关文档。其中，计算机程序是指为了得到某种结果而可以由计算机等具有信息处理能力的装置执行的代码化指令序列，或者可以被自动转换成代码化指令序列的符号化指令序列或者符号化语句序列。计算机程序分为源程序和目标程序两种形式。文档则是指用来描述程序的内容、组成、设计、功能规格、开发情况、测试结果及使用方法的文字资料和图标等，如程序设计说明书、流程图、用户手册等。但是，对软件著作权的保护不延及开发软件所用的思想、处理过程、操作方法或数学概念等。

从前述规定来看，我国《著作权法》所保护的计算机软件，仅指程序和文档。用户界面不属于该条例的保护范围。用户界面是操作人员与整个计算机程序之间相互传递信息的方式、方法，从其在电脑显示屏上的表现形式看，是一种文字、图形的表达。这种表达如果符合我国《著作权法》规定的作品的基本要件，即属于文学、艺术和科学领域内具有独创性并能以某种有形形式复制的智力成果，则应当受到《著作权法》的保护。但需要注意的是，《著作权法》保护的只是具有独创性的表达，并不保护思想、操作方法和实用功能。

用户界面是计算机程序在屏幕上的显示和输出，是用户与计算机之间交流的平台，具有较强的实用功能性。用户界面的实用功能性决定了用户界面设计的最优化。而最优化的设计选择，使得用户界面设计的表达方式选择较为有限，部分元素的使用具有不可替代性。因此，在判断用户界面是否具有独创性时，应注意用户界面的实用功能性的特点，遵循《著作权法》理论中的“混合原则（merger)”，把握思想和表达的界限。所谓“混合原则”，即“如果一个思想的表达只能有一种或极其有限的几种方式，这种表达同其所表达的思想已经合并在一起以致难以划分，则他人在表达这一思想时使用这一表达并不构成侵权”。[1] 根据

[1] 应明，孙彦. 计算机软件的知识产权保护［M］. 北京：知识产权出版社，2009：68.

"混合原则"，当一种思想只有一种或几种非常有限的表达时，这些表达只能被视为思想而不受《著作权法》的保护，他人使用这些表达并不属于著作权侵权。在判断用户界面的著作权侵权问题时，根据该原则，即使在后设计的用户界面与在先的用户界面相似，但只要在后设计的用户界面所使用的表达方式是用户界面设计中不得不使用的，则这种表达将被视为思想，不受《著作权法》的保护，在后设计的用户界面不构成对在先用户界面的著作权侵权。"混合原则"作为用户界面著作权保护的判定原则，避免了一方对思想的不合理垄断，从而防止不恰当地扩大著作权的保护范围。

本案中，原告、被告均为企业管理软件的开发企业，两者开发的软件功能相似，用户需求相似，因此，在用户界面设计中对表达方式的使用有局限。法院根据"混合原则"，将这些有限表达即思想和表达合一元素以及属于公共领域的图形通用元素、通用排列组合予以过滤后，认为原告的用户界面并不具有独创性。因此，尽管原告、被告用户界面在总体结构、图像元素和布局上存在一定的相似性，也不能认定被告侵犯了原告的用户界面的著作权。

（评析人：杨韡）

【学术评析】

本案讲述的是摩卡公司诉北塔公司有关用户界面是否存在实质性的相似。本案与美国 Lotus 案[1]有相同之处。

首先，简单介绍下 Lotus 案件的案情。

Lotus 案的焦点问题在于计算机程序的菜单命令及其结构是否属于版权法保护的对象。原告 Lotus 公司在其著名的表格处理软件 Lotus1－2－3 中设计了有层次的菜单命令，而被告 Borland 公司也开发了一种表格处理软件，在自己设计的菜单外，又加入 Lotus1－2－3 的菜单，目的是为了让客户使用方便。Lotus 公司起诉 Borland 公司对其菜单的复制侵犯其著作权。但 Borland 公司并没有复制 Lotus1－2－3 的程序代码，而仅仅借用了其菜单结构和用语。该案的关键问题是复制程序中的菜单层次结构和菜单命令用语是否构成侵权。

其次，介绍下有关法院对 Lotus 案的审判和相关观点。

地区法院认为虽然用有层次的菜单命令操作计算机是思想，但原告在"菜单

[1] See Lotus Development Corporation v. Borland International, lnc. 49F. 3d807, 1995.

树”中对菜单命令的选择和安排构成了表达，受《版权法》保护。被告由于复制原告的程序，被复制的菜单命令和菜单结构包含与其功能相分离的表达因素，故被告侵权。

上诉法院分两种观点，其中一种认为，程序上的菜单在本质上与录像机上“播放”“录制”和“暂停”等按钮一样是操作方法，本身不能获得《版权法》的保护。这等于是认为程序中的菜单属于“思想”而非表达，或是发生了与思想相混同的表达。根据《版权法》只保护表达，不保护思想，或依据“混同原则”即如果一个思想的表达只能有一种或极其有限的几种方式，这种表达视为思想不受保护，该程序中的菜单不能受到保护！而另一种是 Boudin 法官的观点，认为尽管菜单中的许多命令，如“打印”“退出”等早已成为“标准命令”而处于公共领域，但对这些命令的排列和层次关系的设计也可能构成符合独创性的要求的作品，此时只能根据《版权法》中的其他规则，如合理使用等来认定被告 Borland 公司不构成侵权。

Lotus 案一直打到美国最高法院。参与庭审的 8 名法官分歧严重，最后的判决是 4∶4 的一个僵局（deadlock，美国司法系统特有的称谓，即在僵局的情况下只能承认原审判决）。因而上诉法院认为界面不受《版权法》保护的判决得以维持。该案推翻了美国关于认定图形用户界面侵权的“思想与表达二分法”原则，即著作权只保护表达不保护思想原则。此后，美国法院在对待图形用户界面的案件时普遍摒弃了《版权法》保护的处理办法。

本案与 Lotus 案有很多的相似之处。下面我们来分析一下本案的具体情况：

所谓计算机的用户界面（User Interface，UI）是系统和用户之间进行交互和信息交换的媒介，它实现信息的内部形式与人类可以接受形式之间的转换。所以，计算机的用户界面并非计算机程序及相关文档，不是《计算机软件保护条例》所保护的计算机软件。然而，结合上述案件的分析，本案中问题的关键在于用户界面是否能同软件的菜单一样成为《著作权法》保护的客体即作品。如果用户界面的构成要素的选择、编排和布局的排列组合符合独创性的要求，则构成图形作品或是富有美感的美术作品。如被告的用户界面与原告的用户界面相同或存在实质性的相似，便可以构成著作权侵权。但例外情形是，如果被告的用户界面的使用只是根据用户的具体需求，尽可能地符合用户的使用习惯，而非以营利性目的或有损著作权人合法权益的方式加以使用，应该符合《著作权法》规定的合理使用制度。然而，如果用户界面并非认定为作品仅具备实用性功能，而《著作权法》不保护任何实用性，所以对用户界面的使用不构成侵犯著作权。抑或是本案法院审理的结果，根据“混同原则”即如果一个思想的表达只能有一种或极其有限的几种方式，这种表达视为思想不受保护，被告的用户界面不构成著作权侵权。

结合这两个案例可以看到，案件的焦点在于争议对象能否被界定为《著作权法》所保护的作品。如果构成元素具有独创性则构成作品，受《著作权法》保护；如果根据思想与表达的“混同原则”或著作权不保护实用性原则，争议对象不能被认定为《著作权法》保护的作品，则任何人的使用均不构成侵犯著作权。那么，这部分用户界面的权利人的权益能否得到保障？答案是肯定的。我国国家知识产权局在2013年的2月提出了《专利审查指南修改草案（征求意见稿）》，修改草案中主要针对图形用户界面进行了修改。对于那些不能构成作品，不受《著作权法》保护的图形用户界面，由专利权的外观设计加以保护。从而，更全面地保护了图形用户界面权利人的合法权益。

既然我国已经对用户界面的专利权保护征求意见，欲建立起用户界面的外观设计专利权保护，更不妨建立一个用户界面的保护体系。在这个体系中，著作权和专利权交叉保护，互有重叠和冲突，可以有针对性地选择著作权或专利权来保护。申请者可因其用户界面侧重于独创性倾向于《著作权法》保护，如征求意见稿中的关于“与人机交互无关的或与现实产品功能无关的产品显示装置所显示的图案”，如果符合《著作权法》的作品构成要件，则可请求著作权保护，而对于独创性水平不高但富有美感的用户界面，则可申请外观设计专利权保护，同时，将《反不正当竞争法》作为最基础的保护模式，在《专利法》和《著作权法》都无法触及的领域给予基础性保护。这种全面和互补的保护模式能更好地保护我国电子产业用户界面的创新发展，有利于其提高自身的国际市场竞争力和综合实力。

（评析人：卜红星）

【附　录】

案号：原上海市卢湾区人民法院（2010）卢民三（知）初字第45号

胡进庆、吴云初与上海美术电影制片厂著作权权属纠纷案

【提　示】

《著作权法》出台前创作的作品，应根据创作当时的时代背景、历史条件和双方当事人的行为综合判定作品的权利归属。

【案　情】

原告：胡进庆

原告：吴云初

被告：上海美术电影制片厂（以下简称“美影厂”）

法院查明的事实，原告胡进庆又名进庆。1953 年、1964 年原告胡进庆、吴云初分别进入被告处工作，1988 年 3 月、1996 年 10 月两原告分别晋升为一级导演和一级美术设计师。1985 年 11 月被告向文化部电影局上报的 1986 年题材计划中包含剪纸片《七兄弟》8 本。1986 年 3 月上海电影总公司向下属各单位发文《1986 年各项任务指标安排》，下达制片生产、拷贝洗印、发行放映、利润计划、劳动人事等各项指标任务，并明确改进奖金发放办法，创作人员实行酬金制。1987 年 1 月上海电影总公司向上海市人民政府报告《上海电影总公司一九八六年工作概况》时称，我局今年各项指标均超额完成年度计划，新尝试的《葫芦兄弟》等 5 个系列影片试映后获得好评。证人沈如东、龚金福、沈寿林（均为涉

案影片的工作人员）均证实：1986 年左右创作人员均须完成美影厂下达的任务指标，导演每年需完成一部长片或两部短片，其他创作人员跟随导演完成相应工作量，主要由被告指派任务，创作成果归属于单位。就涉案影片除工资、福利外，均取得了相应的酬金和获奖奖励分配。

1984 年被告方的杨玉良创作了《七兄弟》文学剧本大纲。1985 年底被告成立《七兄弟》影片摄制组，指派两原告担任造型设计。两原告绘制了“葫芦娃”角色造型稿，葫芦七兄弟的造型一致，其共同特征是：四方的脸型、粗短的眉毛、明亮的大眼、敦实的身体、头顶葫芦冠、颈戴葫芦叶项圈、身穿坎肩短裤、腰围葫芦叶围裙，葫芦七兄弟的服饰颜色分别为赤、橙、黄、绿、青、蓝、紫。胡进庆绘制了《葫芦兄弟》13 集分镜头台本。经比对，分镜头台本中的“葫芦娃”角色造型与影片中的“葫芦娃”外形基本一致。1988 年胡进庆绘制《葫芦小金刚》6 集分镜头台本，“金刚葫芦娃”的造型与“葫芦娃”基本一致，仅改为身穿白衣、颈戴金光闪闪的葫芦挂件。

中华人民共和国广播电影电视部电影事业管理局（以下简称“广电部电影局”）编印的影片目录显示，《葫芦兄弟》《葫芦小金刚》每集的美术设计均署名吴云初、进庆等。《葫芦兄弟》《葫芦小金刚》每集完成台本和葫芦兄弟系列 VCD 光盘的每集片尾均显示造型设计：吴云初、进庆。影片目录同时显示自 1986 年至 1991 年先后完成《葫芦兄弟》13 集和《葫芦小金刚》6 集。涉案影片先在电视台播出，后在电影院公映。1996 年被告将涉案影片制作成 6 盒 VCD 交由上海电影音像出版社出版发行。2008 年被告将《葫芦兄弟》13 集合成制作成一部电影公开放映。涉案影片的投资拍摄、拷贝洗印、出版发行、播映等费用均由被告出资。1986 年 8 月广电部电影局向下属各厂发函“关于颁发一九八五年优秀影片奖金”时表示，奖金的分发仍按我局规定办理，即奖金全额发给获奖影片的摄制组，其中 60% 发给主要创作人员。为鼓励导演努力拍摄出更多的优秀影片，从该年开始分给导演的奖金应适当提高数额。1988 年 8 月被告向该片创作人员发放 1986 年优秀影片奖的奖金 7000 元。此外，该片还荣获 1987 年儿童电影“童牛奖”。

两原告诉称，两人系“葫芦娃”角色造型形象的原创作者，在《葫芦兄弟》《葫芦小金刚》两部影片的每集片尾亦均标明“造型设计：进庆、吴云初”。该作品应属职务作品，而非法人作品。为此，根据《著作权法》的规定，请求确认《葫芦兄弟》及其续集《葫芦小金刚》系列剪纸动画电影中“葫芦娃”（即葫芦兄弟和金刚葫芦娃）角色形象造型原创美术作品的著作权归两原告所有。

被告辩称，“葫芦娃”角色造型美术作品的创作是在计划经济体制的背景下，在被告领导之下，体现法人的意志，并由法人承担责任，系法人作品。当时《著作权法》尚未颁布，双方不可能签订合同约定著作权的归属。根据单位规章制度的规定，导演及其他创作人员每年须完成一定的工作任务。自《葫芦兄弟》影片开始，对创作人员首次实行酬金制，《葫芦兄弟》还获得国内外多个奖项，奖励已按比例发放给主创人员。“葫芦娃”角色造型不能脱离影片单独使用，即使可以单独使用，也应由被告享有著作权，故请求驳回原告的诉讼请求。

【审　判】

法院审理后认为，“葫芦娃”造型设计的作者首次以线条勾勒出“葫芦娃”的基本造型，塑造出炯炯有神、孔武有力、天真可爱的“葫芦娃”角色造型，符合美术作品的特征，应受《著作权法》保护，根据我国《著作权法》有关署名原则的规定，本院认定两原告共同创作了“葫芦娃”角色造型美术作品。涉案影片创作的当时，我国正处于计划经济时期，两原告作为被告方的造型设计人员完成被告交付的工作任务正是其职责所在，其创作的成果归属于单位是毋庸置疑的行业惯例。其时，我国《著作权法》尚未出台，相关法律对于电影作品中哪些作品可以单独使用并由作者单独行使著作权均未作出规定，认定两原告对其作品于创作的当时享有著作财产权缺乏法律依据。而且，当时单位的规章制度亦规定导演及其他创作人员须完成厂创作办下达的任务指标，可见，完成法人交付的工作指标任务，取得工资、奖金及相关的医疗、分房等福利待遇，创作成果则归属于法人，符合当时社会人们的普遍认知。两原告就系争作品的创作已取得远高于工资性奖金的酬金和奖励，24 年来亦从未就酬金及著作权提出过异议，故可认定“葫芦娃”角色造型美术作品的著作权由被告享有，两原告仅享有署名权。当系争作品进入影片以后，经其他创作人员的创造性劳动，逐渐形成了“葫芦娃”具有个性特征的完整形象，因此，从民法的公平原则角度出发，对于“葫芦娃”形象的整体性和知名度所作的贡献应归功于被告。法院遂判决对原告的诉讼请求，不予支持。

一审宣判后，两原告不服一审判决，提出上诉，二审判决驳回上诉，维持原判。

【法官评析】

近年来，全国各地涌现出较多因动画形象而提起的著作权、商标权侵权纠纷，起诉的主体有角色造型的作者，有动画电影的制片方或者著作权受让人、被授权许可使用人，并涉及“三毛”“阿凡提”“葫芦娃”“黑猫警长”“蓝猫淘气”等众多知名动画形象，但各地法院对于动画形象著作权归属的判断却存在分歧，有的判定归属于影视作品的制片人，有的判定归属于创作动画形象的个人作者。为此，如何界定此类作品的性质，并进而对其著作权的归属作出判断，是知识产权审判面临的一项严峻挑战。作为全国首例计划经济时期创作的动画角色造型形象著作权确权纠纷案，在当时法律无明文规定的情况下，该案的判决作出了有益的探索。

一、“葫芦娃”角色造型是否构成作品及由谁创作

作品是指文学、艺术和科学领域内具有独创性并能以某种有形形式复制的智力成果。“葫芦娃”造型设计的作者巧妙地将葫芦与中国男童形象相融合，以七色区分七兄弟，体现了作者的匠心独运与绘画技巧，其通过手工绘制而形成的视觉图像，结合线条、轮廓、服饰以及颜色的运用形成特定化、固定化的“葫芦娃”角色造型，已不再停留于抽象的概念或者思想，其所具有的艺术性、独创性和可复制性，符合我国《著作权法》有关作品的构成要件。因“金刚葫芦娃”与“葫芦娃”的基本造型并无二致，故不构成新的作品，可归结为一个“葫芦娃”角色造型。根据我国《著作权法》如无相反证明，在作品上署名的公民、法人或者其他组织为作者的规定，结合证人证言，可以认定两原告共同创作了“葫芦娃”角色造型美术作品。

二、“葫芦娃”角色造型美术作品的性质

第一，从当时的社会背景来看，在涉案影片创作的当时，我国正处于计划经济时期，被告作为全民所有制单位，影片的创作需严格遵循行政审批程序，影片的发行放映需严格遵循国家的计划安排，如根据上级下达的年度指标任务上报年度创作题材规划，组织安排人员落实，创作成果归属于单位，再将成果交由相关单位统一出版发行，年底向上级单位、政府部门汇报指标任务的完成情况等。两原告作为被告方的造型设计人员完成被告交付的工作任务，正是其职责所在，其创作的成果归属于单位是毋庸置疑的行业惯例，也是整个社会的一种约定俗成。第二，从当时的法律制度来看，《著作权法》尚未颁布，《中华人民共和国民法通则》第94条仅对著作权（版权）作出原则性规定，对于电影作品著作权的归属及电影作品中哪些作品可以单独使用并由作者单独行使著作权均未作出规定。现已失效的《图书、期刊版权保护试行条例》可供参照，但仅规定用机关、团体和企业事业单位的名义或其他集体名义发表的作品，版权归单位或集体所有。我们更无法要求本案当事人在系争造型创作时，能够预先按照1991年6月1日起施行的《著作权法》的规定，就职务作品著作权的归属以合同的形式进行明确约定。因此，认定两原告对其创作的作品于创作的当时享有著作财产权缺乏法律依据。第三，从单位的规章制度来看，在涉案影片创作的当时，导演及其他创作人员均须完成厂创作办公室每年下达的任务指标。美影厂就涉案影片成立摄制组，并指派胡进庆担任导演，两原告任造型设计，此系完成被告交付的工作任务。可见，完成法人交付的工作指标任务，取得工资、奖金及相关的医疗、分房等福利待遇，创作成果则归属于法人，符合当时社会人们的普遍认知，也是社会公众普遍认同的行为准则。第四，从取得的奖励来看，根据有关规定，被告自1986年1月1日起对创作人员实行酬金制，并对分给导演的奖金适当提高数额，说明在当时的历史条件下国家对影片主创人员创造性劳动的鼓励、尊重及对其价值的认可。两原告就系争作品已取得远高于工资性奖金的酬金和奖励，自涉案影片最初播映的1986年起至2010年二人起诉之日前的24年间，也没有证据表明二人曾就酬金和著作权归属向美影厂提出过异议。综上，可以认定“葫芦娃”角色造型美术作品的著作权由被告享有，两原告仅享有表明其作者身份的权利。

被告辩称系争作品系法人作品，笔者认为，虽然系争造型是在单位主持下，为了完成单位的工作任务而进行的创作，责任亦由单位承担，但是，我们不能将法人意志简单地等同于单位指派任务、就创作提出原则性要求或修改完善意见等，反之，所有的职务作品均可被视为法人作品，作为自然人的创作者将丧失作者地位。系争美术作品的创作无须高度借助单位的物质技术条件，创作的过程也并不反映单位的意志，而是体现了作者独特的思想、感情、意志和人格。虽然，被告陈述摄制组其他成员和被告的部门负责人提出过修改意见，但这并不影响对“葫芦娃”造型做出实质性贡献的仍然是作者个人。而且，造型设计也一直署名为两原告，因此，系争作品并不代表法人的意志创作，不应认定为法人作品。

三、“葫芦娃”角色造型能否作为单独使用的作品并由作者单独行使其著作权

《著作权法》第15条规定，电影作品和以类似摄制电影的方法创作的作品中的剧本、音乐等可以单独使用的作品的作者有权单独行使其著作权，这是判断影视作品动画形象著作权归属不可回避的重要规则。实践中，一种观点认为，就像摄影师不能主张电影中任何一帧画面是其摄影作品一样，动画形象是影视画面不可分割的组成部分，不属于可以单独使用的作品。笔者认为，该条款的适用前提有三个：一是身份系作者，其意义在于进一步保护电影作品中合作作者单独的著作权，本案中两原告为系争作品的作者。二是著作财产权归属于该作者，即只有在作者已获得著作财产权的前提下才能够独立地行使著作权，反之，即使系争作品的作者也无权行使该作品的著作财产权，更谈不上独立行使其著作权，本案系争作品的著作权属被告所有，两原告仅享有署名权，故两原告也就丧失了适用本条的前提。三是作品可以单独使用，所谓单独使用，并非是指截取影片中的任何一幅截图进行使用，电影截图是电影整体表达不可分割的组成部分，它仍然是在电影设定的背景和场景之下表达电影中的人物或故事内容，该等使用仍是对电影的使用；本案系争作品可以从电影中抽离出来，并独立地使用在其他的商品或服务标识之上，事实上，多年来原告、被告分别起诉的众多著作权侵权案件，也从侧面印证了系争作品已被他人进行独立于影片的单独使用，故系争作品属于可以单独使用的作品。上述三个条件必须同时满足，由于两原告并不享有系争作品除署名权以外的著作权，故两原告不得援引该条款获得法律的保护。

四、“葫芦娃”形象的著作权归属

形象是表现特定对象之个性特征的一个整体，世界知识产权组织的有关文件将形象分为“虚构角色”形象与“真实人物”形象两种。现代社会商业高度发达，将众所周知备受喜爱的形象、名称乃至某些特征用于商品或服务上，往往会唤起消费者强烈的购买欲望，获得商业成功，从而使形象具有了商业化的价值。这种权利人利用自身或虚拟形象，或授权许可他人使用该形象的权利，在美国法上被称之为一项新型的无形财产权——形象权。作为形象权客体的形象应当具有整体性、知名度、商品化三个法律特征。当系争作品进入影片以后，经众多创作人员的创造性劳动，形成了“葫芦娃”具有个性特征的完整形象，该形象由姓名、身份、造型、声音、性格等个性特征，人物在特定环境下的经历和故事等情节以及人物的反应等组成，上述形象确认因素构成一个具有整体性的“葫芦娃”形象，当人们看到静态的“葫芦娃”形象时，它已不是单纯的一幅美术作品，而是包含个性特征、情节、反应等要素的生动形象。此外，正是由于被告做出投资拍摄《葫芦兄弟》的决定，二十多年来被告通过多种载体，公开、广泛、持续地传播涉案影片及“葫芦娃”形象，才使之成为具有可爱、机智、勇敢、正义、协作等精神品质的中国男童的代表，在广大的少年儿童乃至成人社会中产生了良好的公众效应。因此，法院认定被告对于“葫芦娃”形象的整体性和知名度作出了贡献，从民法的公平原则角度出发，两原告关于影片中“葫芦娃”形象的著作权归其所有的主张，法院不予支持。

（评析人：戚继敏）

【学术评析】

本案涉及计划经济时代职务作品著作权归属判定的疑难问题，以及作为职务作品的动漫作品，其角色造型的法律定性和归属认定。本案“葫芦娃”角色造型是否构成作品，是否构成职务作品，该角色造型的著作权归属等问题法官已经进行了详尽的阐释，笔者十分认同，在此不再赘述。下文笔者简单介绍一起类似的动漫角色造型著作权纠纷案件，希望能够给读者提供一个展开阅读案件的平行视角。

“阿凡提”美术形象著作权侵权案。案件基本情况是，上海美术电影制片厂于1979年拍摄了动画片《阿凡提的故事》第1集，曲建方作为该片的美术设计，创作了片中家喻户晓的“阿凡提”美术形象。此后，上海美术电影制片厂拍摄的动画片《阿凡提的故事》第2集署名曲建方为导演、美术设计。1980年10月，上海人民美术出版社公开出版了《中国美术电影造型选集》一书，该书中收录有“阿凡提”美术形象，署名曲建方为作者。1996年7月12日，曲建方将“阿凡提”美术形象向上海市版权局进行了登记。❶

2006年9月11日，曲建方在上海市公证处公证员的监督下，登录北京阿凡提餐饮发展有限公司网址为“http：//www. afanti. com. cn/”的网站，发现该网站页面均为介绍北京阿凡提投资管理有限公司有关店面的内容，出现了“阿凡提”美术形象及小毛驴美术形象，该“阿凡提”美术形象与动画片《阿凡提的故事》中木偶形式的“阿凡提”形象及原告手绘的“阿凡提”形象仅存在细微差别。曲建方认为两家公司侵犯了他享有的著作权，故起诉到法院。

两被告认为阿凡提美术形象产生于上海美术电影制片厂拍摄的系列动画片《阿凡提的故事》，曲建方在该片中仅署名美术设计，该片的著作权及片中“阿凡提”美术形象的著作权均应归属于上海美术电影制片厂而非曲建方，因此，其无权就“阿凡提”美术形象主张权利。因此两被告请求驳回曲建方的诉讼请求❷。

上海市第二中级人民法院经审理认为，根据现有证据可以认定曲建方创作了“阿凡提”美术形象，虽然上海美术电影制片厂拍摄了动画片《阿凡提的故事》，但上海美术电影制片厂只对该美术片享有整体著作权，而曲建方作为该片的美术

---

❶❷ 宋光. 阿凡提美术形象著作权受保护·创作者获赔［EB/OL］.［2007-08-07］. http：//www. chinacourt. org/article/detail/2007/08/id/260248. shtml.

设计，对其创作的“阿凡提”美术形象享有独立的著作权，曲建方可就此作品单独主张著作权。此外，曲建方已将其创作的“阿凡提”美术形象进行了著作权登记，公开出版物上也已明确署名原告为“阿凡提”美术形象的作者，更无他人就“阿凡提”美术形象主张权利，故两被告关于曲建方不享有“阿凡提”美术形象著作权的主张，缺乏事实及法律依据，不能得到支持。曲建方作为“阿凡提”美术形象的作者所享有的著作权受我国法律保护。[1]

两个案例相比较，细节之处稍有不同。对于“葫芦娃”角色造型的著作权问题的考量，主要是结合该时代背景。其作为全国首例计划经济时期创作的动画角色造型形象著作权确权纠纷，被告作为全民所有制单位，而当时《著作权法》尚未颁布，根据当时的具体情况，原告作为被告的造型设计人员完成被告交付的工作任务正是其职责所在，其创作成果归属单位是毋庸置疑的行业惯例。

（评析人：杜靖怡）

【附　录】

一审案号：上海市黄浦区人民法院（2010）黄民三（知）初字第 28 号

二审案号：上海市第二中级人民法院（2011）沪二中民五（知）终字第 62 号

---

[1] 宋光．阿凡提美术形象著作权受保护·创作者获赔［EB/OL］．［2007－08－07］．http：//www.chinacourt.org/article/detail/2007/08/id/260248.shtml.

商标权纠纷

卡尔蒂埃尔国际有限公司与上海老凤祥银楼有限公司、上海老凤祥有限公司侵犯商标专用权纠纷案

【提　示】

商品形状与注册商标相似构成侵权。

【案　情】

原告：卡尔蒂埃尔国际有限公司（Cartier International B. V.）（以下简称“卡地亚公司”）

被告：上海老凤祥银楼有限公司

被告：上海老凤祥有限公司

法院查明的事实，原告于2002年6月7日取得了第14类“豹形”图形商标，注册证号为第1780467号，核准使用范围为宝石、表、精密记时计、钟、珠宝、贵重金属或镀有贵金属的珠宝盒、茶具、衬衫袖扣、粉盒、咖啡具、钟表盒等，但不包括皮带扣。该商标图形看上去像一个字母C，字母C的落笔处是豹子头部形象，到字母C的收笔处渐渐变细，整个字母C的设计一笔而就，浑然天成。2006年6月，由被告上海老凤祥有限公司设计师设计、制作，被告上海老凤

祥银楼有限公司销售的一款铂金女式皮带扣，其商品形状与原告“豹形”注册商标在造型上基本相同，不同之处在于原告的注册商标系平面图案，而两被告的皮带扣系立体形状，具有一定厚度（约2毫米）。

【审　判】

经法院主持调解，双方当事人达成和解协议，后原告申请撤回起诉，法院裁定准许撤诉。

【法官评析】

本案事实虽然较为清楚，但涉及现行法律疏漏的一项重要的知识产权——商业外观权。

一、商品形状能否起到标识作用

本案两被告设计制造、出售的商品是否构成对原告注册商标的侵权，关键在于该商品的形状是否具有标识作用。

（一）商品形状与外观专利、立体商标及商品包装的关系

商品形状与外观专利。外观设计是专利权的一种，指对商品的形状、图案或者其结合以及色彩与形状、图案的结合所作出的富有美感并适合于工业应用的新设计。因此商品形状是外观设计的重要组成部分，外观设计离不开商品形状，但并不是所有的商品形状都能申请为专利，能申请为外观设计专利的商品形状应当富有美感并适合于工业应用，同时，还应符合《专利法》规定的相关条件，即应当同申请日以前在国内外出版物上公开发表或者国内公开使用过的外观设计不相同和不近似，并不得与他人在先取得的合法权利相冲突。

商品形状与立体商标。立体商标的出现晚于平面商标，但其作用却越来越突出。有不少国家和地区在商标立法中明确规定了立体商标的法律地位。在美国，商品形状设计只要不是功能性的，就可以作为商标获得注册，受到商标法的保护。不过1999年美国修改商标法第43条，明确要求申请人对该外观的非功能性进行举证，法院在判例中也总结出4个判断标准：①外观是否具有实用价值；②是否存在替代外观；③广告是否利用外观的实用利益招徕消费者；④外观是否是用相对简单或便宜的方法制造的。在此基础上进行综合平衡予以认定。[1] 我国在2001年修改商标法时，将三维标志或立体商标正式写入了可注册的标记范围，

[1] 崔立红．商标权及其私益之扩张［M］．济南：山东人民出版社，2003：94.

立体商标通常可以分为以下4种：①与商品无关的普通立体图形；②商品包装的形状；③商品本身的形状；④商品一部分的形状。[1] 可见，商品的形状可以成为立体商标的来源，但两者的保护程度却不一样。立体商标受《商标法》的保护，而未注册为商标的商品形状则没有这个特权。但未注册为商标的商品形状如果同样具有显著性，能起到标识作用，那么亦可以将其视为未注册商标，通过《反不正当竞争法》予以保护。

商品形状与商品包装。商品本身的形状往往是根据商品的用途、功能等需要而设计的，同一种类的商品的形状可能大同小异，在商业竞争十分激烈的现代社会，仅仅在商品的质量上领先已经不足以确保竞争优势，要想使商品对消费者更具吸引力，设计独特的商品形状便成为企业竞争的另一种手段，而商品形状目前尚未被我国法律明确认定为一种权利，但是《反不正当竞争法》第5条规定了知名商品的特有包装是受到法律的保护的。对《反不正当竞争法》第5条第（2）项“知名商品特有的名称、包装、装潢”中“包装”的理解，目前在司法实务中，有两种不同意见，一种意见认为，现行的《反不正当竞争法》并没有明确规定保护商品的特有形状，商品的特有形状可以通过申请外观设计专利或者申请注册立体商标予以保护；另一种意见认为，商品的特有形状具有识别商品来源的显著特征时，可以视为特有包装、装潢予以保护。

（二）商品形状的标识作用

在传统观念里，商标必须是商品以外的标志，任何商品本身的特征，包括商品本身的形状，不可能起到商标区别出处的作用。这种观念随着时代的发展正在发生改变，绝对禁止商品本身的形状注册为商标已不再适应市场竞争的需要。在欧共体商标法及德国的商标法都有立体商标的一席之地。注册商标能否成功，关键在于该商品自身形状设计是“区别性的”还是“功能性的”，若是后者则无法注册为商标。我国学者孔祥俊也指出“不论商品或者其包装的形状、商品的颜色还是外观或者其包装等，只要其具有识别商品的作用，也即与特定的商品联系在一起而可以将一种商品与另一种商品区别开来，就可以成为商业标识”。[2] 事实上，像瑞士的“TOBLERONE”（三角）或美国的“HERSAY”（好时）巧克力形状已经可以说是家喻户晓，“ZIPPO”方边圆角的打火机也已在众多的国家获得注册。[3] 而商品形状能够被注册为商标，正好非常有力地说明其具有标识作用。

---

[1] 黄晖．商标法［M］．北京：法律出版社，2004：39.

[2] 孔祥俊．反不正当竞争法新论［M］．北京：人民法院出版社，2001：367.

[3] 黄晖．商标法［M］．北京：法律出版社，2004：41.

在贵重金属和珠宝类，由于商品本身比较小巧精致，刻制商标往往比在别的物品上困难得多，一些商品本身的造型就成为了经典的商标。如“背靠背”的双C图案、带钻石的豹形图案既是商品（胸针或吊缀）本身的形状也是“卡地亚”的商标，带钻石的天鹅吊缀已经是“施华洛世奇SWAROVSKI”的标志性图形，这些形状本身具有标识作用是毋庸置疑的。本案被控侵权商品形状也是一个大写C字，落笔首部是豹头、尾部逐渐变细，除了该形状外没有别的标志或标识，因此可以认为该商品的形状本身也起到了标识作用。

（三）商品形状作为标识的条件

并非所有的商品形状都具有标识作用，只有那些特有的，能识别商品来源，并有显著特征的商品形状才具有标识作用。那些因商品的功能所形成的形状，往往不具有独特性，从而不具有标识作用。因此，商品形状的独特性、非功能性及识别性，是认定商品具有标识作用的必要条件。

商品形状也是一种知识产权。在美国，商品形状与普通的立体商标、商品包装的外观等都被认为属于商业外观（Trade Dress）。美国法院在Two Pesos Inc. 诉Taco Cabana Inc. 案例中认为，商业外观是“商业上的一种总体印象”。如某个餐馆的形状与外貌、辨别标志、室内地板设计、菜单、服务用具及服务员的制服等。商业外观的外延很广泛，其成员已经拓展到诸如书的封面、书面价格表的版式和外观，甚至是摇滚乐队的有显著性的表演风格。J. 托马斯·麦卡锡教授指出“有一段时间，Trade Dress仅仅指商品使用包装、标签、装饰卡及构成整体印象的相似性包装材料进行包装上市的形态……商业外观的最新定义则指出，它包含构成商品整体外观的所有要素。”❶ 从国外法律、判例和学者的观点来看，作为商业外观之一的具有显著特征的商品形状也是一种知识产权。目前，我国法律除了将商品形状允许作为商标注册、作为外观设计拥有专利权之外，尚无明文规定商品形状是一种可受保护的权利。但在我国同样作为商业外观的商品包装装潢，如果达到知名的程度就可以受《反不正当竞争法》第5条的保护。虽然对于权利人来说，比在美国多了一个商品是否知名的举证负担，但至少法律承认知名商品的包装装潢也是一种标识。孔祥俊也认为“实际上，未注册商标无非是注册商标以外的商业标识，也即具有标识意义而又未经注册，其与商品的特有名称、包装装潢等商业标识本来就是一回事。”❷ 我国《反不正当竞争法》第5条虽然未将特有的商品形状与知名商品的特有名称、包装、装潢一并予以列举，但该条文所

❶ 崔立红．商标权及其私益之扩张［M］．济南：山东人民出版社，2003：92．

❷ 孔祥俊．反不正当竞争法新论［M］．北京：人民法院出版社，2001：419．

保护的客体性质和特有的商品形状具有一致性，在本质上都是商业外观或未注册的商业标识。2007 年 2 月 1 日公布的《最高人民法院关于审理不正当竞争民事案件适用法律若干问题的解释》更进一步将同属商业标识的经营者营业场所的装饰、营业用具的式样、营业人员的服饰等构成的具有独特风格的整体营业形象，认定为《反不正当竞争法》第 5 条第（2）项规定的“装潢”，由此可以看出，具有独特性、非功能性及识别性的商品形状应当受到《反不正当竞争法》的保护，并应参照其第 5 条第（2）项的规定适用。既然具有显著特征，能够起到识别作用，而未注册为商标或申请为专利的商品形状应受到法律保护，那么商品形状如与他人注册商标相同或相似，也就存在侵犯他人注册商标专有权的可能性。本案中，被控商品的豹子头 C 字形状，是该商品向消费者展示的所有信息，也是唯一表明其价值和品位的标识，因此这个商品形状就具有了美国所谓的商业外观和中国学者认为的商业标识的含义，可能与他人的商标权产生冲突。

二、被告商品不属于原告注册商标核定使用的范围，能否认为两者的商品是类似商品

原告的“卡地亚”是驰名商标，但本案中的“豹形”商标不是驰名商标，其核定使用的商品是第 14 类，范围中不包含皮带扣，而两被告的被控侵权商品是皮带扣。被告的皮带扣是否与原告的第 14 类商品属于类似商品呢？在这个问题上，要区分清楚两个不同层面的概念。

（一）商标专用权的权利范围和保护范围

商标专用权的权利范围，是指注册人的权利范围仅以核准注册的商标和核定使用的商品为限，其中核定使用的商品是指商标权人使用注册商标的商品应当和国家工商行政管理总局商标局核定使用的商品相一致，否则会导致两个法律后果：一是不受商标法的保护；二是可能侵犯他人的商标权。

商标专用权的保护范围，是指商标权人有权禁止他人在与其核定使用的相同商品或者类似商品上使用与其注册商标相同或者近似的商标。商标专用权的保护范围，是商标权人行使禁止权的范围，它不同于商标权人的权利范围。为有效保护商标权，各国商标法通常都规定，注册商标的保护范围要大于注册商标的权利范围。商标专用权的保护范围不仅包括核定注册的商标和核定使用的商品，而且还包括与注册商标相近似的商标和与核定使用的商品相类似的商品。我国法律也是如此规定的，这样有利于全方位保护商标权人的商标专用权。

（二）被告商品与原告商标专用权核定的范围相类似

关于类似商品与服务的认定，《最高人民法院关于审理商标民事纠纷案件适用法律若干问题的解释》第11条指明：商标法第52条第（1）项规定的类似商品，是指在功能、用途、生产部门、销售渠道、消费对象等方面相同，或者相关公众一般认为其存在特定联系、容易造成混淆的商品。中国台湾地区在1998年颁布的“类似商品及类似服务审查基准”中规定：所谓类似商品，系指商品在用途、功能、行销管道与场所、买受人、原材料、产制者或其他因素上具有共同或关联之处，依一般社会通念及市场交易情形，易使一般商品购买人误认为其为来自相同或虽不相同但有关联之来源者而言。因此类似商品之认定，应综合下列因素而非仅就单一因素判断之：商品用途、功能、商品之行销管道、贩卖场所；商品之原材料、成分；商品与零组件之关系、商品之买受人；产制者；其他足以认为是类似商品之相关因素。[1] 原告注册商标核准使用范围为宝石、表、精密记时计、钟、珠宝、贵重金属或镀有贵金属的珠宝盒、茶具、衬衫袖扣、粉盒、咖啡具、钟表盒等，不包括皮带扣，而两被告制造与出售的商品是由贵金属制成的皮带扣。虽然两被告的商品不属于原告注册商标核准使用的范围之内，两者的名称也不同，但是被告女式皮带扣主要用途是装饰，以体现品位及高贵为功能，其实用功能已退为其次。该皮带扣并非在百货商店出售，可见原告、被告商品的销售场所基本相同，均在珠宝商店，商品的原材料和成分都是贵金属，商品的买受人都是贵金属的消费者，商品的产制者都是珠宝行业，因此，综合分析以上这许多相同点，再考虑原告商标的保护范围可以大于其核定范围的因素，可以认定两被告的商品与原告商标核定的范围系类似商品。

三、原告的商标与被告的商品形状是否相似

原告的注册商标是平面图形，被告的商品形状是立体形状，两者之间是否可以比对？如何比对？

（一）比对的可能性

我国《商标法》没有对商标直接下定义。根据知识产权保护国际联合局出版的《发展中国家商标、商号和不正当竞争行为示范法》中的定义：商标是用以区别一个企业的商品与其他企业的商品的可见的标志。法国知识产权法典对商标的定义是：“商标或服务商标指用以区别自然人或法人的商品或服务的可用书写描绘的标记。”日本商标法的定义：“是指文字、图形、符号或立体图形，或它们的组合，或它们与色彩的组合，用以生产、证明或转让商品为业者在其商品上所使用的标志。”美国前专利与商标局局长曾引用勒恩德·汗德法官的判决形

[1] 杨和义．商标法选论［M］．重庆：重庆出版社，2003：135－136．

象而生动地说明商标的概念："商人的标志是他权威性的印记，用附在商品上的标志来保证商品质量，它包含着商人名誉的好坏。如果另一个人使用这一标志，那他就是假借标志所有人的信誉。标志所有人自己不再控制商品的质量，即使借用人没有玷污标志或用它来转移销售，也是一种对人的损害。"❶ 商标表面上看虽然是一种标志，一种符号，但实质所反映的是经营某商品的特定企业的状况，代表和象征该企业所拥有的生产技术、管理水平、经营特色和市场信誉。一个久负盛名的商标，意味着使用该商标的商品具有较强的市场竞争力和较高的市场占有率，能给特定经营者带来可观的利润。因此，商标权的客体是区别性、标识性的信息。对于这种信息，不管其构成的要素是文字、图形、符号或立体图形，或它们的组合，或它们与色彩的组合，都是可以比对的，只是若是两个比对物如果是同一元素，比对工作则相对简单，而若一个是平面、另一个是立体，那么比对工作则相对复杂，但这丝毫不影响比对的可能性，双方可以就整体的视觉效果是否相似进行比对。

（二）比对的方法

《最高人民法院关于审理商标民事纠纷案件适用法律若干问题的解释》第9条明确规定：商标近似，是指被控侵权的商标与原告的注册商标相比较，其文字的字形、读音、含义或者图形的构图及颜色，或者其各要素组合后的整体结构相似，或者其立体形状、颜色组合近似，易使相关公众对商品的来源产生误认或者认为其来源与原告注册商标的商品有特定的联系。其第10条更加详细地规定，认定商标相同或者近似按照以下原则进行：（一）以相关公众的一般注意力为标准；（二）既要进行对商标的整体比对，又要进行对商标主要部分的比对，比对应当在比对对象隔离的状态下分别进行；（三）判断商标是否近似，应当考虑请求保护注册商标的显著性和知名度。被告的女式皮带扣，外观与原告"豹形"注册商标在造型上基本相同，且有一定厚度（约2毫米），然当我们将这厚度无限缩减，其正面的造型与原告的商标几乎相同，也就是说被告商品的立体形状其实是将平面的图案增加了一定的厚度，主要的特征都显示在正视图上，各个侧视图并无不同的独特的造型。被告商品正视图的C字造型与原告的"豹形"商标几乎一致，而与被告自己的设计图有细微出入，从整体视觉效果上看，被告的该款皮带扣与原告的注册商标是相似的。虽然该贵金属皮带扣的吊牌和外包装盒上仍使用被告的"老凤祥"商标，但该商品一旦被使用，商品本身没有被告"老凤祥"商标的任何痕迹。由于原告的"卡地亚"是驰名商标，而"豹形"商

❶ 张耕．商业标志法［M］．厦门：厦门大学出版社，2006　23．

标虽未驰名但仍属于卡地亚公司，因此，当被告商品的消费者使用该款商品时，在对贵金属比较在行的高档消费群体里，会将被告的“豹形”皮带扣与原告的“豹形”商标继而与原告的商誉产生对应的联想，在被告商品贵金属的质地上，又附加了原告卡地亚公司的无形价值，提升了被告商品的品位与高贵程度。

两被告的商品形状既作为一种商品外观具有标识作用，且该商品可以被消费者看到的形状也就是商品的全部，而这种贵金属饰品与原告注册商标核定的使用范围属于类似商品，两者的对比又显示有相似性，容易使相关消费者产生联想、观赏者造成误认，因此被告的这种通过商品形状使用他人商标图形的方式虽然我国的商标法律疏于规定，却是侵犯了原告“豹形”注册商标专用权的行为。

（评析人：钱光文、陈红）

【学术评析】

商业外观（Trade Dress）作为商业标识的一种，能够承担起识别商品或服务来源的作用，具有无形财产的价值属性。产品外观与他人注册商标近似构成商标侵权是一种近年来出现的新型的商标侵权案件。本案作为司法实践中鲜有的涉及商标权与商业外观权冲突的案件，具有一定的典型意义，值得深入探讨。通过对本案判决的分析，总结出如下目前我国对产品外观的保护规则：一是我国对产品外观的保护依据产品自身设计的不同特点，散见于不同的部门法之中；二是产品外观能起到标识商品来源的作用，将他人的注册商标作为产品外观使用，造成公众混淆的，构成商标侵权。

一、目前我国对产品外观的保护散见于不同的部门法之中

商业外观是指商业活动者所提供的商品或服务使用的整体外部效果。[1] 产品外观是商业外观的表现形式之一，它主要涉及产品的形状、设计、包装等总体外部视觉形象。目前我国没有从总体上规定商业外观权来保护这种能够起到标识作用的形象外观，而是散见于一些部门法之中。理论上商业外观在市场经济中蕴藏着巨大的价值潜力，应当属于知识产权的范畴。我国现有法律框架不能对商业外观权提供周延的保护，体现出了立法的空白。在现有的法律框架下，要厘清何时该用何种部门法来保护产品外观，首先要弄清产品外观与商标、外观设计专利、实用艺术品、商品包装与装潢的关系。

[1] 王莲峰. 商业标识立法体系化研究［M］. 北京：北京大学出版社，2009：17.

（一）形状设计独特的产品外观可以作为商标获得保护

作为商业外观意义上的产品外观应当具备以下条件：首先必须具备显著性。同商标相类似，作为商业外观的产品外观受法律的保护不仅需要能够表明商品或服务的来源还需能够将之与其他商品或服务的提供者区分开。换言之，就是同时具备标识和区别的作用。只有具备了显著性，法律才有保护产品外观的必要，才能同时实现保护产品和服务的提供者，保护消费者和维护市场公平竞争的目的。其次还需要具备非功能性。非功能性是指产品外观不能仅是由自身的性质所产生或者是为了具备某种实用功能且不可替代。

如上所述，产品外观与商标都具有显著性，能够标识和区别商品或服务的来源。二者的区别主要体现在法律提供的保护途径和力度不同。由于产品外观是产品本身的组成部分，而不是将其与产品联系起来的符号，因此其受到法律的保护需要设立更高的门槛。[1] 实践中，形状设计独特的产品外观完全可以通过申请获得商标专用权，作为商标获得保护。典型的如香水瓶、酒瓶等具有特殊形状的产品，可以申请立体商标。而在我国目前的法律框架下，没有注册商标的产品外观则是通过《反不正当竞争法》获得保护。

（二）具有绝对新颖性的产品外观可以申请外观设计专利

产品外观与外观设计专利既有联系又有区别，存在领域的交叉。外观设计专利是指对商品的形状、图案或者结合以及色彩与形状、图案的结合所作出的富有美感并适合于工业应用的新设计。与产品外观所需具备的显著性不同，外观设计获得授权必须具备绝对的新颖性。专利法对外观设计的保护一般是禁止他人未经授权生产专利产品，而对产品外观的保护则是从防止市场混淆，维护公平市场秩序的角度出发。

（三）符合独创性要求的产品外观可能受《著作权法》的保护

实用艺术品是著作权法意义上的作品，产品外观所需具备的显著性区别于实用艺术品的独创性要求。独创性要求作者独立完成且作品具备最低程度的创造性即审美价值。并且其实用功能可以与艺术美感相分离。符合上述条件的产品外观也可以作为实用艺术品受到《著作权法》的保护。

（四）产品外观可能作为商品包装与装潢受《反不正当竞争法》的保护

我国《反不正当竞争法》第 5 条第 2 款确立了对知名商品特有的名称、包装、装潢的保护规则。依据《最高人民法院关于审理不正当竞争民事案件应用法律若干问题的解释》第 3 条，经营者营业场所的装饰、营业用具的式样、营业人

---

[1] 孔祥俊．论商业外观的法律保护［J］．人民司法，2005（4）：46．

员的服饰等构成的具有独特风格的整体营业形象也属于“装潢”的范畴。因此商品的包装与装潢同产品外观在概念上存在交叉。部分产品外观可以作为商品包装与装潢受《反不正当竞争法》保护。

二、将他人的注册商标作为产品外观使用，造成公众混淆的构成商标侵权

毫无疑问，设计独特且有显著性的商品形状属于产品外观的范畴，实践中往往可以起到标识商品或服务来源的作用。也正因为此，才会存在产品外观与注册商标专用权冲突的问题。解决本案的关键在于判断当商品形状与他人在先注册商标相似时，是否构成商标侵权。

（一）认定“类似商品与服务”时应当采用综合认定规则和相关公众混淆规则

商品专用权的权利范围不同于商标专用权的保护范围。《商标法》第 52 条第（1）项规定，未经商标专用权人许可，在相同或类似的商品（或服务）上使用与他人注册商标相同或近似的商标的，属于商标侵权行为。因此在商标侵权案件中判断是否构成侵权的第一步是考察是否属于“类似商品与服务”。

依据《最高人民法院关于审理商标民事纠纷案件适用法律若干问题的解释》第 11 条规定，商标法第 52 条第（1）项规定的类似产品，是指在功能、用途、生产部门、销售渠道、消费对象等方面相同，或者相关公众一般认为其存在特定联系、容易造成混淆的商品。这样在司法实践中实际上确立了判断“类似商品与服务”的两个规则，即综合认定规则和相关公众混淆规则。

综合认定规则是指在判断“类似商品与服务”时，不应仅考虑商标权人核准注册的类别，除此之外还应当综合以下因素从整体上进行考量：如产品的功能、用途、原材料、生产方式工艺、销售渠道、消费群体等。容易造成相关公众的混淆或误认也能够被认定为“类似商品与服务”。相关公众的混淆可以具体分为两种情形，一是对商品的来源产生误认，例如认为商品系商标权人所生产、销售；二是对商品与注册商标的商品有某种特定联系的误认。

本案中原告持有的“豹形”注册商标的核准使用范围为宝石、表、精密记时计、钟、珠宝、贵重金属或镀有贵金属的珠宝盒、茶具、衬衫袖口、粉盒、咖啡具、钟表盒等，并不包含被控侵权商品皮带扣。然而，被告生产的“豹形”皮带扣材质为贵金属铂金，其主要起到装饰作用，通常放置在珠宝店内进行销售，消费群体与原告也具有一致性。因此，综合产品的用途、原材料、销售渠道等因素，可以认定本案中的被控侵权产品属于与原告注册商标类似的商品。

（二）产品外观实质上起到了标识商品来源的作用，且足以误导公众的，构成商标侵权

判断商标侵权的第二步则是考察标识是否近似。本案中，被告生产的被控侵权产品是一款与原告“豹形”注册商标造型基本相同的铂金女式皮带扣。其外形看上去像一个字母C，字母C的落笔处是豹子头部的形象，到字母C的收笔处渐渐变细。这种独特的产品外观能够最直接被消费者所感知，承载了商品的价值，具有一定的标识和区别作用。二者的差别仅在于原告的注册商标是平面的，而被控侵权产品则具有一定厚度（约2毫米）。这种差别又是极其细微的。两被告的这种使用方式会使消费者在看到被控侵权产品时，将其与原告卡地亚公司商标所近似的“豹形”图形作为一种商品的识别来看待，而不仅仅是看作产品的外观，并会联想到该产品可能来源于卡地亚公司或与卡地亚公司存在某种关联，从而产生混淆，因此即使该商标是被作为产品外观使用，但实际上起到了标识商品来源的作用，又足以导致公众误认时，构成商标侵权。

综上所述，被告未经商标权人的许可在类似商品上使用了原告的注册商标，容易造成相关公众对于商品来源的误认，构成对原告商标专用权的侵权。

（评析人：肖月）

【附　录】

案号：上海市黄浦区人民法院（2007）黄民三（知）初字第29号

施华洛世奇有限公司与王晨昀、上海王星信息技术有限公司侵犯商标专用权纠纷案

【提　示】

将与他人注册商标相近似的文字注册为网络域名，并且通过该域名进行相关商品交易的电子商务，容易使相关公众产生误认的，构成对注册商标专用权的侵犯。

【案　情】

原告：施华洛世奇有限公司（Swarovski Aktiengesellschaft）（以下简称“施华洛世奇公司”）

被告：王晨昀

被告：上海王星信息技术有限公司（以下简称“王星公司”）

法院查明的事实，1987 年至 2004 年，原告先后取得“SWAROVSKI”“施华洛世奇”“”“SWAROVSKI 施华洛世奇”4 个注册商标，核定使用的商品为国际商品分类第 14 类，且上述商标均在有效期内。施华洛世奇系列注册商标在包括中国在内的世界各地的法院及仲裁机构拥有受保护的记录，具有较高知名度和美誉度。被告王星公司成立于 2001 年 7 月，被告王晨昀系被告王星公司的法定代表人、股东。

2008 年 6 月被告王晨昀注册了域名“chinaswarovski. com”，同年 7 月被告王星公司注册了”chinaswarovski. cn”“swarovski8. cn”“swarovski - shop. cn”3 个域名。在浏览器地址栏中先后输入上述 4 个域名相对应的网址，分别进入“施华洛世奇水晶专卖网”“施华洛世奇专卖网”等网站首页，网页的上部标有“Swarovski、施华洛世奇和海星图形”组合，“Swarovski Hearts”与众多心形图形组合，“ ”与“Swarovski”组合；下设“推荐商品”与“最新商品”栏目，左侧是 28 个“施华洛世奇”水晶产品的分类栏目或“商品分类”“销售排行”“优惠活动”等栏目；上述 4 个网站的首页页面均有水晶产品的图片、品称、价格等信息，每一件产品前均冠以“施华洛世奇水晶”字样。原告的委托代理人在被告经营的 http：//www. swarovski - shop. cn/网站上，公证购买了“施华洛世奇水晶吊坠 28MM 大号金色魅影贝壳”一枚，价格为 288 元。被告王星公司自认：自 2009 年 2 月至 6 月公司员工根据客户的网上订单，先后从淘宝网某卖家处购入 22 件各类施华洛世奇水晶产品，再通过上述域名对应的网站卖出产品，总计买入和卖出价分别为 2115 元和 6145 元。审理中，被告王晨昀将其持有的以“com”为后缀的域名转让被告王星公司，该公司以书面形式表示同意接受法院裁判约束。另外以“cn”为后缀的 3 个域名于 2010 年 7 月 16 日到期，在法院的主持下，原告的关联公司施华洛世奇（上海）贸易有限公司于同年 9 月 25 日注册、使用上述 3 个域名。

原告诉称，两被告将与原告注册商标相近似的文字注册 4 个域名，并在据此建立的 4 个网站上，大量、突出使用原告的系列注册商标，宣传并出售假冒原告注册商标的水晶产品，上述 3 项行为侵犯了原告的注册商标专用权。为此，请求判令两被告立即停止 3 项侵权行为、注册的以“com”为后缀的域名由原告注册使用、在《人民法院报》和相关网站的首页上刊登声明、赔偿经济损失及合理费用共计人民币 40 万元。

两被告辩称，系争 4 个域名均指向同一 IP 地址、对应同一网站，4 个域名的持有人和网站经营者均系王星公司，网站上的施华洛世奇水晶产品及相关信息均来源于有真品承诺的淘宝网诚信卖家，因有合法来源，也未造成公众误认，且属指示性使用，故不构成侵权，不应承担赔偿责任。

【审 判】

法院经审理认为，SWAROVSKI 中文译名为施华洛世奇，源自公司创始人丹泽尔·施华洛世奇先生的家族姓氏，公司主营业务为水晶产品的制造和销售。自

1987年至2004年原告在中国国家工商行政管理总局商标局注册的涉案4个商标合法有效，依法享有商标专用权，且上述商标在2000年至2009年期间拥有众多受司法、仲裁等机关保护的记录。因此，原告享有的上述4个注册商标为相关公众所知悉，具有较高的知名度、美誉度。两被告于2008年6月、7月间将与原告注册商标相近似的文字注册为域名，故原告对施华洛世奇系列商标的注册、使用显然早于被告。经比对，两被告注册的4个域名的主体部分与原告的注册商标完全一致，被告王星公司使用该4个域名建立了内容相似的4个网站，各网站均对外宣传施华洛世奇水晶产品，并具备独立销售商品的条件。因被告王晨昀个人未将其注册的域名用于商业目的，且在审理中已将该域名转让给被告王星公司，该公司也以书面同意接受人民法院的裁判约束，故可认定涉案4个域名均系被告王星公司注册、使用。被告王星公司在注册域名时应当知晓原告的注册商标具有较高的市场知名度，但仍为商业目的使用上述域名建立相应的网站，从事网上经营活动，引起相关消费者的混淆和误认，故该公司注册、使用系争域名的行为构成侵权。

被告王星公司未经原告授权或许可，在涉案4个网站上突出使用原告的4个注册商标，并将所售商品的名称均表述为施华洛世奇水晶产品，在被告的上述网站上公证购买的产品的包装及产品主体上均有原告的涉案注册商标，被告王星公司上述使用商标的行为，构成对原告注册商标专用权的侵犯。经鉴别，公证购买的产品系假冒原告注册商标的产品，而被告对此不能说明其产品的来源合法，也未提供反证，且在审理中自认通过上述网站先后22次销售各类自称为施华洛世奇水晶的产品，故被告王星公司实施了销售侵犯原告注册商标专用权的商品的行为，依法不能免责。因被告王晨昀并非涉案4个域名的实际持有人及相应网站的实际经营者，原告亦未提供证据证明两被告具有侵权行为的共同主观意思及协作行为，故原告对于两被告共同实施侵权行为的主张，不予采纳。法院遂判决被告王星公司立即停止使用域名“chinaswarovski. com”；立即停止在网站上使用原告的上述4个注册商标；立即停止销售侵犯原告4个注册商标专用权的商品；被告王星公司注册的域名“chinaswarovski. com”由原告注册使用；被告王星公司在《人民法院报》上刊登声明、消除影响，并赔偿原告经济损失及合理费用9.8万元。

一审宣判后，被告王星公司不服一审判决，提出上诉。二审判决驳回上诉，维持原判。

【法官评析】

本案是一起典型的计算机网络域名侵犯商标权的案件。随着计算机网络技术的发展和电子商务的日益发达，越来越多的个人或注册成立公司或以个人名义抢注域名，并通过该域名建立网站，进行相关商品交易。因此，如何在网络环境下依法保护商标等知识产权，如何调整域名使用者与权利人之间的权利义务关系，是网络时代对知识产权司法保护提出的又一新课题。

一、网络域名纠纷中商标侵权的认定

域名是对应于互联网上的数字地址的一组字母数字。[1] 企业域名作为一种互联网上的地址既展示经营主体，又展示其商品或者服务，域名与他人的营业标识相同或近似，可以导致经营主体的混淆，域名包含他人商标的内容，可以与他人的商标产生联想或者混淆。因此，计算机网络域名的一个显著特征，是其在网络环境下产生与商标、商号等相类似的一种区别域名使用人及其服务的标识性功能，域名的注册、使用行为，使这种标识性功能得以产生和发展，使域名的经济价值得以体现，因而也就产生了域名与传统的商标、商号等的冲突。认定被告实施的域名注册、使用行为是否构成侵权或不正当竞争，是依法正确审理域名纠纷的关键所在。根据《最高人民法院关于审理涉及计算机网络域名民事纠纷案件适用法律若干问题的解释》第 4 条的规定，被告注册、使用域名的行为构成侵权或不正当竞争，应当符合 4 个条件：一是原告请求保护的民事权益合法有效；二是被告域名与原告要求保护的权利客体具有相似性；三是被告无注册、使用的正当理由；四是被告具有恶意。只有同时符合上述构成要件，才能被认定为构成侵权或不正当竞争。其中，相似性和恶意要件从主观、客观两个方面对认定侵权或不正当竞争作出了规定。相似性要件作为传统商标、商号等领域侵权成立的一般要件，在域名领域也同样适用。根据国际公约和各国通行的做法，驰名商标和其他注册商标在相似性的判断上有所不同，当“被告域名或其主要部分构成对原告驰名商标的复制、模仿、翻译或音译”时，就符合相似性要件；而被告域名“与原告的注册商标、域名等相同或近似”，则还需具备“足以造成相关公众的误认”这一条件。需要指出的是，后续出台的《最高人民法院关于审理商标民事纠纷案件适用法律若干问题的解释》第 1 条第（3）项将“与他人注册商标相同或者相近似的文字注册为域名，并且通过该域名进行相关商品交易的电子商务，容易使相关公众产生误认的”行为，纳入《商标法》第 52 条第（5）项规定的给他人注册商标专用权造成其他损害的行为。该规定显然将在后的域名与他人注册商标的相同或近似，一概纳入商标侵权的行为，而不再涉及不正当竞争，这是

[1] 孔祥俊．商标与不正当竞争法：原理和判例［M］．北京：法律出版社，2009：27.

为域名纠纷涉及商标侵权与不正当竞争交叉时，为在认定上的区分提供了法条依据。同时，该项规定进一步明确了就注册商标而言，在后的域名必须已经作商业使用，才能构成商标侵权。❶ 恶意条件的规定体现了在域名领域对民事权益的保护是谨慎的，只有当被告具有侵权故意的情况下，商标、商号等权利人才可能将其专有权利延伸至域名领域。❷ 所谓恶意，是指行为人明知违反“诚实信用”等民事法律的基本原则而为之，但主观上的“明知”与否，往往较难证明，因此，司法解释规定了若干情形，只要具备其中之一即可推定其明知。本案中，第一，原告对于施华洛世奇系列商标所享有的注册商标专用权合法有效，应受法律保护；第二，被告王星公司注册、使用的域名与原告的注册商标相近似，易使相关公众对网站上水晶产品的来源产生误认，或者认为其与原告注册商标的商品有特定的联系；第三，被告王星公司并未举证证明其对系争的4个域名享有在先权利或其他权益，亦未能阐述注册、使用系争域名的正当理由；第四，被告王星公司在注册域名时应当知晓原告的注册商标具有较高的市场知名度，但仍为商业目的使用上述域名，建立相应的网站从事网上经营活动，其意在于利用原告注册商标的知名度，引起相关消费者的混淆和误认，诱导用户访问其网站并购买相关产品，进而获取经济利益，故被告王星公司的行为具有恶意。被告王星公司将与原告注册商标相近似的文字注册4个域名，并通过域名进行与原告产品相关的水晶产品的电子商务活动，对外宣称其所销售的商品系施华洛世奇水晶产品，但未提供证据证明其商品的来源合法，被告的上述行为极易引起相关公众的误认，属于给他人注册商标专用权造成其他损害的行为，构成对原告注册商标专用权的侵犯。

二、侵权免责条款的适用

我国《商标法》第56条第3款规定，销售不知道是侵犯注册商标专用权的商品，能证明该商品是自己合法取得并说明提供者的，不承担赔偿责任。根据本款规定，侵权商品的销售商不承担侵权损害赔偿责任需具备两个条件：一是主观上不知道销售的是侵犯注册商标专用权的商品；二是能证明该商品是自己合法取得并说明提供者。第一个条件是指销售商主观上没有过错，没有侵权的故意，即应当排除销售商明知或应知所售商品系侵权产品的情形；第二个条件是指销售商销售的侵权商品具有合法来源。实践中，一般通过以下方法认定侵权商品是否具

❶ 孔祥俊．商标与不正当竞争法：原理和判例［M］．北京：法律出版社，2009：27.

❷ 沈德咏．知识产权司法解释理解与适用［M］．北京：法律出版社，2009：199.

有合法来源：第一，销售商是否能说明侵权商品的提供者，如是否能说明供货商、购销渠道等，购销合同、发票、送货单、提货单等均可以作为证据材料。不能说明侵权商品提供者的，表明侵权商品没有合法来源。第二，销售商是否能证明其进货价格是合理的。如果销售商无法讲清楚进货价格，或者进货价格明显低于正牌商品的价格且不能说明理由的，则其不能证明进货价格是合理的。销售商对正牌商品价格的了解程度，是判断其进货价格是否合理的重要因素之一，应当根据正牌商品的市场影响、销售状况、广告状况、销售商的类型等因素确定。❶本案中，其一，被告王星公司销售的是与原告产品相似的水晶产品。由于原告享有的施华洛世奇系列商标在中国具有较高知名度和较高的品牌价值，其水晶产品的销售价格亦较高。根据被告王星公司的陈述，公证购买的涉案产品的购入价格仅为 46 元，依据常识与经验，被告王星公司作为水晶产品的专业销售商，其应当知道从淘宝网以如此低廉的价格购入的商品并非是原告的产品；其二，被告王星公司作为专业的水晶产品销售商完全有能力也有义务对所售商品的来源进行审查，如要求供货单位提供商标权利证明或商标使用许可证明等，并进而提供进货凭证，然被告王星公司当庭陈述其明知淘宝网商户将水晶产品 DIY 后在网络上销售，购入后又在自己的网站上销售，显然被告王星公司未尽到合理的注意义务，也未提供证据证明商品的来源合法。因此，被告王星公司主观上具有过错，客观上实施了侵犯原告商标专用权的行为，依法不能免除其责任。

三、共同侵权的构成

根据《中华人民共和国民法通则》第 130 条和《中华人民共和国侵权责任法》第 8 条的规定，二人以上共同实施侵权行为，造成他人损害的，应当承担连带责任。由于立法者对审判实务中扩大连带责任的适用范围持谨慎态度，其价值取向更注重责任承担与主观过错的统一，故对共同侵权的“共同性”要件采取了严格立场，只认可有意思联络的主观共同侵权，而不认可行为关联共同的客观共同侵权。❷ 因此，成立共同侵权应当具备下列要件：①加害主体的复数性，加害人必须是两人或两人以上，且各行为人均具有相应的民事行为能力；②加害行为的协作性，加害人之间存在互相利用、彼此支持的行为分担；③主观意思的共同性，行为人主观上具有“意思共同”，又分为共同故意和共同过失两种形式；④损害结果的统一性，行为人的行为造成的损害后果应当是与“意思共同”相

❶ 上海市高级人民法院．关于商标纠纷案件若干法律适用问题的解答［J］．调研与参考（知识产权审判），2012（3）．

❷ 奚晓明．《中华人民共和国侵权责任法》条文理解与适用［M］．北京：人民法院出版社，2010：67.

统一的整体。本案中，原告主张两被告成立共同侵权，但是，被告王晨的原持有的以“com”为后缀的域名已在诉讼中转让被告王星公司持有，被告王星公司也以书面形式同意接受法院裁判约束，根据《统一域名争议解决政策》第 8 条、《中国互联网络域名管理办法》第 39 条的规定，其转让行为成立。因被告王晨昀并非系争 4 个域名的实际持有人，亦非涉案网站的实际经营者，原告亦未提供证据证明就原告所指控的三项侵权行为两被告在主观意思方面具有共同性，在加害行为方面具有协作性，在损害结果方面具有统一性，故原告对于两被告共同实施侵权行为的主张，本院不予采纳。

四、域名侵权的责任承担

根据《最高人民法院关于审理涉及计算机网络域名民事纠纷案件适用法律若干问题的解释》第 8 条的规定，当人民法院作出被告侵权或不正当竞争认定后，在具体适用民事责任的承担方式时可分为三个层次：首先，被告承担民事责任的一般方式是停止侵权，注销域名。如判令注销域名的，被告应当至域名注册管理机构办理域名撤销登记手续，如逾期不履行，原告可以请求法院向域名注册管理机构发出协助执行通知书，予以强制执行。其次，原告请求将域名判归其所有的，法院根据案件的具体情况，可以判令由原告注册使用该域名，原告可以持判决书至域名注册管理机构办理域名转移的相关手续，必要时，法院可以发出协助执行通知书。最后，原告能够举证证明被告的行为对其造成实际损害的，人民法院可以判令被告赔偿损失。[1] 法条规定的本身，体现了法律兼顾当事人双方利益的平衡及减少当事人讼累的精神，本院遂依原告的申请，依法判决被告王星公司持有的以“com”为后缀的域名由原告注册使用，加之，在法院的主持下，到期的以“cn”为后缀的 3 个域名已由原告的关联公司注册使用，使得双方有关域名部分的争议得以快速而高效地解决。

（评析人：戚继敏）

【学术评析】

随着互联网时代的到来，网络域名在市场经营中的价值逐渐得以体现，实践中出现了众多与网络域名相关的纠纷案件，最典型的案件分为两类：一是网络域名侵犯注册商标专用权案件，二是侵犯网络域名权的不正当竞争案件。依据《最

[1] 沈德咏．知识产权司法解释理解与适用［M］．北京：法律出版社，2009：201．

高人民法院关于审理涉及计算机网络域名民事纠纷案件适用法律若干问题的解释》（以下简称《域名解释》），构成域名侵权必须同时符合4个要件；而域名侵犯注册商标专用权案件应当优先依据《最高人民法院关于审理商标民事纠纷案件适用法律若干问题的解释》（以下简称《商标解释》）进行判定；通常情形下，网络域名的所有人、实际使用人是域名侵权民事责任主体，特殊情况下，域名注册服务机构也可能构成共同侵权。

一、不正当抢注域名等网络域名相关不正当竞争侵权纠纷案件的司法认定规则

自由竞争是市场经济的灵魂，随着电子商务的迅猛发展，当前日益激烈的市场竞争已经延伸到了互联网领域，越来越多的生产经营者将自己的商品或服务的销售渠道扩展到网络世界之中。域名是互联网上识别和定位计算机的层次结构式的字符标识，与该计算机的互联网协议（IP）地址相对应。[1] 计算机网络域名的重要特征在于其具有唯一性、高度精确性以及区别商品或服务来源的功能，一个容易被消费者熟悉的网络域名所具有的潜在经济价值不可估量。因此域名作为一项权利广泛地受到生产经营者的重视，生产经营者在注册网络域名时常常将其与企业名称或注册商标相联系，用以在网络中标明自己的身份，将其产品或服务与他人相区别。

正是由于网络域名所具有的唯一性、标识性以及域名所蕴含的巨大价值，才使得司法实践中出现了大量网络域名侵犯注册商标专用权以及不正当抢注域名等网络域名侵权纠纷案件。另外，我国实行的域名、商标、企业名称相互独立的注册、登记制度，各项权利都应依法受到法律保护但又各成体系，在客观上造成了域名与他人商标或企业名称会相同或近似的可能，也使得网络域名纠纷案件的司法处理更为复杂。

《域名解释》第4条规定了判断网络域名侵权的构成要件，不正当抢注域名作为一种典型的网络域名不正当竞争纠纷案件，其司法认定也要遵循上述规则。在上海长途汽车客运总站有限公司与铭万信息技术有限公司上海分公司、张家港市日易机械有限公司计算机网络域名案中[2]，原告上海长途汽车客运总站有限公司依法享有其自身的企业名称权；被告张家港市日易机械有限公司在其注册的网络域名中使用了与原告企业名称完全相同的文字，其经营范围与该域名毫无关

[1] 参见《中国互联网域名管理办法》第3条。

[2] 相关案例：上海长途汽车客运总站有限公司与铭万信息技术有限公司上海分公司、张家港市日易机械有限公司计算机网络域名案，上海市黄浦区人民法院（2011）黄民三（知）初字第62号民事判决书。

联，被告注册该域名的目的不在使用，而是意在通过转让给原告以牟取经济利益，主观上具有恶意，有悖于诚实信用的商业规范和公平竞争的市场秩序，因此构成对原告的不正当竞争。

二、将与他人注册商标相同或相近似的文字注册为域名从事电子商务，容易使相关公众产生误认的，构成侵犯商标专用权的行为

网络域名侵犯注册商标专用权是典型的网络商标侵权案件，《商标解释》第1条第（3）项规定，将与他人注册商标相同或相近似的文字注册为域名，并且通过域名进行相关商品交易的电子商务，容易使相关公众产生误认的属于侵犯注册商标专用权。[1]

由此，域名侵犯商标权的构成要件不同于一般网络域名侵权案件。《商标解释》是域名侵权在商标领域的专门规定，且颁布于《域名解释》之后，因此，判断域名侵犯注册商标权应当优先适用《商标解释》。综上所述，网络域名侵犯注册商标专用权的构成要件具体可归纳为以下几点：一是被告域名中使用的文字与他人注册商标构成相同或近似；二是被告通过该域名从事了相关电子商务活动；三是容易使公众产生混淆。需要注意的是，此时无需域名所有人具有主观恶意。只要符合上述三点，即可认定为侵犯注册商标专用权。

在本案中，施华洛世奇公司依法注册，享有对4个涉案商标的注册商标专用权，本案两被告未经许可在其注册的4个域名中使用了与原告注册商标相近似的文字，被告王星公司利用域名建立的网站从事电子商务，宣传销售施华洛世奇水晶产品，容易造成市场混淆，导致消费者对于水晶来源的误认。因此被告的行为侵犯了原告的注册商标专用权。

三、网络域名侵权的民事责任承担规则

（一）网络域名侵权的民事责任主体

依据侵权责任法的原理，侵权责任由侵权行为人承担。一般情形下，网络域名谁注册谁使用，侵权行为人即为网络域名的所有者。但是实践中也存在域名所有人和实际使用人不一致的情况。若域名注册后由他人实际使用，实际使用人恶意利用侵犯他人合法权益的网络域名，牟取不正当利益，则此时实际使用人应作为侵权行为人承担网络域名侵权的民事责任。域名所有权人明知实际使用人的使用行为，可以制止却予以放任，或存在意思联络共同谋取利益，应当认定所有人和使用人承担共同侵权责任。需要注意的是某些情形下，网络域名注册机构也可

[1] 相似案例裁判规则可见：劳力士钟表公司与国网信息公司抢注域名侵犯其注册商标专用权纠纷案。

能成为网络域名侵权的责任主体，承担教唆侵权或帮助侵权的连带责任，该项责任的承担以存在主观过错为前提。

在本案中，原告主张两被告承担共同侵权责任，法院查明被告王晨昀已将其注册的“chinaswarovski. com”域名依法转让给了上海王星信息技术有限公司，王晨昀既非该域名的持有人，也非实际使用人。原告未能提供证据证明两被告之间存在实施侵权行为的共同故意，因此没有采纳原告的该项主张。

（二）网络域名侵权的民事责任承担方式具有多种形式

关于域名侵权行为的责任承担方式，《域名解释》第 8 条明确规定：“人民法院认定域名注册、使用等行为构成侵权或者不正当竞争的，可以判令被告停止侵权、注销域名，或者依原告的请求判令由原告注册使用该域名，给权利人造成实际损害的，可以判令被告赔偿损失。”该规定与一般民事侵权救济相比最大的亮点之处在于人民法院可以依据具体案情判令涉案域名直接归原告所有。法律之所以作此考量一方面是鉴于域名本身所具有的唯一性的特征，另一方面也体现了减少当事人诉累以及兼顾公平与效率的原则。[1] 因此，本案中法院依法支持了原告的请求，判令“chinaswarovski. com”域名由原告注册使用。

（评析人：肖月）

【附　录】

一审案号：上海市黄浦区人民法院（2009）黄民三（知）初字第 283 号

二审案号：上海市第二中级人民法院（2011）沪二中民五（知）终字第 4 号

[1] 相似案例裁判规则可见：北京中观网网络信息技术有限公司诉北京海岸方舟科技有限公司计算机网络域名纠纷及不正当竞争纠纷案，北京市第一中级人民法院（2004）一中民初字第 11997 号民事判决书。

霍尼韦尔国际公司与上海盖里特涡轮增压器系统有限公司、童玉伟、韩松侵犯商标专用权、不正当竞争纠纷案

【提　示】

被控侵权标识是否作为商标使用在商标侵权中的判断及应用。

【案　情】

原告：霍尼韦尔国际公司（Honeywell International Inc.）（以下简称“霍尼韦尔公司”）

被告：上海盖里特涡轮增压器系统有限公司（以下简称“盖里特公司”）

被告：童玉伟

被告：韩　松

法院查明的事实，原告于1985年5月在美国注册成立。1996年6月，原告在我国设立其独资企业霍尼韦尔（中国）有限公司，进行原告各种品牌产品在国内的相关经营业务。原告拥有核定使用商品为第12类的第541689号“GARRETT”文字商标，（陆地和空中运载工具的零配件，包括发动机、叶轮机、备用动力装置和控制系统）和第994384号“Garrett　盖瑞特”中英文文字组合商标（汽车零部件，即发动机、涡轮增压器、辅助动力装置和控制设备）。

2004年3月，被告童玉伟与案外人吴娜共同出资成立被告盖里特公司，主要

经营增压器的加工（限分支机构）、维修、销售，五金交电、建材、汽配的销售。被告童玉伟任执行董事。2007 年盖里特公司变更为童玉伟一人出资的一人有限责任公司，华娟为公司董事。

被告童玉伟曾申请注册“Gerritt”字母与“GIT”字母图形的组合商标以及“gerritt”字母加“盖里特”文字与“GIT”字母图形的组合商标，但均被国家工商行政管理总局予以驳回。2007 年 8 月 28 日，被告童玉伟经核准注册了第 4434599 号中文“盖里特”商标，核定使用商品为第 12 类。后经原告申请，国家商标评审委员会（以下简称“商评委”）于 2010 年 4 月 16 日以该商标与原告的“Garrett 盖瑞特”商标构成使用在类似商品上的近似商标为由，裁定撤销该商标。

2005 年 12 月 8 日，经原告举报，上海市工商行政管理局普陀分局以商标侵权为由，扣押了被告盖里特公司销售处的涡轮增压器产品。被告韩松在工商部门给查处对象的扣留（封存）财物通知书送达回证上签字。被告方确认的被扣押产品照片显示：被扣押的涡轮增压器产品上铸有“CARRETT”英文字母，产品吊牌上则印有“Gerritt”标识，产品的外包装箱上标注“Gerritt　盖里特”标识。同时在吊牌上还注明被告盖里特公司的企业名称。

2008 年 1 月，被告韩松在上海市古浪路 1681 号第 3 区第 40 号房开设个体工商户——上海市普陀区凤城增压器经营部，主要经营汽车增压器配件（零售）。

2008 年 2 月 26 日，原告在位于上海市古浪路的鑫世纪汽配城第 3 区第 40 号内购得增压器一台，并取得盖有被告盖里特公司发票专用章的发票以及名片一张。在该发票上载明的产品为江铃增压器，在名片上除印有盖里特公司名称以及联系人韩松外，还使用了“gerritt”字母加“盖里特”文字与“GIT”字母图形的组合标识。打开 www. gerritt. com. cn 网站，并对该网站页面显示内容进行下载和打印，内容包括各种型号涡轮增压器产品的图片信息、被告盖里特公司的介绍等信息，页面最下方注明：“盖里特公司，地址：上海市普陀区古浪路 1681 号鑫世纪汽配城第 3 区第 40 号、技术支持：慧聪网”。打开 www. google. cn 网站后，在搜索栏中输入“欲打造自主品牌的盖里特增压器”，在出现的搜索页面上点击打开“欲打造自主品牌的盖里特增压器——慧聪网汽车配件行业”后，显示有关 2006 年 5 月 18 日，慧聪网采访被告童玉伟的内容报道，其中有童玉伟称，“2005 年盖里特公司在产品外观、包装方面涉及了一些跟霍尼韦尔公司的侵权部分。在这里我可以说盖里特公司确实做出了一些整改。接近 6 个月的时间，我们改掉了很多涉及侵权的部分”“目前市场上发现了很多假冒盖里特增压器”等记载。再返回 www. google. cn 网站上搜索，在搜索栏中输入“［视频］上海盖里特：

童玉伟总经理”后，出现2006年11月21日，盖里特公司总经理童玉伟先生做客慧聪网直播间，接受独家专访的报道内容，其中有童玉伟称，“在公司刚刚开始运作的时候，对品牌建设也不是很在意，也走了一些弯路。也涉及和国外一些大公司发生一些侵权或者是知识产权方面的问题”等记载。

2008年10月17日，黄晔在公证员的监督下，来到上海市古浪路1681号鑫世纪汽配城第3区第40号店铺，购买了“盖里特”90B增压器一台，并当场取得收款收据一张（编号：0026528）、名片一张。收款收据上载明：90B增压器一台，价格人民币1100元，开票人韩松；名片则与2008年2月26日原告购买增压器时所得的名片相同。在所附购买的产品照片上显示：产品的外包装箱、包装袋、使用说明书以及产品的铭牌上均注有“gerritt”字母加“盖里特”文字与“GIT”字母图形的组合标识，在外包装箱和质量跟踪卡上标有上海盖里特涡轮增压器系统有限公司企业名称，使用说明书封面载明为：盖里特涡轮增压器使用说明书。

2009年1月21日，上海市工商行政管理局普陀分局对上海市普陀区凤城增压器经营部作出行政处罚，认定：该经营部自2008年3月起，从被告盖里特公司以每台240元的价格购进包装上带有“Gerritt 盖里特”商标的涡轮增压器200台，以每台80元的价格购进带有“Gerritt 盖里特”商标的涡轮增压器机芯总成168台，购货款共计61440元。而后，在上海市古浪路1681号第3区第40号房，以每台涡轮增压器260元、每台涡轮增压器机芯总成90元的价格对外销售等。因所销售产品包装袋上的“Gerritt 盖里特”商标与霍尼韦尔公司第994384号“Garrett　盖瑞特”相近似，构成销售侵犯注册商标专用权的行为。根据被行政部门查处的产品照片显示，在产品及外包装箱上均注有“gerritt”字母加“盖里特”文字与“GIT”字母图形的组合标识，外包装箱上标明的企业名称为：盖里特公司。

另查明：2006年5月26日，上海市工商行政管理局嘉定分局以案外人上海圣诺汽配有限公司所销售的5台涡轮增压器外包装上有“Gerritt”标识，其中4台产品上有“Gerritt”标识，1台有“Gareett”标识，构成假冒他人注册商标的行为为由，对该案外人进行了行政处罚。该案外人的法定代表人在工商部门的询问笔录中称：这5台涡轮增压器是从一位姓韩的上门推销人员手中购进，因涡轮增压器行业中有一个较有名气的牌子叫“Garrett”，故在购进这5台涡轮增压器时，还以为就是“Garrett”牌的，而且从包装上看较正宗，所以就购进了。这些产品的制造商为盖里特公司，地址为：上海浦东新区南林路658号。

2008年8月15日，广州市工商行政管理局白云分局以案外人个体经营者李维才销售假冒他人注册商标的商品为由，对其进行了政处罚，在该行政处罚决定书中认定，案外人购进带有“CARRETT”“Gerritt 盖里特”的汽车增压器。因与原告注册的“GARRETT”“Garrett 盖瑞特”商标相近似，构成商标侵权，决定予以处罚。在所附证据复制单上载明：现场发现的涡轮增压器产品上和涡轮增压器机芯上分别带有“CARRETT”和“Gerritt”字样。在所附现场相片上显示：产品的外包装箱上注有盖里特公司，地址为：上海浦东新区南林路658号。

2006年7月，被告盖里特公司登记备案的网址为www. gerritt. com. cn，网站域名为：gerritt. com. cn。2007年6月7日，被告盖里特公司登记备案的网址为www. gerritt. com，网站域名为：gerritt. cn、gerritt. com。

审理中，被告盖里特公司当庭表示，上海浦东新区南林路658号是其委托加工单位的地址，被告韩松经营的上海市普陀区凤城增压器经营部是其产品的代销处，被告盖里特公司在沪并不设有生产经营场所。

原告霍尼韦尔公司诉称，其系“GARRETT”“Garrett　盖瑞特”商标的专用权人。被告童玉伟系“盖里特”商标的注册人，被告盖里特公司系童玉伟投资设立的一人有限责任公司。被告盖里特公司不仅未经授权在其生产、销售的增压器上标注与原告的商标相同和相似的“GERRITT”“CARRETT”“GAREETT”标识，还在未核准使用的汽车涡轮增压器上使用“盖里特”商标，且故意在产品及包装上使用未注册的“Gerritt　盖里特”组合商标，并突出“Gerritt”字样。此外，盖里特公司使用域名为“www. gerritt. com. cn”的网站进行经营活动，该域名中的gerritt，无论从文字还是发音，都与原告的GARRETT商标近似，上述行为侵犯了原告的商标专用权。而且，被告盖里特公司企业名称中的“盖里特”文字，与原告商标构成近似，构成不正当竞争。被告韩松销售了涉案产品，也构成侵权。故请求判令：1. 三被告停止对原告第541689号“GARRETT”注册商标、第994384号“Garrett 盖瑞特”注册商标的侵权行为，销毁侵权产品及包装；2. 被告盖里特公司变更企业名称，不得在其企业名称中使用“盖里特”文字；3. 被告盖里特公司停止使用gerritt. com. cn域名；4. 三被告赔偿原告经济损失人民币50万元。

被告盖里特公司辩称，1. 对于原告的“GARRETT”和“Garrett 盖瑞特”商标在同行业中具有很高的知名度不持异议，但正因为原告的商标在同行业中享有强大知名度，因此，对于针对不同的销售渠道和消费对象的原告、被告同类产品，不会造成相关公众的误认和混淆。被告盖里特公司系通过商标权利人童玉伟的受让取得“盖里特”商标，在商标的使用过程中，为“盖里特”商标进行了大量的宣传。自2008年起，盖里特公司将“盖里特”商标与英文“GERRITT”

组合使用，但从未单独使用过英文“GERRITT”，而该组合使用并不构成对原告注册商标的侵犯。另外，原告提供的证据不能证明侵权产品系由盖里特公司生产，工商部门的行政处罚对象也不是针对盖里特公司，故原告指控盖里特公司侵犯原告的商标专用权缺乏依据。2.“盖里特”三字虽无实际含义，但其系经合法登记注册，被告盖里特公司全称使用其企业名称不构成对原告的不正当竞争。由于企业名称和域名构成对他人商标的侵犯，其前提是该被侵权商标为驰名商标，而原告主张权利的商标未被我国国家工商部门或司法部门认定为驰名商标，故只是限于一般保护，现原告的主张已超越了其商标应有的保护范畴。3. 由于盖里特公司不存在侵权行为，因此不同意对原告经济赔偿和承担相关费用。

被告童玉伟辩称，其系盖里特公司的法定代表人、总经理、执行董事，其行为应属于职务行为。原告将童玉伟个人作为侵权主体，要求其共同承担赔偿责任，没有法律依据，故不同意原告的诉请。

被告韩松辩称，其系盖里特公司的代理商，不是盖里特公司的工作人员，也未以盖里特公司的名义对外从事经营活动。韩松只是上海市普陀区凤城增压器经营部的个体工商业主，与盖里特公司和童玉伟并无法律上的关联。即使上海市普陀区凤城增压器经营部存在侵权行为，韩松也仅对凤城增压器经营部的侵权行为承担相应的责任，而非就盖里特公司和童玉伟的行为共同承担法律责任。

【审　判】

法院经审理认为，被告盖里特公司在其生产的涡轮增压器和相关产品上分别使用了“Gerritt”“CARRETT”“Gareett”以及“盖里特”和“gerritt”字母加“盖里特”文字与“GIT”字母图形的组合商标。被控的“Gerritt”“CARRETT”“Gareett”字母商标与原告的“GARRETT”商标均是以“T”字母叠加结尾，中间有字母重叠排列组合的方式构成，整体词汇的读音也相似，容易引起混淆、误认。被控的“盖里特”中文商标、“gerritt”字母加“盖里特”文字与“GIT”字母图形的组合商标与原告的“Garrett　盖瑞特”商标相比，两者所使用的中文首尾汉字相同，整体读音也较近似，易导致相关公众的误认或产生双方存在特定关系的联想。被告盖里特公司在类似商品上使用上述商标侵犯了原告对“GARRETT”和“Garrett　盖瑞特”注册商标所享有的商标专用权，依法应当承担相应的法律责任。

被告盖里特公司备案登记的域名“gerritt. com. cn”与原告的注册商标“GARRETT”构成近似，被告盖里特公司通过该域名进行与原告同类的相关涡轮增压器产品的电子商务，易造成相关公众产生与原告商品的混淆，也会误导网络用户访问其网站。被告盖里特公司无证据证明其对于域名的主要部分“gerritt”享有相关权益，也未提供其注册和使用该域名的正当、合理的理由，其出于商业目的恶意注册和使用域名进行类似商品交易，引起相关公众误认的行为，构成对原告享有的注册商标专用权的侵害。

原告与被告盖里特公司均有涡轮增压器及相关产品的经营业务，具有同业竞争关系。本案中原告所使用的两个商标均先于被告盖里特公司对其企业名称的使用。被告盖里特公司在明知原告的“Garrett 盖瑞特”商标在同行业中享有较高知名度的情况下，仍以臆造文字“盖里特”登记注册为企业字号，存在攀附原告商标良好声誉，混淆商品来源的主观故意，故该登记注册“盖里特”为企业字号的行为与诚实信用、公平竞争的原则相悖，即便被告盖里特公司在正常使用其企业名称的情况下，也同样构成对原告合法权益的侵害，有损于公平的市场竞争秩序，构成对原告的不正当竞争。

被告童玉伟授权被告盖里特公司使用前述商标，且在明知原告商标知名度和所申请注册的商标被商标局驳回以后，仍未制止被告盖里特公司对这些商标的使用，故被告童玉伟主观上存在侵权故意，客观上与被告盖里特公司共同构成了对原告注册商标专用权的侵犯，应当与被告盖里特公司共同对上述商标的侵权承担相应的民事责任。但原告未举证证明被告童玉伟个人有使用“gerritt”域名和“盖里特”字号或是“上海盖里特涡轮增压器系统有限公司”企业名称的行为，故原告主张被告童玉伟与被告盖里特公司共同承担域名侵权、企业名称不正当竞争的法律责任，不予支持。鉴于盖里特公司系被告童玉伟的一人公司，且被告童玉伟未举证证明盖里特公司的财产独立于其个人财产，其应当对被告盖里特公司的债务承担连带责任。

被告韩松在2005年工商部门因商标侵权查扣盖里特公司产品时，就应当知道盖里特公司的有关“Gerritt”标识涉及侵权，但仍然予以销售，故其行为亦侵犯了原告的注册商标专用权，依法应承担停止侵权、赔偿经济损失的法律责任。但原告主张被告韩松与盖里特公司存在共同侵犯原告注册商标专用权的故意以及有不正当竞争行为，因证据不充分，不予支持。

鉴于原告因被告方的侵权行为所遭受的损失及被告因侵权所获得的利益均难以确定，故综合各被告的侵权情节、性质、持续时间、后果以及原告商标的知名度和原告为制止被告侵权行为的合理开支等因素酌情确定赔偿数额。法院遂判决三被告立即停止对原告注册商标的侵害；被告上海盖里特公司立即停止使用gerritt.com.cn域名，申请变更企业名称，变更后的企业名称中不得含有“盖里特”

文字，赔偿原告包括合理开支在内的经济损失48万元；被告童玉伟对被告上海盖里特公司的上述赔偿款项承担连带责任；被告韩松赔偿原告包括合理开支在内的经济损失2万元。

一审宣判后，双方均未提起上诉，一审判决生效。

【法官评析】

对于《反不正当竞争法》与《商标法》等知识产权法之间的关系，知识产权界有个众所周知的比喻，即《商标法》《专利法》《著作权法》等知识产权法好比浮在海面上的冰山，《反不正当竞争法》则是托起冰山的海水。《商标法》等知识产权法未涉及的领域，都由《反不正当竞争法》来补充和兜底。也就是说，《商标法》等知识产权法与《反不正当竞争法》之间是特殊法与一般法的关系。但在司法实践中，某些侵权行为究竟属于侵犯商标专用权还是不正当竞争，并非泾渭分明。本案中被告即实施了多种侵权行为，第一，在相同商品上使用与原告注册商标相似的商标；第二，在被告的网站域名中使用了与原告注册商标相似的文字；第三，在被告的企业名称中使用了与原告注册商标相似的文字。在相同商品上使用与原告注册商标相似的商标应属侵犯商标专用权，并无争议；但是后两种侵权行为的性质判定，则需要借助商标使用的概念。被告在网站域名中使用了原告的相似商标，并且从事了相关的商品交易，属于商标意义上的使用，构成侵犯商标专用权；被告在企业名称中使用了原告的相似商标，但并未突出使用，不是商标意义上的使用，虽然不构成侵犯商标专用权，但由于被告主观上存在恶意，客观上容易导致消费者混淆、误认，应认定为构成不正当竞争。

一、作为商标使用在商标侵权诉讼中的作用

商标的生命在于使用。对于商标权人，作为商标使用可以使商标的显著性从无到有，从弱到强，可以使注册商标得以维系并不断知名；对于司法实践，作为商标使用则是判断特定的行为是否构成侵犯商标专用权、区分商标侵权和不正当竞争行为的重要判断标准。

所谓作为商标使用，是指所使用的与他人注册商标相同或者相似的标识，具有指示其商品或者服务来自注册商标所有人或者与其有关联的作用。被控侵权行为是否限于"商标使用"行为，即是否只有作为商标使用的行为，才可以认定构成商标侵权行为，是一个有争议的问题。例如有人指出："为认定侵权行为，被告必须在商业中使用其商标，以及该使用必须是商标使用，即指示来源。""尽管TRIPS和制定法未必有明确要求，它默示地认为在商业中使用必须是商标

使用。”欧盟法院则认为：“划分商标使用（用作商品来源标识的使用）与非商标使用（用作表达忠诚的使用）是没有必要的；因为，即便对于同一行为可以是两者兼备，也往往是两者兼备；因此，将他人商标用作忠诚标识，构成侵权性使用，正如其他损害商标所有人的商品或者服务来源功能的任何使用一样。其理由是，商标是一种财产权，商标所有人有权禁止损害其商标功能的使用行为。”对欧盟法院的观点，英国上诉法院的解释是：“商标注册赋予了商标所有人一种财产权。因此，应当考虑的是被控侵权行为是否因为可能影响或者危害构成商标基本功能的来源保障而损害该财产权。回答该问题并不取决于被控侵权的使用行为是否为一种‘商标使用’，而包括范围广泛的使用行为。除描述性使用以外，第三人未经许可的商标使用，都可能损害商标权的功能，因为注册商标不再能保障来源，那是商标的基本功能。”

我国《商标法》及相关条例、司法解释也对构成商标侵权行为的“使用”进行了列举。2001 年《商标法》第 52 条第（1）项规定：“有下列行为之一的，均属侵犯注册商标专用权：（一）未经商标注册人的许可，在同一种商品或者类似商品上使用与其注册商标相同或者相似的商标的；”2002 年《商标法实施条例》第 3 条规定：“商标法和本条例所称的商标使用，包括将商标用于商品、商品包装或者容器以及商品交易文书上，或者将商标用于广告宣传、展览以及其他活动中。”该条例第 50 条第（1）项规定：“有下列行为之一的，属于商标法第 52 条第（5）项所称侵犯商标专用权的行为：（一）在同一种或者类似商品上，将与他人注册商标相同或者近似的标志作为商品名称或者商品装潢使用，误导公众的；”2002 年发布的《最高人民法院关于审理商标民事纠纷案件适用法律若干问题的解释》（以下简称《商标解释》）第 1 条第（1）项、第（3）项规定：“下列行为属于商标法第 52 条第（5）项规定的给他人注册商标专用权造成其他损害的行为：“（一）将与他人注册商标相同或者相近似的文字作为企业的字号在相同或者类似商品上突出使用，容易使相关公众产生误认的；（三）将与他人注册商标相同或者相近似的文字注册为域名，并且通过该域名进行相关商品交易的电子商务，容易使相关公众产生误认的。”

从以上规定可以看出，我国《商标法》采取的态度是要构成侵犯商标专用权，指控的侵权行为应该是“作为商标使用”，只不过商标使用的概念并不是狭义的，即不仅指在相同商品或者类似商品上使用与他人注册商标相同或者近似的商标，还包括用于商品名称、装潢、突出使用字号等具有指示商品来源作用的使用。考虑到《商标法》与《反不正当竞争法》之间的协调，我国并没有像欧盟法院那样，将第三人未经许可的商标使用，都纳入到商标侵权的范畴，而是将那些虽然使用了他人的注册商标，但并不是作为商标意义上使用的行为，归到反不正当竞争法的调整范畴。

二、作为商标使用在本案中的司法适用

本案中，比较有争议的是域名及企业名称中正常使用他人的商标，应认定为侵犯商标专用权还是不正当竞争。

（一）域名中使用了他人注册商标的司法认定

《最高人民法院关于审理涉及计算机网络域名民事纠纷案件适用法律若干问题的解释》（以下简称《域名解释》）第4条规定："人民法院审理域名纠纷案件，对符合以下各项条件的，应当认定被告注册、使用域名等行为构成侵权或者不正当竞争：（一）原告请求保护的民事权益合法有效；（二）被告域名或其主要部分构成对原告驰名商标的复制、模仿、翻译或者音译；或者与原告的注册商标、域名等相同或者相似，足以造成相关公众的误认；（三）被告对该域名或者其主要部分不享有权益，也无注册、使用该域名的正当理由；（四）被告对该域名的注册、使用具有恶意。结合《商标解释》有关域名侵犯商标专用权的规定，可以看出，如果被告在域名中使用了他人的注册商标，并且从事了相关商品交易的电子商务，此种情况下可以视为被告是在"商标意义上的使用"，进而构成侵犯商标专用权；如果被告在域名中使用了他人的注册商标，但是在该域名之下并没有进行相关商品交易，此时不能视被告的使用行为是在商标意义上的使用。如果被告满足《域名解释》规定的4项条件，应认定为构成不正当竞争。因此，在涉及域名侵犯商标权纠纷时，《域名解释》与《商标解释》有关域名的规定是有适用顺序的，即首先应判断域名中商标的使用是否满足侵犯商标专用权的条件；如果不满足，则判断是否构成不正当竞争。

本案中，被告盖里特公司备案登记的域名"gerritt. com. cn"与原告的注册商标"GARRETT"构成近似，被告盖里特公司通过该域名进行与原告同类的相关涡轮增压器产品的电子商务，易造成相关公众产生与原告商品的混淆，也会误导网络用户访问其网站。因此，按照《商标解释》的规定，其构成侵犯注册商标专用权。

（二）企业名称中使用他人注册商标的司法处理

企业名称和商标虽然都是一种商业标识，但是两者的功能是不同的。企业名称的作用在于将不同商品或者服务的提供者区别开来；商标的作用在于识别不同的商品或者服务本身。由于两者的异质性，企业名称不属于商标法的调整范围。实践中的企业名称侵犯商标专用权纠纷，一般表现为企业名称中的字号与他人注

册商标相同或者相似，并且侵权人突出使用该字号。此种突出使用字号的方式，在消费者看来，实际上已经使字号与企业名称本身在某种程度上发生分离，进而起到商标的作用。因此，《商标解释》将企业名称中突出使用字号的情形纳入商标法的调整范围，即突出使用字号的仍然认定为侵犯注册商标专用权。如果企业名称中的字号虽然与他人的注册商标相同或者相似，但是并不是突出使用，而是正常使用，由于此时其并不具有识别商品或者服务作用，而是识别不同的市场主体，并不是在商标意义上使用，因此，不能认定为侵犯商标专用权。如果正常使用企业名称仍然可能导致社会公众混淆、误认，被告主观上又具有恶意，可以根据《反不正当竞争法》的一般条款，认定此种行为违反了诚实信用原则，构成不正当竞争。

本案中，被告盖里特公司在明知原告的“Garrett　盖瑞特”商标在同行业中享有较高知名度，仍以臆造文字“盖里特”登记注册为企业字号，被告盖里特公司对此的解释是，“盖里特”三字组合易使人觉得其像是一家国外企业，由此，事实上被告盖里特公司在登记注册其企业名称时，就已有冀希于相关公众产生误认，攀附原告商标良好声誉，造成相关公众产生两者经营主体之间具有特定关系的联想，混淆商品来源的主观故意，故而该登记注册“盖里特”为企业字号的行为本身已与诚实信用、公平竞争的原则相悖，具有主观上的过错，因此，即便被告盖里特公司是正常使用其企业名称，不会构成侵犯商标专用权，但由于被告的行为有损于公平的市场竞争秩序，构成对原告的不正当竞争。

（评析人：金滢、凌宗亮）

【学术评析】

商标使用与商标权人的利益密切相关，司法实践中，就有关商标使用的认定问题而言，商标法意义上的“商标使用”是判断商标侵权的基础，需要发挥商标区分商品或者服务来源的作用，其主体是商标所有人而非商标侵权人；商标是否实际使用会对民事责任的承担产生影响，在权利人未实际使用商标的情形下，确定民事责任时可将责令停止侵权行为作为主要方式，酌情确定侵权赔偿数额。

一、商标使用的司法认定规则

商标使用关乎一个商标的生死存亡，与商标权人的利益密切相关。司法实践中，无论是商标的注册、撤销还是商标侵权的认定，都离不开对于商标实际使用的判断。明确商标使用的司法认定规则，对于人民法院处理商标权纠纷案件有着重要的实践意义。

（一）商标法意义上的“商标使用”需要发挥商标区分商品或者服务来源的作用

我国近期修订的《商标法》对商标法意义上的“商标使用”做出了新的界定：本法所称商标的使用，是指将商标用于商品、商品包装或者容器以及商品交易文书上，或者将商标用于广告宣传、展览以及其他商业活动中，用于识别商品来源的行为。该定义相较于《商标法实施条例》的表述[1]而言，其进步之处就在于突出表明了商标法意义上的商标使用具有识别商品来源的作用。由于商标的基本功能是区分商品或者服务的来源，该功能也是商标赖以存在的基础。因此“商标的使用”应是一种商业活动中的使用，对于注册商标权人来说，应是“真实的使用”，其核心是要发挥商标区分商品或者服务来源的作用。没有发挥商标识别基本功能的使用行为，通常并不构成商标使用行为，也就不应用商标法予以规制。

本案中，被告盖里特公司实施了多种侵权行为：一是在相同商品上使用了与原告注册商标相似的商标；二是在被告的网站域名中使用了与原告注册商标相似的文字；三是在被告的企业名称中使用了与原告注册商标相似的文字。该案件的争议的焦点在于这三种行为是否构成商标侵权，而解决这一争议的核心就是界定上述使用行为是否属于商标法意义上的使用，换言之即判断上述使用是否实际发挥了商标区分商品或者服务来源的作用。毫无疑问，被告在相同商品上使用与原告注册商标相似的商标，是典型的商标使用行为，属于商标侵权行为。被告登记的域名“gerritt. com. cn”与原告注册商标“GARRETT”相近似，且被告利用网站从事相关的商品交易，易造成相关公众的混淆，属于商标法意义上的使用行为，构成商标侵权。然而，被告在其企业名称中虽然使用了与原告商标相似的文字，但并未突出使用，不是商标法意义上的商标使用行为，不应当纳入《商标法》的调整范围。但是，该行为是出于被告混淆市场来源的故意，实际上也造成了对于原告合法权益的侵害，客观上存在造成公众误认的可能，有悖于诚实信用原则、公平竞争的市场秩序，构成对原告的不正当竞争。

（二）商标使用的主体是商标所有人而非商标侵权人

商标使用的意义不仅是确定侵权行为的标准，我国《商标法》还规定了商标的使用义务和连续三年不使用的撤销制度。司法实践中，商标所有人能否以第

[1] 《商标法实施条例》第3条：商标法和本条例所称商标的使用，包括将商标用于商品、商品包装或者容器以及商品交易文书上，或者将商标用于广告宣传、展览以及其他商业活动中。

三人未经许可使用其商标的事实作为“商标连续三年未使用”的抗辩存在争议。解决该问题需要进一步确定商标使用的主体。

一般情况下，商标使用的主体应当是商标所有人。在一些情形下，基于商标直接使用者和商标所有人的许可使用关系或委托加工关系，被许可人和受委托人对商标的使用可以视为商标所有人的使用。然而，对于侵权行为人的使用而言，这种使用没有商标所有人的意志参与，不受商标所有人控制，公众通过该商标使用所获得的信息也并非该商标本应携带的真实内容，因此这种情况不能认定为商标所有人的商标使用。❶

二、商标是否实际使用会对民事责任的承担产生影响

由于商标的基本属性是区分商品的来源，保护商标是为了保护商标的区别性，商标的价值凝结于其连续使用而产生的巨大商誉和区别于其他商品的特征。因此，如果商标权人未实际使用其商标，就不存在可保护的商标区别性，缺少对其保护的必要性，从而影响他人未经许可使用商标的民事责任的承担。

我国司法实践在处理该类案件时的倾向性意见是：妥善处理注册商标实际使用与民事责任承担的关系，使民事责任的承担有利于鼓励商标使用、激活商标资源，防止利用注册商标不正当地投机取巧。请求保护的注册商标未实际投入商业使用的，确定民事责任时可将责令停止侵权行为作为主要方式，在确定赔偿责任时可以酌情考虑未实际使用的事实，除为维权而支出的合理费用外，如果确无实际损失和其他损害，一般不根据被控侵权人的获利确定赔偿；注册人或者受让人并无实际使用意图，仅将注册商标作为索赔工具的，可以不予赔偿；注册商标已构成商标法规定的连续 3 年停止使用情形的，可以不支持其损害赔偿请求。❷

（评析人：肖月）

【附　录】

案号：上海市黄浦区人民法院（2009）黄民三（知）初字第 73 号

---

❶ 朱凡，刘书琼，张今．商标撤销制度中“商标使用”的认定［J］．中华商标，2010（12）：38.

❷ 2009 年 4 月 21 日《最高人民法院关于当前经济形势下知识产权审判服务大局若干问题的意见》法发〔2009〕第 23 号。

张华南与上海海阔天空大酒店有限公司侵犯商标专用权纠纷案

【提　示】

合理使用在先登记的企业名称中的字号，不构成对在后注册的商标权的侵犯。

【案　情】

原告：张华南

被告：上海海阔天空大酒店有限公司（以下简称“上海海阔天空”）

法院查明的事实，2000 年 5 月 18 日，上海海阔天空浴场娱乐有限公司经上海市工商行政管理局卢湾分局核准登记，经营范围为沐浴、餐厅、桑拿浴、茶室等。2007 年 12 月 19 日，经工商行政管理部门核准，公司更名为上海海阔天空大酒店有限公司，经营范围不变。公司曾被上海市卢湾区私营企业协会评为 2001 ~ 2002 年度、2003 ~ 2004 年度上海市卢湾区先进私营企业；被上海市工商行政管理局评为 2002 年度、2003 年度和 2004 ~ 2005 年度守合同重信用企业；被上海市卢湾区企业合同信用促进会认定为 2002 年度、2003 年度和 2004 ~ 2005 年度合同信用等级为 A 级单位。其营业场所的外面招牌和横幅广告上标有醒目的“海阔天空”字样，在其提供的浴衣、拖鞋、代金券、广告单、塑料袋和消费单等物品上标有被告企业名称简称“海阔天空大酒店”或“海阔天空”字样。

张华南为第 1794655 号商标的注册人，该商标由图形和“海阔天空”文字共同组成，核定服务项目为茶馆、酒吧、蒸汽浴室、饭店、美容院、花卉摆放、按摩（医疗）等。商标有效期限自2002年6月21日至2012年6月30日止。张华南为法定代表人的湖南海阔天空酒店管理有限公司成立于2005年8月10日。2007年1月30日，公司经工商行政管理部门核准变更为湖南海阔天空生态茶业有限公司（以下简称“湖南海阔天空”），经营范围为茶叶种植、加工、销售，禽畜、水产品养殖、销售等。2006年3月，湖南省消费者委员会授予湖南海阔天空酒店管理有限公司“2005～2006年度湖南省消费者信得过品牌”。2008年12月湖南海阔天空生态茶业有限公司使用在茶馆、咖啡馆等服务上的“海阔天空”商标，被湖南省工商行政管理局认定为湖南省著名商标，有效期3年。2008年7月7日，湘潭市人民政府确认湖南海阔天空生态茶业有限公司为湘潭市农业产业化龙头企业。

另查明，原告张华南在上海地区没有经营场所。

原告诉称，原告是“海阔天空”注册商标的专用权人，原告通过诚信经营，使得“海阔天空”被湖南省评为消费者信得过的品牌和湖南省著名商标，“海阔天空”商标在餐饮、洗浴行业具有广泛的知名度。被告是一家具有经营规模的餐饮、洗浴公司，其将原告“海阔天空”商标作为其企业字号，并在其经营的“海阔天空”大酒店（浴场）的户外大型营业广告牌中使用“海阔天空”巨型广告，在其营业场所内的装饰装修设施、设备、物品等也均使用了“海阔天空”的商标字样，足以造成相关公众的混淆和误认，侵犯了原告的注册商标专用权，故诉至法院，请求判令被告立即停止侵犯原告“海阔天空”注册商标专用权的行为、停止使用含有“海阔天空”字样的企业名称；在《新民晚报》上向原告公开赔礼道歉、消除影响；赔偿原告经济损失及合理费用30万元。

被告辩称，被告成立于2000年3月，“海阔天空”是被告的企业字号，被告有使用权。原告虽然取得了“海阔天空”的注册商标专用权，但其经营范围主要是茶叶，与被告的经营范围不同，经营区域也不同，被告在上海地区具有良好的声誉和知名度，使用“海阔天空”对原告利益没有影响，其没有侵犯原告的商标专用权，请求驳回原告的诉讼请求。

【审　判】

法院经审理认为：被告企业字号登记时间先于原告商标注册时间。被告股东为其成立的公司申请“上海海阔天空浴场娱乐有限公司”作为企业名称，主观上并无过错。被告在其经营场所内外和其提供的服务范围内使用“海阔天空”

字样，系对其企业名称中字号的正常使用。同时，被告在上海地区同行业中享有一定的声誉和知名度，而原告在上海地区并没有经营场所，被告使用其字号不会引起相关公众对其服务来源产生误认的效果和结果。法院遂判决对原告的诉讼请求不予支持。

一审宣判后，原告不服一审判决，提出上诉，二审判决驳回上诉，维持原判。

【法官评析】

商标是区别不同商品或者服务来源的标志，由文字、图形或者其组合构成。商标权是商标所有人依法对其使用的商标所享有的权利。企业名称是区别不同市场主体的标志，一般由行政区划、字号、行业或者经营特点、组织形式构成，其中字号是区别不同企业的主要标志。注册商标权和企业名称权都是法律保护的民事权利，是两类平行的知识产权，两种权利均依法产生，分别受不同的法律、法规调整，现行法律、法规没有规定两者互相禁用。

保护在先权利原则是解决知识产权权利冲突的最基本的原则，它要求任何一项知识产权的取得必须以不侵害他人在先权利为前提条件。这一原则在我国的立法中也得以体现，如我国《商标法》第9条规定，申请注册的商标，不得与他人在先取得的合法权利相冲突。国家工商行政管理总局颁布的《关于解决商标与企业名称中若干问题的意见》第6条规定："处理商标与企业名称的混淆，应当适用维护公平竞争和保护在先合法权利人利益的原则。"同时，该意见第7条规定，在先权利人可以在"自商标注册之日或者企业名称登记之日起5年内提出请求"来避免两者权利的混淆。

《企业名称登记管理规定》第3条明确企业名称在规定的范围内享有专用权。《最高人民法院关于审理商标民事纠纷案件适用法律若干问题的解释》第1条第（1）项虽将与他人注册商标相同或者相近似的文字作为企业的字号在相同或者类似商品上突出使用，容易使相关公众产生误认的行为认定为侵犯注册商标专用权的行为，但值得注意的是，这里所指的企业字号是指登记在后的企业字号。本案涉及的问题就是上海海阔天空将其登记在先的企业名称中的字号"海阔天空"使用在招牌、横幅广告以及经营的浴场服务用具上的行为，是否构成了对张华南在后注册的商标专用权的侵犯。从本案看，被告登记于2000年5月，原告的"海阔天空"商标核准注册日期为2002年5月。被告将"海阔天空"登记为企业字号并在经营场所内使用时，原告的"海阔天空"商标并未注册，被告设立、使用"海阔天空"字号是善意的，并没有采取不当手段使用他人知识财产以误导公众的主观故意。同时，被告对“海阔天空”字号权和原告“海阔天空”注册商标专用权都是经过合法程序获得的权利，被告的“海阔天空”字号权的设立早于原告的“海阔天空”注册商标专用权，被告的在先权利依法应受保护。字号和商标在市场经济中具有重要的识别功能，享有较高信誉的商标或字号在社会公众的消费选择过程中起到了重要的指导作用。因此，禁止混淆原则要求商标权利人和企业名称权人在各自行使权利时，不得使相关公众对冲突双方提供的商品或者服务来源产生误认。本案中，被告的营业场所在上海地区，其通过多年的经营活动，在上海地区已经享有了相当的知名度。原告的“海阔天空”商标虽在湖南省评定为著名商标，但由于原告在上海并没有经营场所，而被告在湖南省也没有经营场所。浴场餐饮行业的特性决定了其具有区域性，因此，被告对其字号“海阔天空”的使用不会引起相关公众对服务来源产生混淆。综上所述，法院对于被告在先享有的合法权益予以保护，具有充分合理的事实基础和法律依据。

（评析人：杨韡）

【学术评析】

依合法注册登记取得的注册商标专用权与经依法核准登记获得的企业名称权均为合法的权利。司法实践中，注册商标专用权与企业名称权冲突情况最为常见。典型的分为两种不同情形：一是在先登记的企业名称权与在后注册的商标权之间的冲突，二是在先注册商标权与在后登记企业名称权之间的冲突。案例所揭示出的规则是：高度的相似性及注册管理制度不同是造成注册商标权与企业名称权利冲突的主要原因；当两种权力发生冲突时，应当依照诚实信用、维护公平竞争、保护在先权利等原则处理。具体有，①将与他人注册商标相同或相近似的文字作为企业字号在相同或者类似商品上突出使用，可能使相关公众产生误认的，构成商标侵权；②未突出使用，但其使用足以产生市场混淆、违反公平竞争的，构成不正当竞争行为；③恶意将他人已有一定知名度的企业名称作为注册商标，足以造成市场混淆的，构成不正当竞争行为。

一、高度的相似性及注册管理制度不同导致了注册商标权与企业名称权利冲突

（一）商标权与企业名称权具有高度相似性

商标与企业名称的相似性主要体现在功能上的相似性及使用上的趋同性。首先，商标与企业名称都具有一定的标识性，能够体现商品与服务的来源，起到区

别商事主体资格的作用，承载了企业商誉。其次，为标识产品或服务的来源，防止与其他商事主体混淆，许多企业在商事活动中直接将企业名称与自身的产品或服务相结合，实质上在商标意义上使用了企业名称。比如，生产厂商将其企业名称中的字号突出标示于产品、产品外包装、说明书、广告及宣传册等处，便于消费者轻易地辨别商品或服务的来源。

（二）商标与企业名称注册管理制度不同

商标和企业名称的注册分属于不同的行政部门管理，其授权审查规则也存在很大的差异。商标实行集中注册制，其主管机关是商标局。商标局仅就“显著性”及法律禁止事项来进行商标注册申请的实质审查。而企业名称的管理则是按照行政区划的级别而定，由国家工商行政管理总局和各省、市、县工商局分级管理。工商登记审核依据《企业名称登记管理规定》进行。目前，商标局与进行企业名称登记的工商部门的主管机关之间并未建立起统一的联网检索平台，实践中授权及登记机关对于是否存在在先合法权利，难以实行有效的审查。因此，司法实践中常常出现注册商标专用权与企业名称权利冲突的情形。

二、依照诚实信用、维护公平竞争、保护在先权利等原则处理商标权与企业名称权冲突

由于我国对商标的注册和企业名称的登记采取申请（登记）在先原则。因而，依据权利取得的先后次序，商标权与企业名称权冲突又可以具体分为两种典型的表现形式：一是在先注册商标权与企业名称权的冲突，二是在先登记的企业名称与在后注册的商标权冲突。当两种权利发生冲突时，应当依照诚实信用、维护公平竞争和保护在先权利等原则进行处理。[1]

现阶段我国涉及解决商号权与商标权权利冲突的法律规定主要有《反不正当竞争法》《国家工商行政管理局关于解决商标与企业名称中若干问题的意见》《最高人民法院关于审理注册商标、企业名称与在先权利冲突的民事纠纷案件若干问题的规定》等。立法的分散给解决复杂的权利冲突带来了一定的困难，适用时需要结合案情做出梳理。

（一）将与他人注册商标相同或相近似的文字作为企业字号在相同或者类似商品上突出使用，可能使相关公众产生误认的，构成商标侵权；未突出使用但其使用足以产生市场混淆、违反公平竞争的，构成不正当竞争行为。

[1] 该裁判规则详见最高人民法院公布《2009年中国法院知识产权司法保护50件典型案例》四川滕王阁制药有限公司与四川保宁制药有限公司侵犯商标专用权纠纷上诉案，四川省高级人民法院（2009）川民终字第155号民事判决书。

《最高人民法院关于审理商标民事纠纷案件适用法律若干问题的解释》第1条第（1）项规定：将与他人注册商标相同或相近似的文字作为企业的字号在相同或类似商品上突出使用，容易使相关公众产生误认的，属于商标法第52条第（5）项规定的给他人注册商标专用权造成其他损害的行为。

依据此条规定，在后登记企业名称侵犯注册商标权需要具备以下要件：①将与他人已经获得注册的商标相同或近似的文字用作企业名称；②使用在相同或类似的商品上；③对于企业字号存在“突出使用”；④容易使相关公众产生混淆。

在以上商标侵权要件中，是否将与他人商标相同或近似的企业名称“突出使用”是划分不同冲突结果的关键因素。《最高人民法院关于当前经济形势下知识产权审判服务大局若干问题的意见》的通知（法发〔2009〕第23号）中第10条规定的划分标准是：“企业名称因突出使用而侵犯在先注册商标专用权的，依法按照商标侵权行为处理；企业名称未突出使用但其使用足以产生市场混淆、违反公平竞争的，依法按照不正当竞争处理。”

企业字号的“突出使用”实际上是企业商标的商业化使用，会导致商标意义上的混淆和误认时，司法实践中认定为对注册商标专用权的侵权。例如，在上海韦创贸易发展有限公司诉东光县花嫁喜铺婚纱摄影有限公司商标侵权纠纷一案中[1]，原告享有“花嫁”和“花嫁喜铺”文字注册商标的专用权，且经过其良好的经营，已经为公众所熟悉，具有一定的知名度。被告在明知原告对上述注册商标享有商标专用权的情况下，仍将“花嫁喜铺”登记为企业字号，并由其分支机构在相同商品、广告及经营宣传活动中突出使用，极易使相关公众产生对于商品及服务来源的误认，造成市场混淆。故被告侵犯了原告的商标专用权。[2]

相反，仅仅将与他人注册商标登记为企业字号，但属“非突出使用”时，可以依据对《反不正当竞争法》第2条诚实信用原则的违反，认定其构成不正当竞争行为。例如，在上海雪中彩影公司分公司与南京雪中彩影公司、上海雪中彩影公司商标侵权及不正当竞争纠纷上诉案中[3]。上诉人（上海雪中彩影公司分公司）将与被上诉人（南京雪中彩影公司、上海雪中彩影公司）已经有一定知名度的注册商标相同的文字登记成自己的企业名称，并在其招牌及广告宣传中使用，虽然该种适用并不是“突出”的，但上诉人的行为客观上容易造成消费者

---

[1] 参见上海韦创贸易发展有限公司诉东光县花嫁喜铺婚纱摄影有限公司商标侵权纠纷案，上海市黄浦区人民法院（2005）黄民三（知）初字第25号民事判决书。

[2] 相似案例：王美燕与广东中凯文化发展有限公司侵犯商标专用权纠纷上诉案，浙江省高级人民法院（2009）浙知终字第98号民事判决书。

[3] 详见《最高人民法院公报》2006年第5期（总第115期）。

的误认和混淆，违反了诚实信用原则，侵犯了被上诉人的竞争利益，构成了不正当竞争。[1]

（二）恶意将他人已有一定知名度的企业名称作为注册商标，足以造成市场混淆的，构成不正当竞争行为。

注册商标权和企业名称权是两类平等受法律保护的合法权益，将他人在先登记的企业名称作为商标注册使用，也会造成复杂的权利冲突问题。

依据《反不正当竞争法》第5条第（3）项“擅自使用他人的企业名称或者姓名，引人误认为是他人的商品……”构成不正当竞争行为。《最高人民法院关于审理不正当竞争民事案件应用法律若干问题的解释》将该条中的“企业名称”解释为“具有一定的市场知名度、为相关公众所知悉的企业的字号”。因而，认定构成不正当竞争，要求先登记的企业名称具有知名度且侵权主体存在主观恶意，故意造成市场混淆，这种判断需要结合具体的案情。[2]

例如，在张华南诉上海海阔天空大酒店有限公司侵犯商标专用权一案中，原告于2002年6月21日取得“海阔天空”商标专有权，被告早在2000年3月就将“海阔天空”四个字作为企业名称进行了工商登记。从时间上，企业名称权的获得先于注册商标专用权。法院审理后认为，被告在其正常经营活动中对于“海阔天空”名称的使用是正当的，并无主观上的恶意。更由于原告未在被告住所地设立营业场所，客观上也无造成相关公众产生混淆的可能。据此判定被告不构成不正当竞争，判决驳回原告诉讼请求。

（评析人：肖月）

【附　录】

一审案号：上海市黄浦区人民法院（原上海市卢湾区人民法院）（2010）卢民三（知）初字第9号

二审案号：上海市第一中级人民法院（2010）沪一中民五（知）终字第86号

---

❶ 相似案例：最高人民法院公布《2008年100件全国知识产权司法保护典型案例》，金湖世纪华联超市连锁有限公司与华联超市股份有限公司等擅自使用他人企业名称及其他不正当竞争纠纷上诉案，上海市高级人民法院（2008）沪高民三（知）终字第111号民事判决书。

❷ 相似案例：最高人民法院公布《2010年50件全国知识产权司法保护典型案例》广东伟雄集团有限公司、佛山市高明区正野电器实业有限公司、广东正野电器有限公司诉佛山市顺德区正野电器有限公司、佛山市顺德区光大企业集团有限公司不正当竞争纠纷案，最高人民法院（2008）民提字第36号民事判决书。

钰冠(上海)商贸有限公司与上海科仁实业有限公司、上海莱德商务咨询有限公司商标转让合同纠纷案

【提　示】

商标注册人与不同受让人就同一商标重复签订的商标转让合同，均合法有效，可综合考虑合同签订时间、履行状况等因素，酌情确定商标权属。

【案　情】

原告：钰冠（上海）商贸有限公司（以下简称“钰冠公司”）

被告：上海科仁实业有限公司（以下简称“科仁公司”）

第三人：上海莱德商务咨询有限公司（以下简称“莱德公司”）

法院经审理查明，原告成立于2009年7月23日，经营范围为“化妆品、工艺品（文物除外）、服装服饰的批发、进出口、佣金代理（拍卖除外），并提供相关的配套服务”。被告科仁公司系第1504289号“克莱尔”图文商标注册人，核定使用商品为第3类，包括“口红、化妆品、防皱霜、香水、指甲油、增白霜、化妆笔、美容面膜、眼影膏、胭脂”。第三人上海莱德商务咨询有限公司成立于2003年1月10日，经营范围为“商务咨询、投资咨询、企业管理咨询、会务服务、展览展示服务（除举办展览展示会）、商场调研策划、企业形象策划。”

2009年11月11日，原告、被告签订《商标转让合同》一份，约定：被告

将其拥有的涉案商标转让给原告，转让价格为15万元，转让程序中发生的转让费和代理费用由原告负责；任何一方违约应赔偿给对方造成的损失；双方同意在本协议签订后，出让方交付同意转让“转让商标”声明公证的当日受让人向出让人以银行本票方式支付商标“转让价格”完成，即15万元；出让方交付同意转让“转让商标”声明公证的当日将商标注册证原件交付给受让人；合同于三方当事人授权代表签字并加盖公章的当日生效，如出让人单方反悔不同意转让，则出让人承担双倍返还受让人支付的“转让价格”，即30万元；出让人在此陈述并保证以其所知和了解，没有任何其他人、企业在使用上述商标，并且出让人之前也从未与任何第三方签订过任何协议、合同或给予任何许可、转让和进行过任何其他安排和交易从而使该第三方获得使用上述商标的权利。合同签订后，被告未按约交付“转让商标”声明公证，原告亦未支付转让费用。2010年7月30日，被告委托律师致函原告，称因原告、被告均未积极履行转让手续，导致合同未实际履行，合同自即日起解除。

2009年11月30日，第三人向国家工商行政管理总局商标局（以下简称“商标局”）申请转让涉案商标，2011年1月7日，商标局向第三人出具《转让申请不予核准通知书》，载明因涉案商标已被上海市黄浦区人民法院查封，故对转让申请不予核准。

庭审中，被告提交其与第三人于2010年11月4日签订的《注册商标转让合同》一份及相关收据6张，约定：被告同意将涉案商标转让给第三人，转让费用为15万元，合同签订后7日内以现金方式支付定金5万元，余款于核准商标转让后7日内以银行转账方式支付。收据载明日期为2009年11月12日，交款单位为第三人，收款内容为商标转让定金，金额总计5万元。

原告诉称，原告、被告于2009年11月11日签订商标转让合同，约定被告向原告转让“克莱尔”图文商标。合同签订后，被告又与第三人签订了针对涉案商标的转让合同，被告的行为侵害了原告的合法权益，故诉至法院，请求判令被告履行合同，将涉案商标转让至原告名下。

被告辩称，原告、被告签订的是附生效条件的合同，合同约定需要进行转让声明公证，因原告未办理公证，故合同尚未生效。鉴于第三人已向其支付转让费，愿将涉案商标转让给第三人，请求驳回原告诉请。

第三人述称，被告与第三人于2009年11月4日签订商标转让合同，涉案商标已向商标局申请变更登记。被告与第三人的合同签订、履行均先，请求判令被告继续履行合同，将涉案商标转让至第三人名下。

另外，原告及第三人也分别表示，坚持要求被告继续履行合同，对于因被告原因致使合同无法履行而产生的违约责任另案主张。被告庭审中表示，愿意与第三人继续履行合同，同时在本案中不提出要求原告支付涉案商标转让款的反诉请求。

【审　判】

法院经审理认为，涉案合同系当事人的真实意思表示，合法有效，各方均应恪守履行。根据原告、被告的合同约定，被告负有先行办理有关公证的义务，而被告至今尚未办理，其行为已构成违约，应当承担相应的违约责任。

鉴于被告仍是涉案商标的持有人，故涉案合同仍有继续履行的可行性，原告要求被告继续履行《商标转让合同》，于法有据。本案中，第三人也向法院提交了其与被告签订的《注册商标转让合同》，并要求被告继续履行合同，对此，法院认为，被告就同一标的物与原告和第三人分别签订转让合同的行为，严重违反了诚实信用原则，应当予以制止。鉴于本案所涉标的物为特定的注册商标，被告客观上无法同时履行该两份合同，法院将结合本案事实，综合予以考量。首先，原告、被告之间的合同订立于 2009 年 11 月 11 日，被告提交的其与第三人签订的《注册商标转让合同》载明的订立日期为 2010 年 11 月 4 日，被告辩称日期系笔误，实为 2009 年 11 月 4 日。虽第三人确曾于 2009 年 11 月 30 日以申请人名义提交了转让申请，但尚不能证明其合同签订于原、被告的合同之前，且收据载明的日期也在《商标转让合同》记载日期之后，故被告的辩称缺乏证据支持。结合原告、被告合同中被告有关未与任何第三方签订转让协议的承诺，法院可以推定原告、被告之间的转让合同签订在先。其次，本案所涉标的物系注册商标，注册商标的基本功能就是为了区分商品或服务的来源。就本案而言，原告的经营范围包含了涉案商标核定使用的商品类别，第三人的经营范围与涉案商标核定使用的商品类别相差较大。因此，相较而言，原告更具实际使用该注册商标的意图及可能性。涉案商标由原告受让及使用可以更好地发挥商标识别商品来源的作用，有利于鼓励商标使用，激活商标资源，故被告应当继续履行与原告签订的商标转让合同。第三人与被告之间的商标转让合同已无实际履行可能，第三人可要求被告承担赔偿损失的违约责任，鉴于第三人明确表示另案主张，故本案不予处理。此外，由于被告明确表示在本案中不主张商标转让费，故本案对此亦不予处理。据此，判决被告于判决生效之日起 30 日内协助原告办理涉案商标的商标注册人变更手续；对第三人的诉讼请求不予支持。

一审宣判后，被告及第三人不服一审判决，提出上诉，二审期间均予撤回，一审判决生效。

【法官评析】

一、注册商标转让合同的效力与商标权属的关系❶

商标转让合同是指出让人将商标权属转移给受让人，受让人支付一定对价的合同。商标转让合同以商标为标的，本质上仍是一种买卖行为，以转移商标权属为目的，因此，物权变动的基本原则同样适用于商标转让。我国《商标法》第42条规定，转让注册商标的，转让人和受让人应当签订转让协议，并共同向商标局提出申请。受让人应当保证使用该注册商标的商品质量。转让注册商标经核准后，予以公告。受让人自公告之日起享有商标专用权。该条规定的含义非常明确，即注册商标权属的转移自商标局公告之日起发生效力。那么，商标转让合同的效力又应当如何界定，商标转让合同与商标权属转移之间的关系又如何呢？

我国民法体系秉承了大陆法系的结构，对物权与债权的区分泾渭分明。在具体的法律制度中，将以权利变动为目的的债权合同的成立和作为合同标的物的权属变动本身视为两个既相互关联又相互独立的法律事实。❷ 物权变动是债权合同这一法律行为结合交付或登记行为这一民事法律事实构成的法律效果。❸ 从逻辑关系上出发，必须先有生效的债权合同，才会基于合同的履行而产生物权变动的法律效果。因此，不发生物权变动的法律效果，并不能在逻辑上推导出债权合同不发生效力的结论。我国《物权法》第14条、第15条规定，不动产物权的设立、变更、转让和消灭，自记载于不动产登记簿时发生效力。当事人之间订立有关设立、变更、转让和消灭不动产物权的合同，除法律另有规定或合同另有约定外，自合同成立时生效；未办理物权登记的，不影响合同效力。

具体至商标转让合同，商标转让合同与商标权的转移亦分属不同法律阶段，商标转让合同的生效是商标权利实际发生转移的前提，商标转移是商标转让合同履行的结果。但是商标转让合同的生效尚不足以直接导致商标权利的转移，商标权利自商标局公告之日起转移。同时，对商标转让合同效力的审查应根据合同效力审查的一般原则，从主体是否具有相应的缔约能力、意思表示是否真实以及是

---

❶ 鉴于《商标法》对商标转移生效要件的规定仅适用于注册商标，对于未注册商标的转让未作特别规定，因此，本文所论及的“商标”均指注册商标，不及于未注册商标，特此说明，下不累述。

❷ 曲天明．注册商标转让合同效力与商标权属变动的关系研究——由“老榆树”商标转让纠纷引发的思考［J］．青岛科技大学学报（社会科学版），2011，27（4）．

❸ 王轶．物权变动论［M］．北京：中国人民大学出版社，2001：206－207．

否违反法律或社会公共利益三方面予以考察[1]。如果合同符合前述三要件的要求，则属于合法有效的合同，对双方当事人均有约束力。至于合同是否能够实际得以履行，权利变动是否能够顺利发生，则在所不问。《商标法》对商标转让合同的生效时间并无特别规定，在双方当事人另无约定的情况下，商标转让合同通常应依照《合同法》第 44 条第 1 款的规定，自成立时起即发生法律效力。

本案中，被告分别与原告及第三人签订了两份商标转让合同，该两份商标转让合同均系合同双方当事人的真实意思表示，也不违反法律法规的强制性规定，故均为有效合同，自成立之日起发生法律效力。

二、注册商标重复转让时的权属判定

商标权利人重复转让商标而形成的商标转让合同由于均系当事人的真实意思表示，均为有效合同，对当事人均有约束力。当然，依据《合同法》的规定，商标权利人故意隐瞒已与他人签订转让合同的事实而与在后受让人签订转让合同，在后受让人可以欺诈为由请求撤销合同，但是否行使撤销权，则依赖于在后受让人的意思自治。若在先受让人可以举证证明出让人与在后受让人系恶意串通，损害其利益，亦可以主张在后的商标转让合同无效。

由于商标的唯一性，商标转让合同不可能全部得以履行，如果某一受让人已经获得商标局的公告，则商标所有权自公告之日起即转移至该受让人。根据物权优于债权原则，其他受让人再无取得商标的可能，其只能依据合同向出让人主张合同约定的违约责任。如果商标权尚未转移，则商标转让合同的继续履行尚有可能，根据《合同法》第 107 条规定，当事人一方不履行合同义务或者履行合同义务不符合约定的，应当承担继续履行、采取补救措施或者赔偿损失等违约责任。各受让人依据各自的商标转让合同均享有请求出让人继续履行合同的债权请求权。依据债权平等原则，在先受让人并无法定的优先权，故在多名受让人均请求出让人继续履行合同，转移商标所有权的情况下，法院不能简单支持在先受让人的履行请求，也不能单纯考虑出让人的意愿，而应依照"诚实信用"及"物尽其用"原则，综合考虑合同签订的时间、合同履行的状况等因素，酌情予以确定。

第一，从诚实信用原则来看。诚信原则要求当事人言而有信、善意告知、不损害对方利益及权利义务公平合理。诚信原则是形式正义与实质正义的平衡器，故被称为"帝王规则"，当事人诚信与否必须通过其行为表现进行评判。本案

---

[1] 韩世远．合同法总论［M］．北京：法律出版社，2004：177－184．

中，被告就同一个商标分别与原告、第三人签订转让合同，被告的行为导致其必然对某一方违约，被告的这种行为严重违反了诚信原则，对合同相对方的交易安全及合同利益造成损害。此时，如果再让违背诚实信用原则的一方自由选择履行合同的对象，看似充分尊重了契约自治原则，实则等于变相鼓励背信弃义，不仅不利于倡导正确的价值取向，也有悖实质公平，故法院对被告自愿与第三人履行商标转让合同的主张未予采纳，作出了正确的判断。

第二，从物尽其用原则来看。本案的特殊之处在于涉案标的物系注册商标。商标是商品（或服务）的提供者将自己的商品与他人提供的同种或类似商品相区别而使用的标记，其基本功能在于区分商品来源。从商标法的立法目的来看，首先是保护消费者可根据商标识别商品或服务以免受商业欺诈，其次是通过保护经营者的良好商业信誉，从而促使经营者努力改进商品质量或提高服务水平。因此，本着“物尽其用”的精神，如将商标直接用于商品或服务可以最大限度地发挥商标的识别功能，有利于鼓励商标使用，激活商标资源，并使商标的市场价值得到最有效的体现。以本案为例，原告的经营范围涉及化妆品等，包括涉案商标核定使用的商品类别，其受让商标并直接使用于商品的目的明确；而第三人的经营范围则限于商务咨询、会务服务、商场调研策划等领域，与涉案商标核定类别差异明显，其受让商标后直接将该商标使用于商品的可能性较小，只能将之束之高阁或另行转让牟利，难以发挥商标的识别作用。本案中，让原告受让商标可通过其市场经营充分发挥商标的识别功能，体现商标所蕴含的商誉，符合商标立法的价值取向。

第三，从合同签订及履行来看。原告、被告之间的合同订立于2009年11月11日，根据合同约定，原告支付转让费的前提是被告向原告交付有关同意转让涉案商标声明公证，故被告负有先行办理有关公证的义务。虽然合同未就被告交付声明公证的期限予以约定，但被告应当在合理期限内履行自己的合同义务，而被告至诉讼时尚未向原告履行上述合同义务，显已超出合理期限，被告的行为已构成违约，原告、被告之间的合同尚未履行的原因可归咎于被告。再反观被告提交的其与第三人签订的《注册商标转让合同》，该合同上载明的订立日期为2010年11月4日，被告辩称日期系笔误，实为2009年11月4日。商标定金收据载明日期则为2009年11月12日，即原告、被告签订合同的第二天。庭审中，法官结合生活常识和自由心证，认为被告的此种辩解有诸多存疑，首先，错写将来日期的笔误很少见，且基于商业习惯，企业间以现金方式交易，且不开具发票的经济往来方式亦不多见。被告与第三人之间存在恶意串通的可能性，虽第三人确曾于2009年11月30日以申请人名义向国家工商行政管理总局商标局提交了转让申请，但尚不能证明其合同签订于原告、被告的合同之前，且收据载明的日期亦在《商标转让合同》记载日期之后，商标局也在诉讼中驳回了第三人的转让申请。综合考虑前述诸多因素，法院最终判决被告应继续履行与原告之间的商标转让合同。至于被告与第三人之间的商标转让合同，鉴于合同已无实际履行之可能，第三人当然得以另案主张被告的违约责任，其合法权益也可得以保护。

（评析人：严骏、孙巾淋）

【学术评析】

根据我国《商标法》第39条的规定，我们可以得出注册商标专用人若想转让注册商标必须具备两个条件：第一是双方签订书面的转让协议，第二是受让人保证使用注册商标的商品的质量。具备这两个条件后双方共同向商标局申请核准，经商标局核准公告后受让人方可取得注册商标的专有权。这是商标转让的法定模式，但现实当中往往存在各种各样的转让注册商标的法律风险，在这里，笔者只讨论比较常见的一种类型，即一个商标两次转让。

“一个商标两次转让”的其中一种情形是商标专用人与第一受让人之间签订了一份商标转让协议，依据当事人双方的真实意思签订，合同成立，依据《合同法》的规定合同双方未约定其他条件的则合同成立时即生效。合同虽然生效，但依据《商标法》第39条的规定第一受让人并未取得商标专用权。这时，商标专用人没有与第一受让人共同向商标局申请核准公告，而是与第二受让人另行签订了一份商标转让协议，并共同向商标局提出转让申请，商标局予以核准公告，则第二受让人取得商标的专用权利。此时，第一受让人只能以合同目的无法实现而主张甲承担违约责任。犹如本案原告钰冠公司因未能与被告科仁公司共同到商标局申请核准公告，从而导致未能取得商标权，合同目的不能实现，而主张被告承担违约责任。而第三人莱德公司虽提起了商标转让的核准申请，若不因被告的注册商标被查封反而有可能被核准转让商标权。所以我们可以看出注册商标的权属转移与双方当事人之间签订的商标转让合同之间的关系。商标专用权的转让是以商标局的商标转让核准公告为准的，仅存在商标转让协议不发生商标权的转移。那商标转让协议又起到什么作用呢？商标转让协议是双方当事人的真实意思的表达，协议符合合同法规定的合同生效要件，那么双方当事人便受到合同的约束，只要出现合同目的不能实现或不能完全实现的情形，未履行合同的任何一方便要承担相应的违约责任。

一个商标两次转让的另一种情形是商标专有权人第一次转让注册商标的行为无效，虽双方到商标局核准公告但受让人并未取得商标专有权。此时受让人将该商标专有权再次转让给不知情的善意第三人。那么这个善意的第三人可否拿到商标专有权呢？让我们先引用一个案例来作分析。

青岛某有限公司诉陈某、李某商标专用权权属及商标权转让合同纠纷案。[1]在该案中，青岛某有限公司的法定代表人孔某未经公司股东大会或董事会同意，委托北京某商标事务所办理第 1725501 号注册商标转让事宜，受让人为孔某本人，商标局经审查转让申请后依法进行了公告。后来，孔某又委托代理人陈某将该注册商标有偿转让给李某，商标局经审查转让申请后依法进行了公告。在该案中，青岛某有限公司与孔某之间签订注册商标转让协议，孔某受让注册商标后，再次将受让商标转让给李某。一审、二审法院判决均认为，处分公司的财产是公司的重大事项，应经过公司股东会或董事会的决定。商标作为公司的无形资产，与公司的经营与发展有着密切的关系，商标的转让直接影响到公司的经营与发展，并影响到股东的利益，故商标的转让属于公司决策上的重大事项，应由公司股东会或董事会决定。未经公司股东会或董事会决定，擅自转让公司的注册商标的行为应当认定为无效行为。在此基础上，将受让的注册商标再行转让，再行转让注册商标的行为同样应认定为无效民事行为。由于该公司转让给孔某的第 1725501 号注册商标的行为系无效民事法律行为，故孔某再次转让第 1725501 号注册商标给李某的行为也为无效行为。

在该案中，孔某作为公司的法定代表人，擅自将公司的注册商标转让给孔某本人，其转让行为应当认定为无效的民事法律行为。因而再次转让行为也认定无效即李某的商标专有权无效，那么李某作为善意的第三人其合法权益得不到保障。我们可否将善意取得制度适用在商标权的范围，从而保护李某的合法权益呢？其中，善意取得制度是指受让人以财产所有权转移为目的，善意对价受让且占有该财产，即使出让人无转移所有权的权利，受让人仍取得其所有权。善意取得的构成要件包括：①受让人须是善意的，不知出让人没有处分权；②受让人支付了合理的对价；③转让的财产应当登记的已经登记，不需登记的已经交付受让人。从善意取得的定义以及构成要件我们可以推断出商标权具有适用善意取得制度的可行性。首先，善意取得制度的适用对象是所有权，即对物本身的直接支配并排除他人非法干涉的权利，并非物本身。而注册商标专用权的性质也是对注册商标的直接支配并排除他人非法干涉的权利。所以，注册商标专用权也符合善意

---

[1] 参见北京市第二中级人民法院（2008）二中民终字第 1064 号民事判决书。

取得制度的适用对象。其次，善意取得制度所适用范围，即所适用的权利客体既包括动产，也包括不动产，既可以是有形客体，也可以是无形客体。那么注册商标专用权的权利客体是商标，包括有形标识如文字、图形等，也包括无形标识如声音等。最后，商标权适用善意取得制度也是对商标局公信力的信赖利益的保护。所以商标专用权也符合善意取得制度的适用范围。因此我们可以得出注册商标的专用权完全可以适用善意取得制度来保护善意第三人的合法权益，并维护社会市场秩序。

然而我国《商标法》尚未规定注册商标的善意取得制度，这就使得善意第三人的利益以及市场交易安全和市场秩序无法得到保障。仅是由于该公司与孔某之间的转让合同无效，孔某不能取得注册商标专用权，故其对涉案商标不具有处分权，其对注册商标进行转让的行为属于无权处分。又由于李某基于对商标局公示行为的信赖，通过与孔某签订转让合同，善意受让涉案注册商标，并且完成了必要的公示。李某与孔某之间的商标转让行为完全符合善意取得的构成要件，但我国法律并没有规定善意取得制度可以适用于知识产权领域，善意第三人李某的利益因此未能得到有效保护。[1] 更为严重的是市场交易安全和交易秩序受到了致命的威胁。不难想象，假使在本案中，李某又再行将受让的注册商标转让给第四人，第四人又转让给第五人，依次类推，形成了多个交易环节，如果因为第一个交易环节的无效，就认定此后的所有环节的交易行为无效，会严重威胁到商标局的公信力，整个市场交易安全和交易秩序势必荡然无存。

（评析人：卜红星）

【附　录】

一审案号：上海市黄浦人民法院（2010）黄民三（知）初字第203号

二审案号：上海市第二中级人民法院（2010）沪二中民五（知）终字第48号

[1] 刘期家. 商标权的善意取得制度研究——以注册商标专用权的转让为考察视角［J］. 政治与法律，2009：134.

不正当竞争纠纷

上海纱林服饰有限公司与上海越申制衣公司不正当竞争案

【提　示】

用利诱手段获取他人设计的新颖服饰纸样及工艺制作图的行为，构成对商业秘密的侵害。

【案　情】

原告：上海纱林服饰有限公司（以下简称“纱林公司”）

被告：上海越申制衣公司（以下简称“越申公司”）

法院查明的事实，原告系生产特色抽纱钩绣女式时装等服饰的中美合资企业，其生产的钩绣女式时装在手绣、编结、钩针、盘带、珠片、蜡染等工艺的镶拼组合及其款式方面具有较强的工艺性与特色性，在国内外市场上享有一定的知名度。原告为增强其市场竞争力，对其设计的新款服饰纸样及工艺制作图采取了相应的保密措施，如在职工手册中约定职工保密义务及对职工进行保密教育等。1995 年至 1996 年，被告聘用原告样衣间工艺员朱某为其技术顾问，按月发给朱某顾问费，被告从朱某处获取了原告设计的型号为 5177－1、6082 及 5047 的服饰纸样及其工艺制作图，并依次加工生产后投放市场。其中 5177－1 型号的服饰，原告虽已设计完成，但尚未组织生产投放市场，市场上尚未有此款式的服装；6082 型号的服饰原告设计后已组织生产，但被告就该相同型号的服饰与原告同时投放市场；5047 型号的服饰原告设计后已加工生产并投放市场，被告未通过驳样等“反向工程”取得该服装的制作方法，仍通过朱某从原告处获取，被告用低于原告服饰的价格进行销售，造成原告产品滞销，原告遂请求判令被告停止对原告产品的侵权、向原告赔礼道歉、赔偿原告经济损失 50 万元及其他费用 1.2 万元。

原告诉称，被告通过原告公司样衣制作组工艺员朱某，多次取得原告尚处保密阶段的设计纸样和工艺制作图，使被告与原告得以在同时期、甚至在原告公司还未投产完工的时期，已大批量生产出与原告服饰相一致的成品，并以平均每件价格低于原告 100 多元推向市场，消费者在无法分辨产品内在质量的情况下，只根据服饰的特色拼图、钩针、绣花等外型选择被告的服饰，而使原告的产品处于滞销状态。根据《反不正当竞争法》的有关规定，被告的行为已构成了对原告商业秘密的侵害。

被告辩称，被告仅聘请原告样衣制作组人员朱某为其技术顾问，并未从朱某处取得原告的设计纸样和工艺制作图。原告诉称之型号为 5177 -1 的服饰，系被告在某展示会上所见，被告默记后制作加工；型号为 6082 的服饰，系被告在原告委托加工的加工单位所见，亦默记取得；型号为 5047 的服饰，系被告在市场上购买原告服饰后驳样获得，被告生产、销售上述服饰获利甚微或并未获利。原告并未对其设计的新服饰采取严密的保密措施，且服饰本身不存在知识产权，没有商业秘密。

【审　判】

该案在审理中，被告就其辩称内容提供不出相应证据，经法院主持调解，双方当事人自愿达成调解协议。

【法官评析】

本案涉及以下两方面法律问题。

一、原告对其设计的型号 5177 -1 及 6082 的服饰纸样及工艺制作图是否享有商业秘密的权利

长期以来服饰行业被认为没有知识产权，没有商业秘密，侵权多有发生，随着社会主义市场经济的确立与不断完善，建立与完善市场规则，保护知识产权，保障正当竞争日益显示其重要性。服饰能否作为商业秘密客体，应视服饰本身是否具有商业秘密的内涵。新颖的服饰在其纸样及工艺制作图的设计过程中包含了设计者对服饰样式等创造性的思考及对市场文化与消费观念的估测，含有智力劳动成果，这些创造性劳动理应受到尊重、受到法律保护。我国在1993年12月实施了《反不正当竞争法》，对商业秘密及其侵犯手段作了规定：商业秘密是指不为公众所知悉，能为权利人带来经济利益，具有实用性并经权利人采取保密措施的技术信息与经营信息。侵犯商业秘密的手段有盗窃、利诱、胁迫或其他不正当手段及披露、使用或者允许他人使用以前项手段获取的权利人的商业秘密，以及违反约定或者违反权利人有关保密要求，披露、使用或者允许他人使用其所掌握的商业秘密。就本案例而言，原告对其设计的型号为5047的服饰，因已上市销售，就其服饰样式及制作方法已失去秘密（原告就其服装纸样及工艺制作图仍享有著作权）。但原告对其设计的型号为5177－1及6082的服装纸样及工艺制作图拥有商业秘密的权利。因为：

（1）原告对服装纸样及工艺制作图的设计，是设计人员对服饰的行情及消费心理的审度，它包括对消费的观念、审美、时尚的心理评估，注入了设计人员的智力劳动，因此，原告的服饰纸样及工艺制作图包含有技术知识的技术方案和技术诀窍，具有相对的新颖性，原告拥有这一设计成果，在一定的时间与空间上占有竞争优势，可适时选择入市，赢得商业利润，而一旦泄密（非原告自愿），优势顿失。

（2）原告设计新颖服饰的用途是为了投放市场，占据竞争优势。从其内容和效果看，具有实用性及体现了一定的价值。但其实用性与价值是相对的，在被侵权后，它的相对性表现得更为突出，原告拥有设计成果并非意味着必然会给原告带来经济上的利益。因为市场竞争激烈，经营者的营销策略、售后服务的不同及其消费者的消费层次及价格的选择差异，所以销售结果殊难预料。对于原告所拥有的设计成果，仅表现为可能获得经济利益。一旦这一设计成果被人用不正当手段获取并加以使用，则权利人在正常的、不被侵权的情况下是否获得经济利益就成为不可知，如上述型号为5177－1的服饰。

（3）原告在一定程度上对其设计的成果采取了保密措施。对于原告所采取的保密措施，要求仅为采取一般性保密措施即可（并不排斥严密措施）。原告采取的保密措施的程度并不作为其商业秘密是否被侵权的衡量标准。这里立法的精神在于限制不正当竞争的行为，以建立良好的商业风尚。

二、被告的行为构成对原告商业秘密的侵权

从手段上看，被告通过聘任原告样衣制作组人员朱某的方式，达到了与原告设计成果的接触，违反了《反不正当竞争法》的禁止性规定。

从内容上看，被告使用了与原告设计相同的服饰。（1）原告设计的服饰虽未予使用，如型号为5177－1的服饰，但原告可视市场行情随时组织生产投放市场，具有竞争上的优势，而被告获取予以使用，使原告失去了竞争上的优势。（2）被告使用原告设计的服饰与原告同时将该型号的服饰投放市场，如型号为6082号的服饰，减弱了原告在竞争中的优势。

从目的上看，被告获取原告设计成果是为了挤占原告市场，与原告进行竞争。

从结果上看，被告的行为使原告失去了一定的市场，造成损失。

（评析人：卞爱生）

【学术评析】

本案涉及的服饰纸样属于比较特殊的侵权标的物，因此对于本案，我们想从《反不正当竞争法》与《著作权法》两个角度进行分析。

一、《反不正当竞争法》上的分析

本案的第一个争议点在于，涉案服饰纸样及工艺制作图是否构成商业秘密。关于这一点，法官评析中已经阐述的非常清楚，笔者想要补充的是，2007年1月公布的《最高人民法院关于审理不正当竞争民事案件应用法律若干问题的解释》对商业秘密的各构成要件作了进一步的界定：有关信息不为其所属领域的相关人员普遍知悉和容易获得，应当认定为“不为公众所知悉”；有关信息具有现实的或者潜在的商业价值，能为权利人带来竞争优势的，应当认定为“能为权利人带来经济利益，具有实用性”；权利人为防止信息泄露所采取的与其商业价值等具体情况相适应的合理保护措施，应当认定为“保密措施”。由此可见，涉案的服饰纸样及工艺制作图显然可以作为商业秘密予以法律保护。

本案的第二个争议点在于，被告的行为是否侵犯原告的商业秘密。根据《反不正当竞争法》《关于禁止侵犯商业秘密行为的若干规定》的规定，侵犯商业秘密行为有以下几种具体表现形式：①采取不正当手段获取商业秘密的行为；②非法披露商业秘密的行为；③非法使用商业秘密的行为；④第三人的侵权行为。

本案中，原告样衣制作组人员朱某违反保密义务的规定向被告提供商业秘密，属于非法披露商业秘密的行为。对于被告行为的认定，首先要判断被告主观上是否具有恶意。被告聘用原告样衣间工艺员朱某为被告公司的技术顾问，并按月发给朱某顾问费，该行为表明被告知道或应当知道朱某为原告的技术人员，而被告又无法对其所加工使用的服饰纸样及工艺制作图的来源进行举证，且被告的销售行为给原告造成了巨大的利益损失，使原告丧失了原本的竞争优势。因此，被告属于恶意第三人，应与工艺员朱某就侵犯原告商业秘密承担连带责任。

二、《著作权法》上的分析

（一）本案中存在争议的服饰纸样及工艺制作图能否通过《著作权法》进行保护

我国《著作权法》所保护的作品是指文学、艺术和科学领域中具有独创性并能以某种有形形式复制的智力成果。上海纱林服饰有限公司主张的服饰纸样及工艺制作图只有符合《著作权法》关于作品的规定才能享有相应的著作权。

产品设计图是产品设计人员为指导产品生产而创作的作品，产品设计图作品的著作权保护范围应当限于产品设计图所包含的体现产品的形状、结构、规格的图形化的独创性的表达方式，其独创性应当理解为只要是产品设计图的设计者独自创作并非抄袭即构成产品设计图作品，而不以是否有审美意义为构成要件。本案中，纱林公司的服饰纸样及工艺制作图为产品设计图，属于《著作权法》中明确规定的作品范畴，受到《著作权法》的保护。

（二）本案中的成衣能否成为《著作权法》上的作品

一般来说，服装的美感与使用功能是不可分离的，设计者往往在设计服装的时候考虑到其功能性，所以会导致一般服装的美感不能独立于使用功能而存在，因此在这种情况下生产出的成衣只能作为实用品，而无法作为实用艺术品受到《著作权法》的保护。反之，一旦服装的美感和使用功能是可以分离的，则很有可能被认定为《著作权法》上的作品。

王迁教授在《知识产权法教程》一书中阐述了有关实用艺术品的规则严格遵循技术方案或实用功能不受保护的原则，“只有当实用艺术品中的艺术成分能够在物理上或观念上独立于其实用功能而存在时，著作权法才对该艺术成分加以保护。”[1]物理上的分离比较好理解，观念上的分离应当如何理解理论界众说纷纭，笔者比较认同王迁的区分方法，概括起来即为“如果改动实用艺术品在艺术部分的设计，影响了实用功能的实现，则艺术成分与实用功能就是无法在观念上分离的。但如果改动了实用艺术品在艺术部分的设计，不会影响实用功能的实

[1] 王迁．知识产权法教程［M］．北京：中国人民大学出版社，2011：75.

现，则艺术成分与使用功能可以在观念上分离。”举例来说，服装上立体花朵、徽章、花边等可以与服装分离后独立存在，则属于物理上分离；服装上的刺绣、图案、褶皱、暗纹等虽然不能在物理上和服装分离，但是这些部分的设计如果发生变化并不会影响实用功能的实现，则属于观念上分离。本案中成衣不同于一般成衣的特殊之处在于，原告所生产的涉案服饰为特色抽纱钩绣女式时装，该时装在手绣、编结、钩针、盘带、珠片、蜡染等工艺的镶拼组合及款式具有较强的工艺性与特色性，既存在物理上分离的可能，又存在观念上分离的可能。因此，笔者认为本案中的成衣能够构成《著作权法》上的作品，应当受到《著作权法》的保护。

综上分析，笔者认为，虽然涉案的服饰纸样及工艺制作图属于《著作权法》上的作品，但是对根据设计图加工而成的服装是否构成著作权法意义上的作品还很难界定，在学术界也有一定的争议。从另一个角度讲，通过《反不正当竞争法》保护有助于最大化地保护权利人的利益，并与原告的初衷相吻合。

（评析人：孙航）

【附　录】

案号：上海市黄浦区人民法院（1996）黄经初字第614号

上海合家购物有限公司与程瑞、上海涤兰贸易有限公司、臧丽娜、上海优诗美购邮购有限公司侵犯商业秘密案

【提　示】

仿冒知名商品特有包装、装潢的认定。

【案　情】

原告：上海合家购物有限公司（以下简称“合家公司”）
被告：程　瑞
被告：上海涤兰贸易有限公司（以下简称“涤兰公司”）
被告：臧丽娜
被告：上海优诗美购邮购有限公司（以下简称“优诗美公司”）

法院查明的事实，原告成立于1997年4月，经营范围为百货零售、工艺美术品销售以及相关的各类邮购业务等。2001年11月13日，原告与被告程瑞签订《聘用合同》，约定期限自2001年9月1日起至2003年2月11日。2003年3月18日，双方将《聘用合同》续订至2005年2月11日。《聘用合同》第2条明确被告程瑞任原告公司采购部门的贸易经理。《聘用合同》第6条规定原告的商业、事务、员工、客户等信息，包括但不限于如：客户、供应商、电视台名单、详细

资料、贸易机密、销售市场信息、员工信息、财务经济、预算信息等都为公司的机密信息；此类机密信息是原告的专有财产，无论在原告的聘用期或结束与原告的聘用后，雇员不得在未征得原告事先书面同意的情况下，间接或直接地将此类机密信息透露给任何其他人员，或利用此类信息，除非是在原告特定的职责要求下；保密义务应自合同成立之日起至合同解除后 2 年内保持有效。《聘用合同》第 9 条规定原告公开的人事政策、员工手册以及其他内部规定，视为合同的一部分。原告《员工手册》中的采购部行为规范则规定员工必须保守公司机密和公司及其活动有关的专有信息，包括公司的商业信息和由客户、供应商提供或其他保密条件下提供的资料。2004 年 4 月 5 日，原告以违反公司纪律和劳动合同为由，将被告程瑞开除。

2003 年 8 月 5 日、6 日、7 日及 11 月 18 日，被告程瑞利用其工作电脑向收件人为 ellenn@ 21cn. com 的邮址发送了原告的《每日收货和收货单报告》3 份以及《目录产品》《样品仓库出库清单》《内部物品信用单》各 1 份。《每日收货和收货单报告》涉及供应商名称、商品种类、收货数量等；《目录产品》涉及产品名称、成本、数量等。被告程瑞在原告单位工作期间，其所使用电脑设有密码，该密码仅为被告程瑞一人知晓。原告公司邮件服务器采用 Mdaemon 软件，具有假地址检测功能、发送邮件认证功能、NT 用户账号集成功能等。

被告涤兰公司成立于 2002 年 10 月，经营范围为包括材料、工艺礼品、日用百货、办公用品、家用电脑、服饰服装、快递服务等，法定代表人为臧丽娜。被告臧丽娜的名片信息为涤兰（上海）贸易有限公司客户经理臧丽娜、电子信箱为 ellenn@ 21cn. com。

被告优诗美公司成立于 2003 年 11 月，经营范围为商品、服装鞋帽、钟表等，法定代表人为陈文村。赵芳和罗蕾系原告会员，但在 2004 年分别收到被告优诗美公司所寄《自由风尚》印刷品。

2004 年 8 月 20 日，原告向上海市公证处提出证据保全申请。同年 8 月 25 日，在公证人员的监督下，原告技术人员当场提交电脑硬盘 1 个并安装在公证处电脑上，通过该电脑将该硬盘的第二逻辑分区中“Exchange”文件夹中相关数据备份刻录至光盘中，并封存了光盘。

原告合家公司诉称，被告程瑞原任原告采购部贸易经理，2004 年 3 月，原告发现被告程瑞通过电子邮件 3 次将原告的商业秘密《每日收货和收货单报告》发送给被告涤兰公司的法定代表人被告臧丽娜，程瑞还将原告的《目录产品》《样品出库清单》和《内部物品借用单》通过电子邮件发送给被告臧丽娜。两人共同设立被告优诗美公司，且原告的客户名单已被两人窃取，并由被告涤兰公司、优诗美公司使用。被告程瑞的行为严重违反了《员工手册》和双方签订的《聘用合同》的约定，后被告程瑞被原告开除。现原告向本院提起诉讼，请求法院判令四被告支付原告赔偿金100万元；不得继续占有或使用原告的商业秘密，并应在原告监督下销毁窃取的全部商业秘密。

四被告辩称，原告不能证明电子邮件确为被告程瑞所发，也无法证明该电脑中的内容未被修改以及这些邮件就是通过其系统收发的。原告未能提供其拥有40万个客户名单的证据，被告程瑞未接触“客户名单”，不可能窃取原告的客户名单。被告涤兰公司、被告臧丽娜也不可能窃取原告的客户名单。被告优诗美公司不是其他几名被告设立的，和其他被告也不具有共同故意，不应成为本案被告，因此，四被告不构成侵权。原告声称损失上亿元，是将营业费用、财务费用、管理费用等全部计入，这是开发成本，而非实际损失。

【审　判】

本案的争议焦点在于。

一、原告提供的电子邮件是否真实有效

（2003）沪证经字第12248号公证书表明原告工作人员是在公证人员的监督下，将原告公司的一个电脑硬盘安装至上海市公证处的电脑上，然后将相关内容刻录至光盘的。该公证书虽不能直接证明原告提供的电脑硬盘就是被告程瑞曾经使用的，但结合证人王智旻和原告法定代表人的当庭陈述以及本案实情，在被告未提供相反证据的情况下，本院认定原告提供给公证机关进行保全的电脑硬盘即被告程瑞曾使用。至于电子邮件是否被修改，证人王智旻的证词已十分清楚地表明对被告程瑞电脑修改的可能性非常小，因为原告电脑具有假地址检测功能，可以防止接收他人利用虚假地址所发送的邮件；发送邮件认证功能，该功能具有本地用户发送认证机制，可以防止他人冒用原告员工的邮址，保证所发邮件出自本人邮址；NT用户账号集成功能，即用户登录认证与网络系统完全无缝集成，提供管理员便捷的账号管理。而且，原告为每位员工安排一个个人系统用户名和密码，只有在用户名和密码一致的情况下，才能发送邮件；而电脑密码只有电脑使用人本人知晓，对于被告程瑞电脑具有上述功能，程瑞未提出异议，亦未提供电脑数据被修改或者电子邮件是通过其他服务器收发的证据。因此，本院确信涉案电子邮件未被修改。上述电子邮件系电子计算机储存的数据和资料，对其证明力，本院予以确认。至于证人王智旻证词的效力，王智旻虽为原告职工，但王智旻的证词并非孤证，可以与其他证据相印证，且王智旻的证词是经过当庭质证形

成的，具有较高的可信度。因此，证人王智旻的证词，本院予以采信。

二、原告对《每日收货和收货单报告》《目录产品》等信息和客户名单是否享有商业秘密

商业秘密是指不为公众所知晓，能为权利人带来经济利益、具有实用性并经权利人采取保密措施的技术信息和经营信息。原告的《每日收货和收货单报告》含有供应商名称、商品种类以及收货数量；《目录产品》含有产品名称、成本及数量。上述信息反映了原告的进货渠道、商品种类及销售情况，系原告公司的内部经营信息，不为公众所知晓，并且能为原告带来经济上的利益，具有实用性。原告将上述信息储存于电脑中，设置了电脑密码。被告程瑞与原告签订的聘用合同规定客户、供应商、贸易机密、销售市场信息等均为原告的商业秘密，且在原告的《员工手册》中也规定了员工的保密义务，故应认定原告已采取了合理有效的保密措施。因此，原告的《每日收货和收货单报告》《目录产品》等信息符合商业秘密的构成要件，应认定为原告的商业秘密。关于原告称其拥有 40 万个客户名单的意见，因在庭审中原告仅提供了从其电脑中下载的两个客户的资料，故不足以证明其拥有 40 万个客户名单。

三、四被告是否侵害了原告的商业秘密

被告程瑞在原告单位工作期间担任贸易部门经理，其职权范围涉及《每日收货和收货单报告》《目录产品》等经营信息，根据有关保密条款，其对上述经营信息负有保密义务。然而，被告程瑞违反规定，以发送电子邮件方式向被告涤兰公司披露了上述经营信息，其行为构成了对原告商业秘密的侵害。被告涤兰公司系一家和原告具有竞争关系的公司，其在明知被告程瑞通过非法行为披露原告商业秘密的情况下，仍予以获取，其行为也构成对原告商业秘密的侵害。由于被告臧丽娜系被告涤兰公司的法定代表人，其对外的行为应认定为公司的行为，且被告臧丽娜的名片也表明其邮箱地址是以公司的名义对外，因此，被告臧丽娜作为自然人不应再承担侵权民事责任。关于原告要求四被告承担侵害原告客户名单商业秘密的诉讼请求，虽然被告优诗美公司在其邮寄的《自由风尚》印刷品中有两名客户的姓名和地址与原告的相同，但由于被告程瑞在原告公司工作期间担任的职务是采购部门的贸易经理，其职权范围不涉及公司客户名单，被告程瑞不具备和原告客户名单接触的条件，故本院难以认定被告优诗美公司实施了对原告客户名单的侵害。而且，原告也未能证实其拥有 40 万个客户名单的商业秘密，因此，原告的此项诉讼请求，本院不予支持。

四、原告要求四被告赔偿100万元人民币是否有法律依据

经营者违反《反不正当竞争法》的规定，给被侵害的经营者造成损害的，应当承担损害赔偿责任，被侵害的经营者的损失难以计算的，赔偿额为侵权人在侵权期间因侵权所获得的利润；并应当承担被侵害的经营者因调查该经营者侵害其合法权益的不正当竞争行为所支出的合理费用。因本案原告仅提供了会计师事务所出具的原告2003年度《审计报告》，然而该报告只是对原告2003年的营业费用、财务费用、管理费用进行了审计，这些费用并不等于原告因被告的侵权行为而遭受的实际损失。因此，原告的此份证据，本院不予采信，原告要求赔偿100万元的诉讼请求，缺乏事实和法律依据。本院将根据被告实施侵权行为的情节、主观过错程度、原告因侵权所受到的损害等酌情确定。

据此，依法判决：被告程瑞、被告上海涤兰贸易有限公司停止对原告公司拥有的《每日收货和收货单报告》《目录产品》经营信息的侵害；被告程瑞赔偿原告经济损失2万元，被告上海涤兰贸易有限公司赔偿原告经济损失1.5万元，上述两被告对赔偿额相互承担连带责任。

【法官评析】

本案的审理主要涉及电子邮件作为证据的可采性及认定商业秘密侵权的规则。

一、电子邮件作为证据的效力

电子邮件作为一种新的证据形式，被越来越多的当事人作为证据，而且是主要证据提交法院。本案正是一起典型的将电子邮件作为证据定案的案例。法院在审理此类案件时，首先应当确定电子邮件的证据属性，是书证还是物证，抑或是一种独立的证据类型。电子邮件是电子计算机储存的信息，属视听资料类，按《最高人民法院关于民事诉讼证据的若干规定》的规定，视听资料应是一种独立的证据类型。《最高人民法院关于民事诉讼证据的若干规定》第69条规定存有疑点的视听资料不能单独作为认定案件事实的依据；第70条规定一方当事人提出的有其他证据佐证并依合法手段取得的、无疑点的视听资料或者与视听资料核对无误的复制件，对方当事人提出异议，但没有足以反驳的相反证据的，人民法院应当确认其证明力。由此可见，视听资料要具有完全证明力必须具备两个条件，一是无疑点，二是有其他证据佐证。本案中，由于原告提供的储存电子邮件的光盘是在公证人员的监督下，将被告使用过的电脑硬盘安装至上海市公证处的电脑上，然后将相关内容刻录至光盘的，因此，该光盘不存在疑点。虽然被告提出异议，认为电子邮件有可能被修改，但未提供任何证据。同时，原告的电脑管理人员证人王智旻当庭作证，对有关被告程瑞的电子邮件及原告的电脑功能作了详尽的说明，该证词可以和上述光盘相互印证，因此，原告提供的电子邮件被法院采信，作为定案依据。

二、商业秘密的认定规则

在商业秘密侵权案件的审理中，首先应当确定原告所称的技术信息和经营信息是否构成商业秘密，然后再判断被告的行为是否构成侵权。对于是否构成商业秘密，根据《反不正当竞争法》的规定，应符合以下三个要件：①不为公众所知悉，即秘密性；②能为权利人带来经济利益，即价值性；③经权利人采取保密措施，即保密性。对于被告是否构成侵权，通常有两种情况，第一种是被告直接实施了《反不正当竞争法》第10条所列举的侵权行为，即盗窃、利诱、胁迫或者其他不正当手段获取的权利人的商业秘密；违反约定或者违反权利人有关保守商业秘密的要求，披露、使用或者允许他人使用其所掌握的商业秘密的行为；第二种是原告举证证明被告接触了原告所掌握的商业秘密以及被告使用的商业秘密又与原告的商业秘密相同或者实质相同，在此情况下，根据“接触加相似”原则，可以推定被告是以违法手段获取了商业秘密。本案中，原告的《每日收货和收货单报告》《目录产品》等经营信息完全符合商业秘密构成要件，因此，被法院认定为商业秘密。原告所举证据表明被告是直接以发送电子邮件的方式违法获取了商业秘密，因此，被告直接构成侵权。原告所控的另一项商业秘密即客户名单，由于原告未能提供40万个客户名单的载体及商业秘密的具体内容，因此，原告首先未能证明其拥有商业秘密；其次，由于被告的工作职责和原告的客户名单无关，原告也未能证明被告接触了原告的客户名单，因此，即使原告已证明被告所使用的客户名单与原告的相同，被告也不构成对原告商业秘密的侵权，原告的此项起诉，未获法院支持。

（评析人：钱光文）

【学术评析】

本案中，关于商业秘密的认定规则以及被告是否侵犯了商业秘密等情形，在法院判决书与法官评析中已经有了详细阐述。由于本案审判在2012年新《民事诉讼法》修改之前，而此次《民事诉讼法》正式明确将“电子数据”规定为法定证据种类之一，电子证据在诉讼中取得了合法地位。因此，笔者重点针对本案涉及的第一个争议焦点——“电子邮件作为证据”的情形进行评述。

在新《民事诉讼法》修改之前，电子证据在法律上究竟该如何定位是存在一定争论的。主流观点认为，电子证据属于视听资料的一种表现形式；另一种观点认为，电子证据应作为书证、物证、混合证据等来对待。本案中，法院显然采用的是前一种观点，即将涉案电子邮件归为视听资料。法院通过引用视听资料作为证据的判定标准，以《最高人民法院关于民事诉讼证据的若干规定》第69条、第70条进行证明，判定涉案电子邮件的真实性、有效性，并为定案依据。笔者认为，在立法尚未明确电子证据的定位时，法官将电子邮件归类为视听资料的做法是合情合理的。

鉴于电子证据在诸多方面表现出来的特殊性，新《民事诉讼法》将电子证据作为一种证据形式进行了单列——电子数据。在电子数据纳入证据类型后，视听资料中的电子计算机记录应为电子数据所包含，剩余的录音、录像部分则归属于书证。对电子数据的归类也应按照其不同的形式将其分别纳入到书证、物证及人证中。这样能使证据分类统一分类标准，使法律体系更加完善，使新型证据能够融入到法律体系中去，减少证据法律制度的不稳定性。

显然，根据新《民事诉讼法》对于证据分类的规定，本案中的电子邮件属于电子数据。下面，笔者将对本案争议焦点之一的“涉案电子邮件是否能够作为定案依据”进行探讨。

一、对电子证据原件的识别

诉讼中应当提交证据原件。电子证据的原件包括最初生成的电子数据本身以及固定该电子数据的存储介质。本案中，被告所使用过的电脑硬盘便是固定电子邮件的存储介质，该硬盘上的电子数据便是原件。

二、对电子数据完整性的认定

完整性是判定电子数据证明力的一项特殊指标，这在传统证据中是不存在的。所谓完整性，是要求电子证据本身必须保持生成时的状态，没有进行过任何的添加、删除等影响电子证据证明力的修改。

那么，涉案的电子邮件是否满足以上两点对电子数据证明力的相关规定呢？

本案中，原告所提供的载有电子邮件的光盘是在公证人员的监督下，由原告技术人员当场将电脑硬盘提交并安装在公证处的电脑上，随后将硬盘中的相关数据提取备份并刻录至光盘中。整个取证过程均在公证处的电脑上完成。被告对此却提出了相关异议，认为非原件的刻录光盘中的数据存在被修改的可能。那么，究竟该如何理解“诉讼中应提交证据原件”呢？

笔者认为，在诉讼过程中的证据环节，电子数据的原始载体本身对于案件事实的证明毫无意义，真正起到证明事实作用的是将其通过转换而形成的可识别形式，如果一味地强调原件的概念，那么这种转换形式将被作为复制件对待。由此带来的后果将会使电子数据的证明力被大大削弱。联合国国际贸易法委员会在《电子商务示范法》中提出了“功能等同法”这一概念，即将具有最终完整性和可用性等功能的电子复本规定为原件，只要数据电文确实起到了在“功能上等同或基本等同”于书面原件的效果，便可视为一种合法有效的原件，就能满足证据法对原件的要求。我国学者也曾提出，电子证据原件是指最初生成的电子数据及其首先固定所在的各种存储介质，也包括如下电子复本：“……（4）经过公证机关有效公证、不利方当事人提供不出反证推翻的电子复本；……”❶

由此可见，本案中作为证据的光盘不存在任何疑点，且该光盘上的电子邮件虽然属于电子复本，但经公证后起到了与原件等同的性质。至于被告对电子数据完整性的质疑，由于被告未能提供任何有关电子邮件可能被修改的证据，且原告的电脑管理人员详细说明了对被告所用电脑修改的可能性非常小，证人证言与上述电子数据相互印证。由此可见，本案中原告提供的电子邮件完全能够作为定案依据为法院所采信。

（评析人：孙航）

【附　录】

案号：上海市黄浦区人民法院（2004）黄民三（知）初字第44号

❶ 刘品新．论电子证据的原件理论［J］．西北大学学报，2009（5）：125．

上海江崎格力高食品有限公司与上海康业炒货食品有限公司不正当竞争纠纷案

【提　示】

仿冒知名商品特有包装、装潢的认定问题。

【案　情】

原告：上海江崎格力高食品有限公司（以下简称“格力高公司”）

被告：上海康业炒货食品有限公司（以下简称“康业公司”）

法院查明的事实，原告成立于1999年8月12日，系外商独资企业，经营范围为生产焙烤食品、糖果、巧克力、方便食品等。原告的“百力滋”饼干有白脱味、微辣比萨味、色拉味等品种。原告于2001年2月委托上海和气包装有限公司印制了涉案三个“百力滋”产品的包装盒，并在上海市及江苏省、浙江省、广东省等地，通过电视等媒体为上述“百力滋”产品投入大量广告宣传。《上海商情》杂志反映2004年原告的饼干销售额市场占有率为9.8%，排位上海市第二。

被告成立于1999年3月16日，经营范围为干果炒货、糖果及食品，农副产品收购。2004年3月，增加了糕点（饼干）的经营范围。被控侵权的被告康业公司的“特滋漫”饼干商品包装、装潢有3个品种与上述原告产品对应，分别是白脱味、微辣鲜虾味、番茄味。

经比对，被告上述3个品种的包装与原告上述3个品种的包装相同。原告、被告的白脱味产品装潢相比对，两者存在一些差别，但共同之处在于色彩基本相同，均印有椭圆形内置标识的图案，原告的椭圆形为是汉字和英文商标，被告的是汉语拼音标识；均印有块状白脱油及条状饼干实物图案（原告的白脱油是2块，被告的是6块），并都印有白脱味字样。如普通消费者在上述两个包装盒隔离的情况下，从整体观察，则两者视觉差别较小。原告的微辣比萨味、色拉味产品分别与被告的微辣鲜虾味、番茄味产品的装潢相比对，原告、被告上述两个产品除在商标标识的使用（均采用白底椭圆形内置商标或标识的图案）、构图的元素（均采用不同口味的实物及棒状饼干照片）等方面具有相似之处外，在颜色方面、图案及口味、名称等各方面存在较大差别，如普通消费者在上述两个产品的包装盒分别隔离的情况下，从整体观察，则视觉差别较大。

2005年7月4日全天、5日上午，在上海市淮海中路淮海公园前门，原告委托上海博创市场研究公司主持了“百力滋”休闲食品外包装对比的问卷调查。该调查过程由上海市卢湾区公证处进行了现场监督，并出具了（2005）沪卢证经字第1316号公证书。该公证书附有《包装测试数据统计结果》、问卷等调查材料。问卷显示被访人员为300名，年龄均在18岁至45岁。统计结果表明当调查人员在分别出示原告、被告的产品后，询问“上述产品的外包装设计是否相似”，回答相似的占39%，回答基本相似的占48%；询问“上述两个产品之间应该是什么样关系”，回答是同一公司的同系列产品占27%，同一公司不同系列产品占33%，两个公司的产品占40%；询问“是否知道‘百力滋’这个品牌的休闲食品”时，回答知道的占75%。

原告格力高公司诉称，原告商品具有很高知名度，被告的行为侵犯了原告知名商品特有包装、装潢，故请求判令被告立即停止上述不正当竞争行为，在《新民晚报》或《申江服务导报》上刊登致歉声明，向原告公开赔礼道歉，以消除影响，并赔偿原告经济损失50万元。

被告康业公司辩称，原告商品并非知名商品，被告商品与原告商品包装、装潢并不近似，亦不会引起消费者混淆。被告还对原告提供的问卷调查报告提出质疑，认为漏洞很多，缺乏可信度。

【审　判】

法院经审理认为：（2005）沪卢证经字第1316号公证书所附的《包装测试数据统计结果》、问卷等证据是在公证人员的现场监督下取得的，故对其合法性予以确认。向被访人赠送小礼品是目前市场调查中的常见现象，不能因此而否定该调查程序的合法性。但该统计结果尚不能全面、准确地反映相关公众对涉案商品的混淆、误认情况。首先，调查对象的代表性不强，被访者主要是中青年人，缺少其他相关的消费群体，该调查人群不足以充分代表涉案商品的相关公众，因此，统计结果所反映的意见，也不够全面充分。其次，问卷设计亦欠合理，“两个产品的外包装设计是否相似?”的问题设计，并不能确切反映出消费者对两个商品来源的识别情况，因为包装设计的相似并不必然导致消费者在视觉上难以识别商品，有时相似的设计，在视觉效果上的差别仍会很大。另外，问卷中的有些问句所使用的词汇较为模糊，不够严谨，难以反映出被访人的真实意思表示。综上所述，此份证据的证明力较低，尚不足以证实原告主张的被告的产品已实际造成消费者的混淆、误认。

被告的“特滋漫”白脱味饼干的商品装潢系擅自使用了与原告格力高公司的“百力滋”白脱味饼干近似的商品装潢，且被告主观上具有“搭便车”的故意。虽然原告的商品包装不是特有包装，但也不是该类商品的唯一包装形式，因此，被告采用与原告相同的包装，近似的装潢，显见其欲从整体上造成消费者的混淆、误认，以此达到借助原告产品的知名度和商誉，使其商品容易为相关公众所认可的目的，其行为违反了《反不正当竞争法》第 5 条第（2）项的规定，构成对原告的不正当竞争，应承担损害赔偿责任。

但是被告康业公司的微辣鲜虾味、番茄味商品装潢，由于和原告的微辣比萨味、色拉味商品装潢在颜色、图案及口味类型等方面存在较大差异，普通消费者在视觉上差别较大，不足以造成消费者的混淆、误认。法院遂判决被告停止使用与原告的“百力滋”白脱味饼干商品装潢近似的“特滋漫”白脱味饼干商品装潢，赔偿原告经济损失 3 万元。

一审宣判后，双方均未提起上诉，一审判决生效。

【法官评析】

本案是一起知名商品特有包装、装潢的不正当竞争纠纷案件，难点有两点：一是如何认定知名商品的特有包装、装潢；二是如何判断被告商品的包装、装潢是否和原告商品的包装、装潢近似，并造成消费者混淆、误认。

一、原告商品的包装、装潢是否属知名商品的特有包装、装潢

（一）原告商品是否是知名商品

根据国家工商行政管理总局 1995 年 7 月 6 日发布的《关于禁止仿冒知名商

品特有名称、包装、装潢的不正当竞争行为的若干规定》第3条的规定，“知名商品”是指在市场上具有一定知名度，为相关公众所知悉的商品。最高人民法院于2007年1月12日发布的《最高人民法院关于审理不正当竞争民事案件应用法律若干问题的解释》第1条规定，人民法院认定知名商品，应当考虑该商品的销售时间、销售区域、销售额和销售对象，进行任何宣传的持续时间、程度和地域范围，作为知名商品受保护的情况等因素，进行综合判断。本案中，原告的“百力滋”商品在市场上销售的时间较长，市场占有率较高，且广告投入量较大、持续时间较长，法院据此认定原告“百力滋”商品为知名商品。

（二）原告商品的包装、装潢是否是特有的包装、装潢

商品的包装、装潢是否“特有”可从以下3方面予以考察：①并非为相关商品所通用；②具有显著区别性；③在先使用。由于“包装”与“装潢”是两个不同的概念，法院对于原告商品的包装与装潢是否特有应分别予以认定。

“包装”是指为识别商品以及方便携带、储运而使用在商品上的辅助物和容器。本案原告商品采用的包装是形状为153cm×82cm×31cm的长方体纸盒，包装盒的撕口位于纸盒左侧面上部，撕口宽度为10mm，顶部及底部封口处均各有3个心状图案与纸盒黏合。事实上，在棒状饼干市场，采用和原告相同或近似包装的商品并不鲜见。毕竟，棒状饼干的外形决定了其包装大都局限于边长不等的长方体，而棒状饼干作为休闲食品的性质，也决定了其包装必然方便小巧、便于携带。总之，棒状饼干的特点决定了其包装表现形式的有限性。故而，原告商品的包装并不具有足以让消费者据此即能区别商品来源的显著性。而且，如果认定原告商品的包装为知名商品的特有包装，便意味着棒状饼干市场的其他生产者都不能再使用类似长方体的包装，这对于棒状饼干市场的打击过大，不利于相关产业的正常发展，亦不符合《反不正当竞争法》的立法宗旨。综上所述，法院认定原告“百力滋”商品包装并非为原告商品所特有。

“装潢”是指为识别与美化商品而在商品或者其包装上附加的文字、图案、色彩及其排列组合。本案中，原告3种不同口味的产品均以3种不同颜色为底色组成，产品包装盒正面左上方为产品商标，左下方为相关产品的图案，中间为内有产品商标的椭圆形，该装潢并非为相关产品所通用，其在文字、图案、色彩及其组合方面特征显著，足以起到识别商品来源的作用，且该装潢较被告商品装潢在先使用，故法院认定该装潢属特有装潢。

二、被告商品的装潢是否和原告商品的装潢近似，并造成消费者混淆、误认

与知名商品的混淆、误认包括已经实际造成混淆、误认和可能造成混淆、误认。

（一）被告商品的装潢是否已经实际造成消费者的混淆、误认

本案中，为证明被告商品的包装、装潢已经实际造成消费者的混淆、误认，原告出具（2005）沪卢证经字第1316号公证书所附的《包装测试数据统计结果》、问卷等证据。而被告则认为，从问卷本身的设置和调查的执行核实情况来看，该证据存在根本性瑕疵，其数据并不真实可靠，不应被法院采信。近年来，在知识产权案件，特别是知名商品名称、包装、装潢仿冒案件中，问卷调查越来越多地以证据的形式出现，然而问卷调查属于何种证据类型，其证明效力如何，目前理论界鲜有讨论。

尽管问卷调查不属于《民事诉讼法》所规定的7种证据种类之一，但不能因此否认其证据效力。现行《民事诉讼法》规定的7种证据种类是立法者对立法当时已有的证据形式所进行的分类，法律的滞后性决定了任何法律都不能穷尽现实中的所有情况，证据种类应随时代的发展和社会需要作出调整甚至修改。笔者认为，能够证明案件真实情况的一切事实都是证据，故而应对问卷调查的证据实质予以肯定。由于调查问卷作为证据与证人证言有相似之处，可通过两者的比较对问卷调查的证据效力进行判断。证人证言即证人就所了解的案件事实向人民法院所作的陈述，它既可以借以认定案件事实，又可以用来鉴别其他证据的真伪。问卷调查是特定的机构以特定的程序和规则，运用统一设计的问卷，向相关公众了解市场有关情况的收集资料的方法。本案中，每一个单独的受调查者即可视为案件的“证人”，其对相关商品包装、装潢是否发生了混淆、误认的事实，起到借以认定和查明案件事实的作用。从这个意义上讲，在此类案件中，问卷调查是对关于商品包装、装潢是否混淆的证人证言的收集汇总。根据《最高人民法院关于民事诉讼证据的若干规定》的规定，与一方当事人或者其代理人有利害关系的证人出具的证言不能单独作为认定案件事实的依据，换句话说，与一方当事人或者其代理人无利害关系的证人出具的证言可以单独作为认定案件事实的依据。在调查程序正当的情况下，受调查人一般系在某一范围内随机选择，与一方当事人或者其代理人并无利害关系，而且不同的受调查人对同一问题相同或者相似的回答即等同于不同的证人证言得以互相印证，因此，在问卷调查没有瑕疵的情况下，其证明效力应该等同于证人证言，而单独作为认定商品包装、装潢造成混淆、误认的依据。根据《最高人民法院关于民事诉讼证据的若干规定》规定，证人应当出庭作证，接受当事人的质询，审判人员也可以对证人进行询问。但在问卷调查中，由于受调查者并无出庭作证的法律义务，因此，当事人没有机会向其进行质询。而且，实践中部分受访者在调查问卷上填写的并非真实的联系方式，这也给另一方当事人或者审判人员的进一步询问造成困难。此外，问卷调查往往是由

一方当事人聘请的调查机构作出，其报酬由该方当事人承担，尽管调查机构是独立、专业的，其最终的问卷调查报告往往有利于该方当事人。基于上述原因，问卷调查的真实性、准确性很难得到另一方当事人的认可。在这种情况下，法院对问卷调查的审查便显得尤为重要。法院对于问卷调查主要应审查以下内容：调查对象是否是相关消费者或者潜在消费者；其采集的公众样本数量是否足够且能代表相关公众；调查中的问题是否具有倾向性或诱导性，是否有暗示“正确”答案的嫌疑；同一问题的若干个答案之间是否相互排斥、是否包括问题的全部表现；调查程序是否合法等。在具体案件中，问卷调查证明力的大小，最终还应由法院考量各种因素后决定。

本案中，由于《包装测试数据统计结果》、问卷等证据是在公证人员的现场监督下取得，法院对其合法性予以确认。至于被告认为调查人员向被访人赠送小礼品的做法不公平的辩论意见，由于向被访人赠送小礼品是目前市场调查中的常见现象，不能因此而否定调查程序的合法性。但是，该统计结果尚不能全面、准确地反映相关公众对涉案商品的混淆、误认情况。首先，调查对象的代表性不强，问卷的被访者主要是中青年人，缺少其他相关的消费群体，该调查人群不足以充分代表涉案商品的相关公众，因此，统计结果所反映的意见也不够全面充分。其次，问卷设计亦欠合理，“两个产品的外包装设计是否相似?”的问题设计并不能确切反映出消费者对两个商品来源的识别情况，因为包装设计的相似并不必然导致消费者在视觉上难以识别商品，有时相似的设计，在视觉效果上的差别仍会很大。另外，问卷中的有些问句所使用的词汇较为模糊，不够严谨，难以反映出被访人的真实意思表示。综上分析，原告的此份证据的证明力较低，尚不足以证实原告主张的被告的产品已实际造成消费者的混淆、误认。

（二）被告商品装潢是否与原告商品装潢近似，并足以造成消费者混淆、误认

既然没有证据表明被告商品的装潢在实际上已造成消费者的混淆、误认，那么其装潢是否和原告商品的装潢近似并足以造成消费者混淆、误认呢？在知名商品包装、装潢仿冒案件中，对于包装、装潢是否相似往往较难作出判别，对于两个商品的包装、装潢是否相似并足以使人混淆、误认，不同的人、从不同的角度会得出不同的结论，这也加大了法院认定的难度。在审理此类案件时，法院应“以相关公众的一般注意力为标准”，对包装、装潢的整体以及主要部分进行比对，而且比对应当在对比对象隔离的状态下进行。本案中，对于被告商品装潢是否足以造成消费者混淆、误认，法院并没有一概而论，而是将被告的白脱味、微辣鲜虾味、番茄味 3 种商品与原告的白脱味、微辣比萨味、色拉味 3 种商品一一

对应，对其装潢进行分别比较和认定。

原告、被告的白脱味商品口味类型一样，两者装潢在颜色上基本相同，图案亦相近似，被告商品装潢是否足以造成消费者混淆、误认，应以棒状饼干消费者的一般注意力为标准进行判别。棒状饼干作为食品的一种，其消费群体非常广泛，而考虑到涉案商品是一种休闲食品，其消费群体较普通食品又有一定差异，因此，法官根据棒状饼干的特殊性，对其不同消费群体进行了区分。棒状饼干的消费群体有相当部分是儿童，而儿童通常对颜色和图案较为敏感，装潢的颜色和图案是他们识别商品的一种重要手段，因此，对于这部分消费群体而言，因颜色和图案的近似而引起混淆、误认的可能性较大；对于那些品牌意识较为淡漠的消费者而言（如为儿童购买此类休闲食品的老人等），他们较少注意商品的标识或名称，因此这部分消费者也容易因商品装潢颜色及图案的相似性对商品的来源产生混淆；而对那些具有较强品牌意识的消费者而言，因商品装潢的颜色和图案近似而引起混淆、误认的可能性则较小，因为他们通常是以商标或产品名称等标识来识别商品的。通过综合判断，除了品牌意识较强的消费者，还有很大一部分消费者会对两种商品产生混淆，因此，被告商品的装潢与原告商品的装潢近似，并足以造成消费者混淆、误认。

对被告的微辣鲜虾味商品与原告的微辣比萨味商品、被告番茄味商品和原告的色拉味商品的装潢，经分别比对，认为其在颜色、图案及口味类型等方面均存在较大差异，普通消费者在视觉上差别较大，因此，不足以造成消费者的混淆、误认。

最高人民法院于2007年2月1日发布的《最高人民法院关于审理不正当竞争民事案件应用法律若干问题的解释》第4条对于如何判断商品包装、装潢是否相似并造成消费者混淆、误认作出规定，并明确可以参照商标相同或近似的判断原则和方法，这也为我们今后在同类案件中对商品包装、装潢的比对和判断提供了基本的判断标准和依据。

（评析人：钱光文、邵宁宁）

【学术评析】

判断一项商品的包装、装潢能否受到《反不正当竞争法》第5条第（2）项的保护，其标准在于：首先，该项商品具有一定的市场知名度，构成知名商品；其次，该商品的包装、装潢具有显著特征，易于识别，并非其所在行业的通用包装、装潢，并且由其使用在先，即满足“显著性、非通用性、在先使用性”三个条件。

就本案而言，原告的“百力滋”系列饼干从其销售时间、销售区域、销售额和销售对象，进行宣传的持续时间、程度和地域范围等因素来看，可以构成知名商品。从“百力滋”系列饼干的外盒装潢来看，满足“显著性、非通用性、在先使用性”三个条件，而且在隔离状态下进行整体观察、比对，被告的“特滋漫”系列中的白脱味饼干与原告的“百力滋”系列中的白脱味饼干的外盒装潢，视觉差别较小，因而法院判决被告就“白脱味”饼干的装潢构成不正当竞争。但从包装来看，“百力滋”系列饼干采用的是业界通用的长方形纸盒，不满足“非通用性”，因此无法构成《反不正当竞争法》第5条第（2）项意义上的“知名商品特有包装”，从而不受保护。

本案的特别之处在于，原告出具了（2005）沪卢证经字第1316号公证书所附的《包装测试数据统计结果》、问卷等证据，法院对该公证证据的合法性进行了确认，但认为该证据的证明力较低，尚不足以证实原告主张的被告产品已实际造成消费者的混淆误认。在英美国家，问卷调查证据已被广泛用于商标及不正当竞争侵权案件中。但在我国的司法实践中，调查问卷作为证据层面的使用却远不如美国、英国等国家成熟。鉴于本案的这一特别之处，本文将会对问卷调查证据在我国的适用及本案原告所提交的问卷调查证据何以被法院否定予以探讨。

商业标识所承载的商誉往往有客观证据加以证明，如经济规模、销售区域、销售对象、知名度、标识显著性等，而混淆作为认定商业标识侵权的标准，往往由于实际混淆证据的缺乏而难以证明。调查问卷正是在缺乏实际有效证据时帮助司法和执法机关认定混淆可能性的证据形式。

在美国，问卷调查通常作为专家证言加以使用，而且从司法实践来看，没有提供问卷调查的原告很难在商标侵权和不正当竞争纠纷案件中胜诉。从证据形式来看，我国《民事诉讼法》规定的7种证据类型中，只有证人证言与问卷调查最为接近。根据《最高人民法院关于民事诉讼证据的若干规定》第69条第（2）项的规定，与一方当事人或其代理人有利害关系的证人出具的证言不能单独作为认定案件事实的依据。从调查问卷的过程来看，受调查人需要在一定范围内随机抽选，通常情况下与一方当事人或代理人并不具有利害关系，以反义解释的方法可以推出，问卷调查若作为证人证言，是可以作为单独认定案件事实的依据的。

问卷调查的标准主要在于：①调查必须针对相关公众作出，抽样对象具有代表性；②调查设计问题必须科学、合理、不误导调查对象；③调查人员应该具有专业素质，调查以普遍接受的形式作出；④调查数据分析必须科学，调查结论有充分的数据支持。[1] 具体就本案而言，法院认为其统计结果不能全面反映出相关公众对涉案商品的混淆、误认情况。其原因在于：第一，受调查者的代表性不强，问卷的受访者是18岁至45岁的中青年，缺乏其他的消费群体，不足以代表相关公众；第二，问卷所设计的问题不能确切反映消费者对原告、被告产品的识别情况，包装设计的相似并不一定会导致混淆，在装潢的图案、色彩等构图因素的影响下，视觉差别将会扩大，从而也会影响结果。因此，法院认为该问卷调查的证明效力较低，不足以证明被告商品装潢导致了消费者的混淆。

司法实践中，有两起涉及问卷调查证据的典型案例，即“丰田自动车株式会社诉浙江吉利汽车有限公司、北京亚辰伟业汽车销售中心不正当竞争行为案”[2]和“安海斯·布希公司诉国家工商行政管理总局商标评审委员会商标行政纠纷案”[3]，法院对一方当事人单方委托第三方公司所做的问卷调查并不认可，认为其仅体现了该方当事人的观点和立场，并不能代表客观事实，不具有科学性和客观性，因此，不予采信。

本文认为，可以用以证明案件事实的材料均为证据，本案法院对原告提交的问卷调查的证明效力不予采信，虽然直接原因是原告问卷调查的形式和内容设计不够合理，但深层原因与问卷调查在我国商标侵权和不正当竞争纠纷案件中使用不多、缺乏完善的制度设计以及系统的理论研究有关。

由于普通法系国家的诉讼实行对抗制，奉行当事人主义，而大陆法系国家的诉讼实行纠问制，奉行职权主义，而且由法院介入诉讼调查取证的历史由来已久。那么，问卷调查证据的使用可以由法院介入：①由法院选择中立的调查机构或专家；②帮助当事人双方确定讼争商标或知名商品包装、装潢所涉及的地域范围和消费者群体；③在庭审前，帮助当事人进行问卷调查中问题的设计。从这三点出发，可以保证问卷调查证据的科学性、客观性及合法性。

然而这些仍需基于我国商业调查机构专业水平的提高，社会层面对问卷调查

---

[1] 美国著名的抽样调查专家指出，要想让法院认可并充分考虑调查问卷的证明效力，调查必须满足下列8个标准：选取相关范围的被调查者；从相关范围的被调查者中抽取代表者；使用公平适当的询问方式；设计和进行调查的人是被承认的专家；精确汇总数据；抽样计划以及实施等调查方式符合普遍接受的客观程序以及调查领域的统计标准；调查独立于涉案律师；调查者经过培训，不知道案件真实情况，并且不知道调查目的。我国有学者将这8个标准总结为4个。See Jacob Jacoby, Survey and Field Experimental Evidence, in Saul M. Kassain and Lawrence S. Wrightsman, The Psychology of Evidence and Trial Procedure, Sage Publications, Beverly Hills Californian 1985, at 178 fn 6. 转引自杜颖. 商标纠纷中的消费者问卷调查证据[J]. 环球法律评论，2008（1）：74－79.

[2] 参见北京市第二中级人民法院（2003）二中民初字第06286号民事判决书。

[3] 参见北京市第一中级人民法院（2005）一中行初字第958号行政判决书。

证据的认可和认真对待的态度。在这一过程中，法律上的认可和司法中的引导必不可少。

（评析人：林戈）

【附　录】

案号：上海市黄浦区人民法院（2005）黄民三（知）初字第42号

上海文艺出版总社与人民出版社、北京图书大厦有限责任公司仿冒纠纷案

【提　示】

图书外观设计和整体形象的法律保护问题。

【案　情】

原告：上海文艺出版总社

被告：人民出版社

被告：北京图书大厦有限责任公司（以下简称“北京图书公司”）

法院查明的事实，2006年5月22日，原告下属上海文艺出版社在《易中天品三国》（第1部）（以下简称《品三国》）图书出版招投标活动中中标，获得该书专有出版权。嗣后，上海文艺出版社为《品三国》（上）一书的出版发行进行了广泛宣传，并于同年7月22日在全国发行，该书在全国形成热销，总印数达140万册。《解放日报》《新闻晨报》新华网等报刊、网站对该书的销售情况进行了大量报道。《品三国前传之汉代风云人物》（以下简称《品三国前传》）系由被告人民出版社下属东方出版社出版，该书版权页印有：著者易中天；2006年7月第1版；定价23元，但未标明印数。2006年10月27日，原告在被告北京图书公司购得《品三国前传》一书，该书版权页盖有“北京图书大厦购书纪念章”

的图章。经比对，《品三国》与《品三国前传》的外观装潢及版式在封面、封底、书脊、勒口、扉页、目录及正文版式、开本大小等方面有诸多相同或相似之处。

另查明，东方出版社在出版《品三国前传》之前，曾于2006年2月出版了《易中天品读汉代风云人物》，上述两书虽名称及书号均不相同，但内容基本相同，系易中天的同一部作品，新书仅删去旧书的旁注。新书在外观装潢、版式、开本大小等方面较旧书有较大变化，而新书的文字、图案、颜色及其排列组合更接近原告的《品三国》。

又查明，北京开卷信息技术有限公司（以下简称“开卷公司”）是一家从事全国图书零售市场研究的专业机构，其所建立的“全国图书零售市场观测系统”由中国最具代表性的大中型零售书店组成，其所监控的零售码洋占全国图书零售市场总码洋的17%。开卷公司所作《全国图书零售市场研究报告》的附表图书销量排行榜显示：2006年7月至11月，《品三国》连续5个月在榜名次均为第一，共计销售292631册；而《品三国前传》在同年7月无销售量，同年8月至11月，在榜名次分别为第三、第二、第三、第十一，共计销售43922册。

还查明，上海文艺出版社是上海文艺出版总社的下属部门，不具有法人资格，其相应的民事权利义务由上海文艺出版总社承担。东方出版社是人民出版社的下属部门，不具有法人资格，其相应的民事权利义务由人民出版社承担。

原告上海文艺出版总社诉称，图书《品三国》在原告一系列的商业运作下，已成为家喻户晓的知名商品。《品三国前传》除采用与《品三国》相似的书名外，其所采用的外观装潢在文字字体、比例、色彩、图案以及排列组合，甚至包括也属于图书装潢特征的版式等方面均极其相似或相同，而内容则与被告人民出版社曾于2006年2月出版的名为《易中天品读汉代风云人物》的图书相同。被告人民出版社的这种行为具有明显的搭便车故意，足以导致消费者产生混淆、误认，经推算，因侵权获取非法巨额利润276万元，已构成不正当竞争，理应承担法律责任。被告北京图书公司作为图书销售商，对于被告人民出版社的仿冒行为非但不予抵制，反而积极推销《品三国前传》，其行为亦构成不正当竞争。原告遂请求判令被告北京图书公司停止销售《品三国前传》并予以销毁；被告人民出版社收回《品三国前传》并将其与所有留存的《品三国前传》一并销毁，在《中国新闻出版社报》显要位置刊登道歉声明，并赔偿原告经济损失276万元。

被告人民出版社辩称，被告的《品三国前传》与原告的《品三国》两本书之间不存在竞争关系；两书书名不同，内容不同，前者为汉代风云，后者为三国乱世。被告的行为不构成《反不正当竞争法》第5条第2款规定的侵权行为，在

《品三国》出版前，就有许多含“三国”字样的书出版，“三国”“品三国”系特定历史时期的通用名称，并非原告商品的特有名称。被告的封面设计系独立完成，与原告的图书封面截然不同，而图书厚度、开本、字体相同，这是业内常态。从原告、被告出版的图书书名、内容、出版单位来看，既不会造成混淆，也不会使读者发生误认。被告的行为没有损害原告的合法权益，原告的《品三国》自2006年7月出版以来，销售量连续5个月居同类图书排行榜之首，原告未遭受任何损失。被告是正规的出版单位，出版图书是正当的业务活动，其行为非但没有扰乱社会经济秩序，相反促进了图书出版业的繁荣与发展。另外，《品三国前传》与《品三国》是在同一时间出版的，被告客观上不可能进行仿冒。

被告北京图书公司未作答辩。

【审　判】

法院经审理认为，易中天所著《品三国》是一本十分畅销的图书，该书经各大媒体及网络的广泛宣传报道，已具有非常高的知名度，本院认定《品三国》一书是原告的知名商品。“三国”系通用的历史名称，“品”也是常用汉字，“品三国”即品读、体会三国历史之意，该书名无论从词语搭配，还是意思表达上看，均缺乏特有名称所应具有的区别性和显著特征，因此“品三国”不是原告商品的特有名称。但《品三国》图书的封面、封底、书脊及勒口组成了该书的外观装潢，其内容均系原告独立创作完成，其中的文字、图案、色彩及其排列组合具有较强的显著特征，该书外观装潢是原告商品的特有装潢。

原告与被告人民出版社均为出版社，且均出版历史类图书，双方存在市场竞争关系。被告人民出版社在出版《品三国前传》之前，已出版了同一内容的《易中天品读汉代风云人物》，该书的书名、外观装潢及版式等均与《品三国前传》不同，该社在原告的《品三国》出版之后，将同一内容的图书改头换面，并刻意在书名、外观装潢及版式等方面与《品三国》保持一致。另外，《品三国前传》的内容均为汉代早期历史，与三国历史毫不相干，被告人民出版社将书名定为《品三国前传之汉代风云人物》，并突出使用“品三国前传”的做法，足以说明其主观上具有“搭便车”的侵权故意。东方出版社出版的《品三国前传》与原告的《品三国》在图书外观装潢方面基本相似，两书书名及版式也存在相同或相似之处，整体视觉效果较为近似，足以使相关消费者产生误认，认为《品三国前传》和《品三国》两书之间存在某种联系，或是系列作品，或是姊妹篇，以此造成市场混淆。因此，东方出版社的行为构成对原告的不正当竞争，并应由其上级单位被告人民出版社承担相应的法律责任。由于原告主张的赔偿金额不是依据被告人民出版社的实际销售量计算所得，而是根据开卷公司调查报告上的统计数据，通过计算误差率等方式推演而得，故法院不予采纳。根据被告实施侵权行为的情节、主观过错程度、原告因侵权所受到的损害以及原告为调查被告侵权行为而支出的合理费用等因素酌情确定赔偿金额。被告人民出版社的侵权行为对原告已造成不良影响，应当在侵权范围内承担消除影响的民事责任。被告北京图书公司作为图书销售商，对图书的合法来源负有举证义务，由于其未到庭举证证明已尽到合理注意义务，故其应承担法律责任。鉴于原告仅要求被告北京图书公司停止销售侵权图书，因此被告北京图书公司应当停止对《品三国前传》图书的销售。据此，判决被告人民出版社停止仿冒的不正当竞争行为，在《中国新闻出版报》刊登声明、消除影响，并赔偿原告经济损失人民币 8 万元；被告北京图书公司停止销售《品三国前传》图书。

一审宣判后，被告人民出版社不服，提出上诉。二审判决驳回上诉，维持原判。

【法官评析】

一、现行法律几种可能的保护方式

（一）版式、装帧设计的保护

通常一本图书的外观特征和整体形象是由该书的开本、封面、封底、书脊、勒口、扉页、目录页以及正文的排序、字体、行距等共同组成的。根据《现代汉语词典》的解释，装帧是指书画、书刊的装潢设计。而在著作权中，对开本、装订形式、插图、封面、书脊、护封和扉页等印刷物外观的装饰设计则被称为装帧设计；版式设计是指对印刷品的版面格式的设计，包括对其版心、排序、用字、行距、标点等版面布局因素的安排[1]。由此可见，图书的外部特征取决于装帧设计，其内部特征取决于版式设计，而其整体形象和风格则由上述内部和外部特征共同组成。《著作权法》第 35 条规定："出版者有权许可或者禁止他人使用其出版的图书、期刊的版式设计。"此条款虽未将装帧设计列举在内，但据著作权法通说，出版者对其版式、装帧设计均享有专有使用权，即除了出版者自己可以随意使用其版式、装帧设计外，其他人未经许可不得擅自按原样复制，出版者的禁止使用还包括很简单的、改动很小的复制以及变化了比例尺的复制[2]。可见，《著作权法》中的版式、装帧设计权的保护范围是很狭小的，一般仅仅表现为专

[1][2] 孟祥娟．著作权侵权认定［M］．北京：法律出版社，2001：136．

有复制权。而被告人民出版社出版的《品三国前传》虽然在整体形象上和原告出版的《品三国》较为近似，但并非按原样复制或者进行了很简单的、改动很小的复制，故本案难以适用《著作权法》第35条予以保护。

（二）美术作品的保护

如果图书的封面设计和插图具有独创性，也可作为独立的作品受到《著作权法》的保护。本案原告出版的《品三国》图书的封面、封底均有古代武士骑马图，如将其仅当作图画看待，则因该图具有创作性和艺术价值，无异应当被认定为美术作品。然而，被告人民出版社出版的《品三国前传》虽然在封面上也有古代人物图画，但与原告的封面相比，并非模仿抄袭，而是两个不同的作品。虽然两者所画内容具有相同性，都是古代武将，但《著作权法》所保护的是作品形式而非内容，因此，如将插图作为美术作品从图书的整体形象中独立出来，则不构成著作权侵权，故本案若以美术作品寻求《著作权法》保护亦不可行。

（三）知名商品特有装潢的保护

我国《反不正当竞争法》第5条第（2）项规定，经营者不得擅自使用知名商品特有的名称、包装、装潢，或者使用与知名商品近似的名称、包装、装潢。本案的一个争议焦点即为图书外观是否属于该法所称的商品装潢。根据国家工商行政管理总局《关于禁止仿冒知名商品特有的名称、包装、装潢的不正当竞争行为的若干规定》第3条第5款的解释："装潢是指为识别与美化商品而在商品或者其包装上附加的文字、图案、色彩及其排列组合。"《品三国》图书的外部装饰部分是由封面、封底、书脊及勒口共同组成，其中的文字、图案、色彩及其排列组合具有识别和美化图书的作用，因此这部分内容可以被视为装潢。需要指出的是图书装潢，在出版业一般被称为装帧设计，由于装帧设计和图书装潢的概念内涵十分相似，因此，将图书装帧设计视为《反不正当竞争法》第5条第（2）项所称的商品装潢亦未尝不可。但《反不正当竞争法》第5条第（2）项所能保护的内容仅限于装潢，而对于装潢以外的部分，尤其是图书版式设计，则难以涵盖。故在本案中，如仅适用《反不正当竞争法》第5条第（2）项，那么其保护范围亦不够全面。

二、商业外观的法律保护

（一）商业外观的概念

商业外观是对英文"Trade Dress"的翻译，指产品的全部视觉效果和总体形象，包括尺寸、形状、颜色或颜色组合、图案、甚至营销技巧等。目前，我国法律并没有商业外观这一术语。在美国的判例中，联邦法院认为商业外观包括产品的设计和外表，以及容器和构成将产品展示给消费者整体视觉形象的所有元素；美国学者J. 托马斯·麦卡锡则认为“商业外观的最新定义包含构成商品整体外观的所有要素”[1]。我国学者黄晖博士认为“商标或更准确地说商业外观（Trade Dress）正在发挥越来越大的作用，因为如果说商标还基本上是静态的简单的符号，商业外观则是一个整体的全息的符号组合，它是产品的整体印象，它可以包括诸如大小、形状、颜色、纹理、图案乃至销售技法。”[2] 可见，商业外观应是商品的全部外观和整体形象。

（二）商业外观的特征

（1）商品的整体性。商业外观是被作为一个整体看待的，是对商品外形的整体印象，而不是孤立地看待和保护其中的每一项特征[3]。本案中，《品三国》图书的整体形象是由该书的装帧设计和版式设计两部分共同构成的，也正因为如此，被告人民出版社才会在《品三国前传》一书中，在开本、封面、封底、书脊、勒口、扉页、目录页以及正文的排式、字体、行距等方面均与《品三国》保持一致，进行整体性模仿。需要指出的是，也只有在整体形象这个层面上，出版者才享有商业外观专有权，其各个部分如被独立出来，则不享有商业外观权。如将封面或插图单独看待，它们或构成美术作品、或构成商品装潢。而图书的字体、行距相同，如被单独看待，则不构成侵权。综上所述，虽然涉案图书的封面、插图以及正文的排式、字体、行距等版式可以得到《著作权法》的保护，但这是在割裂了整本图书的整体形象下的不完全保护，达不到应有的保护力度。因此，只有将图书装帧设计和版式设计当作一个整体权利看待时，法院才能给予被侵权人以最充分的司法保护。

（2）权利的独立性。由于商业外观和专利、商标、著作权等知识产权的内容具有重叠性，商业外观的相当一部分内容可以通过《专利法》《商标法》《著作权法》来保护，因此，凡是可以通过上述法律保护的知识产权，其本质上已不再是商业外观。只有那些不被《商标法》等特别法保护的，作为一个独立的权利存在，并被《反不正当竞争法》进行兜底保护的商业标识才构成商业外观权。

（三）商业外观受法律保护的条件

事实上，并不是所有的商业外观都能得到法律的有效保护，商业外观如要获得法律保护，还必须符合以下条件。

---

[1] 崔立红．商标权及其私意之扩张［M］．济南：山东人民出版社，2003：92．

[2] 黄晖．驰名商标和著名商标的法律保护［M］．北京：法律出版社，2001：36．

[3] 孔祥俊．论商业外观的法律保护［J］．人民司法，2005（4）．

（1）特有性。商业外观之所以能得到法律保护，是因为其具有区分商品及其来源的识别功能。在本质上，商业外观也是一种商业标识，正如孔祥俊法官所言，在国外，目前存在两种基本法例，一是立足于市场混淆的商业标识保护，二是立足于商业成果的法律保护。前者强调的是市场混淆的后果，是将商业外观纳入商业标识的保护范围，美国、英国等英美法系国家大体上采取这种保护法例。后者是将特定的商业外观作为一种商业成果，作禁止他人侵害的商业成果保护[1]。本文正是在商业标识的意义上运用商业外观这一概念的。既然商业外观也是一种商业标识，那么显著性就是其不可或缺的要求。由于商业外观和商标同属广义的商业标识，因此商业外观的特有性和商标的显著性在含义上应当具有一致性，特有性亦可称为显著性。

（2）非功能性。功能性是指产品的外观设计使得该产品的性能发生了改变。为什么具有功能性的商业外观设计不应得到法律保护呢？因为如果产品功能性的设计一旦得到法律保护，那么将会形成个别人对产品功能的垄断，这将有碍社会进步。在美国 Leatherman Tool Group.，Inc. v. Cooper Indus.，Inc. 案件中，联邦第九巡回上诉法院认为，非功能性要求基于公正理论，即通过模仿竞争者的产品来与对手竞争，是一种既有的基本权利，这种权利只能基于专利法和著作权法被暂时剥夺，非功能性要求是为了鼓励竞争，广泛传播有用的设计。可见，非功能性原则根本上是从促进自由竞争的角度而创设的。美国 1999 年修改的商标法第 43a（3）条明确要求申请商业外观保护人对该外观的非功能性进行举证。因此只有在排除了外观设计的功能性后，商业外观才应得到法律保护。

三、法律不足及建议

（一）存在问题

我国法律并没有商业外观的概念，也缺乏相应的法律规范，但这并不意味着商业外观在我国得不到法律保护。我国《反不正当竞争法》第 5 条第（2）项所保护的知名商品特有的名称、包装、装潢是最接近商业外观保护的法律条文。由于该条款对保护对象采取了列举方式，即没有采取例示加概括的立法方式，即纳入该法禁止的仿冒行为[2]。可见，对于包装、装潢以外的商业外观的保护，现有法律确有不足之处。本案中，《品三国》如仅依照《反不正当竞争法》第 5 条第（2）项的规定保护，则范围应限于其封面和勒口组成的装帧部分，而对于图书

---

[1] 孔祥俊．论商业外观的法律保护［J］．人民司法，2005（4）．

[2] 孔祥俊．反不正当竞争法新论［M］．北京：人民出版社，2001：317．

的整体形象和风格则难以涵盖。

（二）建议

一是通过修改《反不正当竞争法》，将商业外观的概念直接纳入法律规范之中。二是通过司法解释的方式，将一些尚未列举但事实上需要保护的商业外观纳入法律规范之中。三是在审判实践中，法官在适用《反不正当竞争法》第5条第（2）项的同时，适用第2条第1款的诚实信用原则，对图书整体形象进行兜底保护。本案在判决书中正是以这种方式对原告图书的整体形象予以全面保护的。

（评析人：钱光文）

【学术评析】

本案是关于图书外观设计与整体形象法律保护问题的典型案例。

一方面图书的外部特征取决于装帧设计，其内部特征取决于版式设计，图书外观设计由内外两部分共同组成，而我国《著作权法》中规定的版式设计权针对的是版式设计，不包括装帧设计❶，即版式设计权针对的仅是图书的版心、排序、用字、行距、标点等布局安排而不包括图书外观的装饰设计，如封面、色彩等。而且仅限于某一出版社对于其出版的图书排除其他出版社对同一图书使用相同的版式设计。因此，构成版式设计权侵权的情况仅包括其他出版社对同一作品的版式设计只进行了“很简单的、改动很小的复制以及变化了比例尺的复制”❷，即出版社仅有权禁止他人进行完全或基本相同的复制。由此可见，版式设计权的保护范围十分有限，不能完全满足图书外观设计的保护要求。根据本案的基本事实，原告显然无法获得版式设计权的保护。另一方面美术作品是指绘画、书法、雕塑等以线条、色彩或者其他方式构成的有审美意义的平面或者立体的造型艺术作品。❸就《品三国》与《品三国前传》的封面与封底而言，虽然两者均有古代武将等设计元素，但从封面、封底对比结果来看，两者仅是整体感觉上的近似，而且《著作权法》保护的是作品的表达，两者的封面在表达上完全不同，均具有独创性和艺术美感，因而被告并不构成对原告美术作品的侵权。因此，本案原告无法获得我国《著作权法》的救济，《品三国》图书的装帧设计只能适用我国《反不正当竞争法》第5条第（2）项的“知名商品特有包装、装潢”进行保护。

---

❶ 王迁．知识产权法教程［M］．北京：中国人民大学出版社，2011：202－203．

❷ 孟祥娟．著作权侵权认定［M］．北京：法律出版社，2001：136．

❸《著作权法实施条例》第4条第1款第（8）项。

首先，《品三国》的作者易中天教授，因在中央电视台“百家讲坛”讲授三国历史而家喻户晓，《品三国》书籍也因原告的一系列商业化运作而知名度较高，且《品三国》的销量较大，故而可以认定《品三国》构成知名商品。其次，《品三国》的装帧设计具有“显著性、非通用性和在先使用性”，因此可以成为原告《品三国》书籍的特有装潢。最后，《品三国前传》与《品三国》的图书外观设计在整体视觉效果上构成近似，且书名相近，给一般消费者的印象是，两者之间存在某种特定的联系，客观上已构成市场混淆。基于以上三点，法院判决被告《品三国前传》的图书外观设计构成对原告知名商品特有装潢的侵权，属于不正当竞争行为。但本文认为，就“商业外观”进行立法，进而对图书外观形象的整体进行保护将更为全面、彻底。

商业外观（Trade Dress）不仅是“舶来品”，而且是一个较为模糊的概念。最初商业外观仅指“标签、包装、陈列卡及其他类似的包装内容‘装扮’以后走向市场的方式”。[1] 如今这一概念有了更广泛的含义，它涉及一个产品的整体形象，“可以包括诸如尺寸、形状、颜色或颜色组合、质地、图形甚至特定的销售技艺等特征”。[2] 在实践中，餐厅装饰及用餐氛围、药物胶囊的颜色和形状、杂志封面的设计和格式、公文包的形状和物理特征的组合，甚至建筑物的形状等都曾作为商业外观而给予保护。[3] 换句话说，只要是产品或服务的整体形象和视觉外观设计均有可能作为商业外观而受到保护。

与本案类似的美国达纳·布劳恩公司诉 SML 体育有限公司一案[4]中，被告用于介绍产品的明信片与原告的各种产品目录有着相似之处。经过比对，法院认定明信片上的广告已经造成了一个相同的整体印象，指出如果消费者已经看到过原告的商业外观之后，又单独看到被告的明信片，就会发生对两者的来源产生混淆。据此，法院批准了原告提出的颁发临时禁止令的动议。而本案原告的产品目录在我国是很难以《反不正当竞争法》第 5 条第（2）项的“知名商品特有包

---

[1] See Knitwaves Inc v. Lollytogs Ltd, United States Court of Appeals for the second Circuit 71 F. 3d 996 (2dCic 1995). 转引自孔祥俊. 论商业外观的法律保护［J］. 人民司法，2005（4）：44.

[2] See John H. Hasla Co. V Claike Check Inc., 711 F. 2d 966, 980（CALL 1983）. 转引自 孔祥俊. 论商业外观的法律保护［J］. 人民司法，2005（4）：44.

[3] 参见刘克敏. 论商业外观识别性的法律保护［EB/OL］.［2013－10－27］. http：//www.cnki.net. 转引自钱光文，孙巾淋. 我国商业外观的法律保护问题探讨——以《反不正当竞争法》的适用为中心［J］. 知识产权，2009（1）：51.

[4] 参见刘光华，荆媛媛. 论商业外观的《反不正当竞争法》调整［J］. 兰州商学院学报，2007（2）：105.

装、装潢”进行保护的。

我国通过立法和司法解释的不断丰富，商业外观在一开始一般包括商品的包装和装潢，后又将这一概念扩张到了经营者营业场所的装饰、营业用具的样式、营业人员的服饰等构成的具有独特风格的整体营业形象。[1] 那么，图书外观设计也完全可以纳入商业外观的保护范围。一方面，图书的外观设计与一般产品或服务的包装、装潢一样，其图案、色彩的组合首先是为了吸引消费者的注意力，通过醒目的视觉效果来增加销量，实现商业利益；其次是为了区分产品或服务来源。此外，只要该图书的外观设计为出版社所特有并具有非功能性，就完全符合作为商业外观进行保护的条件。另一方面，图书的外观设计目前在我国要得到保护，需要区分为装帧设计和版式设计。从上文分析可以看出，《著作权法》虽然赋予出版社以版式设计权这一邻接权，但其保护的范围较小，无法满足对图书外观设计的保护。而图书的装帧设计通常情况下是指封面、封底、书脊，虽然作为“知名商品特有装潢”进行保护也未尝不可，但图书外观设计针对的是图书外观的整体视觉效果和风格，而不仅仅是封面、封底、书脊这些外部特征。因此，引入“商业外观”这一抽象概念，不仅对图书外观设计的保护将更为彻底，对今后我国出现的产品或服务的整体效果和风格的保护也将是十分有利的。此外，知名商品的权利人通常都投入了巨大的人力、物力、财力进行产品销售或者提升服务质量，同时建立自身商业外观的知名度，理应获得法律保护，而现行《反不正当竞争法》第5条第（2）项中“包装、装潢”的概念已无法涵盖所有的产品或服务的外观，比如本案当中图书装帧设计和版式设计构成的整体图书外观设计以及商业广告宣传资料等，只能在司法实践中继续扩大“包装、装潢”的概念涵摄范围来进行类推解释或者适用《反不正当竞争法》第2条的“诚实信用原则”条款进行规制，这对于规范我国的市场竞争秩序，保护消费者权益及保护市场竞争者的正当、合法权益都将是不利的。

因此，笔者认为，为了规制通过“包装、装潢”概念无法进行保护的“搭便车”行为，同时为了规范市场竞争秩序，应当借鉴美国或其他国家的立法，在法律文本中确立“商业外观”的概念，可以通过一部单独的《商业外观法》，或者在《反不正当竞争法》中加入单独的条款，也可通过颁布司法解释进行列举

---

[1] 如我国《反不正当竞争法》第5条对于“知名商品特有包装、装潢”的保护，以及《最高人民法院关于审理不正当竞争民事案件应用法律若干问题的解释》（法释〔2007〕第2号）第3条规定：“由经营者营业场所的装饰、营业用具的式样、营业人员的服饰等构成的具有独特风格的整体营业形象，可以认定为反不正当竞争法第5条第（2）项规定的‘装潢’。”参见吴伟光．商业外观的法律保护——以保护来源标识功能为原则［J］．清华法学，2009（6）：46．

式规定，进而逐步完善“商业外观”的内涵与外延。

（评析人：林戈）

【附　录】

一审案号：上海市黄浦区人民法院（2006）黄民三（知）初字第55号

二审案号：上海市第二中级人民法院（2007）沪二中民五（知）终字第5号

五合国际建筑设计集团与刘力、上海五合国际建筑设计咨询有限公司、北京五合国际建筑设计咨询有限公司不正当竞争纠纷案

【提　示】

外国企业名称中文译名中的字号，符合一定的条件，可以受《反不正当竞争法》保护。

【案　情】

原告：五合国际建筑设计集团（Woodhead International Pty. Ltd.）（以下简称“五合国际”）

被告：刘　力

被告：上海五合国际建筑设计咨询有限公司（以下简称“上海五合”）

被告：北京五合国际建筑设计咨询有限公司（以下简称“北京五合”）

法院查明的事实，原告于1973年7月在澳大利亚登记备案，主要从事建筑设计，其设计的作品在澳大利亚国内多次获评各种奖项。1994年，原告在合作参与他人在中国境内建设项目过程中，将当时的企业名称“Woodhead Firth Lee”译成中文“五合富丽”。自1999年3月至2007年4月，五合国际以“Woodhead International Pty. Ltd.”和“五合国际建筑设计集团”相对照的中英文名称在中国

国内签订了多份合同。与此同时，五合国际在报纸、杂志、网站等媒体上对其参与的项目及自身进行了广泛的宣传介绍。2007 年 2 月，五合国际在 2006 年第三届商博会系列活动之“中国商业地产设计趋势展”评选活动中获得“2006 年度最具投资价值商业地产设计大奖”“中国商业地产设计创意奖”和“中国商业地产设计特别奖”。

2004 年 11 月，被告北京五合成立，法定代表人刘国兴，总经理陶滔。2005 年 5 月，北京五合获评“中国西部最具推动力建筑机构”。同年 12 月，获评 2005 年度“中国二十大品牌影响力规划建筑、景观设计公司”。2006 年 1 月，北京五合在“影响中国商务建筑”推介活动中入选“中国商务建筑机构 10 强”，相关设计获得“中国生态创新建筑”“商业地产经典建筑”和“创新模式”称号等多项奖项。2005 年 1 月，被告上海五合成立，法定代表人蒋伟。

1999 年 9 月起，被告刘力受雇于五合国际。2005 年 3 月，五合国际在上海的独资企业上海伍哈德技术咨询有限公司在北京设立分公司，刘力作为五合国际的董事、地区主管出任北京代表，负责北京分公司的操作等。同年 8 月，五合国际与刘力终止雇佣关系。嗣后，刘力成为北京五合和上海五合的总顾问。刘力在受五合国际委派归国开展业务后，即与国内的原属中外建工程设计与顾问有限公司（CCI）所辖设计部门的设计人员严涛、冷进生、陶滔等进行业务合作。2000 年 6 月，刘力以澳大利亚五合国际建筑设计集团中国区总经理身份，在《光明日报》上发表署名文章，后刘力多次以五合国际建筑设计集团中国区总经理以及兼主设计师身份在报刊上发表专业文章，出席专题研讨等。在五合国际任职期间，刘力将其主编的刊物封面标注为：“国际著名机构 · 建筑设计在中国—五合国际建筑设计集团（澳大利亚）—北京五合”。刘力的博客中在 2005 年至 2007 年期间发表的文章，将其身份介绍为：五合国际集团或五合国际（5 + 1 Werkhart International）总顾问、五合国际主设计师、五合国际中国经理；其中 2006 年 1 月标题为《解读五合国际（Werkhart International）做更有影响力的项目》的文章，将“五合国际建筑设计集团”与“Werkhart International”对应，而发表时间为 2004 年 5 月 14 日，内容相同的《做更有影响力的项目》一文中，则将“五合国际建筑设计集团”与“Woodhead International”对应。

2003 年期间，多份期刊的广告宣传内容均将五合国际建筑设计集团对应英文 Woodhead International，大量宣传“五合国际（Woodhead International）在澳大利亚和东南亚共设有十几家分公司”“早在 1992 年五合国际就开始做中国的项目”“2000 年 3 月，刘力作为五合国际中国地区经理常驻中国组建公司之后，取得不俗成绩”“北京五合是外资独资企业，包括刘力在内，卢求、陶滔以及冷进生构成了北京五合的设计团队核心”等，同时“北京五合”的对应英文为：“Woodhead International Beijing Office”或“五合北京”（Woodhead International Beijing）。

此外，北京五合的网站（www.werkhart.com）上标有中文“五合国际”字样，并在其下方配以英文“Werkhart International ”，并与“5+1”数字符号组合成为网页的标识；在对陶滔、卢求、严涛、冷迸生等人的页面介绍中，分别称其为：五合国际集团总经理、五合国际集团副总；在对设计项目的内容介绍中均使用“五合国际”作为企业的称谓。

北京五合和上海五合共同在2005年1月的《世界建筑》杂志广告宣传中，采用了上述网站上的中英文和数字符号的组合标识，并称：“自2000年进入中国以来，五合国际致力以国际化的设计理念和先进的技术手段服务中国市场，五合国际（Werkhart International）作为跨国设计机构，拥有一批欧洲先进建筑科技的专家”；在上述杂志2005年5月、6月的期刊中，被告北京五合和上海五合也作了类似的广告宣传。2006年12月，被告北京五合和上海五合在上述杂志上释义“五合国际”为“五合：Werkhart International的中文音译；五强联合、五人组合等”。2005年相关网站的文章中分别将严涛和陶滔介绍为澳洲五合国际副总经理和澳大利亚五合国际建筑设计集团经理等。

2005年6月，经被告北京五合申请，北京市海淀区公证处对进入Google搜索网站，输入“五合”点击结果进行了公证保全，点击进入后的网页显示，除列有大量关于五合国际Werkhart International的信息外，同时亦显示澳大利亚五合国际建筑设计，著名的建筑设计公司，2002年于上海注册独资公司——上海伍哈德技术咨询有限公司的相关文字内容。

2005年3月9日，原告与被告北京五合总经理陶滔签订了《谅解备忘录》，约定：双方愿意继续合作，并在任何可能的情况下，为双方业务增值建立牢固的关系；原告将提供专业的设计和支持人员，根据双方同意的条件按对方要求提供必要的培训；北京五合将根据原告的要求提供办公场所和设施，双方将讨论如何合理分担办公室的成本问题；在任何可能的情况下合作并共同开拓市场等；其中还约定，同意原告各方将有权使用其在营销和促销过程中依法取得的销售名称；同时双方确保各自对销售名称的使用不会引起混淆或冲突；如果一方使用的销售名称侵犯了另一方的权利，侵权方应当在收到另一方通知时立即停止侵权；双方同意，会事先审阅销售和促销材料以避免混淆或冲突，并尊重对方的身份；各方同意，如一方在另一方的主营场所所在地推广或开展项目的，应通知对方进行明确的沟通以避免任何冲突或混淆；双方还明确，本《谅解备忘录》的签署表明双方的合作意图、保留各自身份的同时促进业务增长；本《谅解备忘录》对双方没有法律约束力等。

原告五合国际诉称，原告是一家从事建筑设计的知名跨国企业集团。自2000年起，原告以中文译名“五合国际”在中国内地开展业务，“五合国际”在中国内地的建筑业内具有相当高的知名度，已为中国相关公众所熟知。被告刘力在原告处任职期间，在不同场合故意混淆原告与被告北京五合的区别，致原告的正常经营活动受到严重影响。同时，两被告还在网站和广告宣传中使用“五合”“五合国际”，引起相关公众的误认，被告的行为严重侵害了原告对“五合国际”“五合”所享有的企业字号权，故请求判令三被告停止使用含有“五合国际”或“五合”字样的企业名称从事经营活动，在《中华建筑报》和《世界建筑》杂志上刊登声明，向原告赔礼道歉、消除影响，连带赔偿原告经济损失1000万元及合理费用50万元。

被告刘力辩称，原告的企业名称在中国未经注册，原告对“五合国际建筑设计集团”不享有企业名称权。1999年其受聘于原告担任中国区经理，以“五合”名义开展业务，对外宣传时以“Woodhead”与“五合”共同出现，混合使用。后中方团队成员分别注册了多个带有“五合”字号的企业，并与原告继续合作。正是基于中方团队与原告的合作使得原告在国内取得了知名度。刘力与中方团队的“合作”，原告是明知的、许可的，被告刘力既无侵权的客观事实，又未导致原告受损，更没有侵犯原告字号的主观恶意，故不构成侵权，不应承担法律责任。

被告北京五合和上海五合共同辩称，原告的公司名称与中文“五合国际建筑设计集团”不具有对应性，原告对外是以“伍哈德”作为“Woodhead”的中文翻译，原告在中国注册设立的子公司及其分公司亦以中文“伍哈德”为字号。原告未经审批和资质审核就进行项目设计，且未经工商行政管理部门的登记就从事经营活动，构成非法经营，因此无论原告使用何种中文译名作为其企业名称，都不能视为合法的商业使用其企业名称及字号的行为，无权向他人主张权利。自1999年原告委派刘力在国内开展业务后，就与“CCI”旗下的团队进行合作，并约定对外双方共同使用“Woodhead”与“五合”开展经营，对内明确中文“五合”字号隶属于中方团队，英文“Woodhead”代表原告。2001~2005年中方团队成员先后成立多个以“五合”为字号的公司，继续与原告合作。合作期间中方团队及其成立的公司对“五合”字号投入了大量的人力、物力广泛宣传，使“五合”在行业内具有一定的知名度，现两被告对“五合”的使用具有承继性和关联性。两被告经营使用“五合”已持续6年，亦使“五合”在行业内具有较高的知名度。“五合”是两被告经我国工商行政管理部门核准登记企业名称中的字号，两被告对于“五合”字号享有合法的使用权。2005年3月9日原告与被告北京五合签订了《谅解备忘录》，对相关字号的使用作了明确约定，故原告对于两被告的存在及使用“五合”字号的情况也是完全确认的，两被告不存在恶意使用“五合”字号的行为，也未造成混淆。

【审　判】

法院经审理认为，(1) 原告有权依据我国《反不正当竞争法》保护其企业名称。由于中国与澳大利亚同为《保护工业产权巴黎公约》(1967 年斯德哥尔摩文本）的成员国，根据该公约的规定，除声明保留的条款外，各成员国有义务遵守。因此，原告作为澳大利亚登记成立的企业，有权依据我国《反不正当竞争法》请求保护其企业名称。(2)“五合”作为原告企业名称所对应的中文译名中的字号，在国内经商业使用，并具有一定的知名度，依法受到我国《反不正当竞争法》的保护。由于字号在企业名称中最具有识别性，原告企业名称中最具识别意义的应当是“五合”（Woodhead)，而“国际”则是行业的限定语，“五合国际”（Woodhead International）当为原告企业名称的简称。现原告将“五合国际”一并作为其企业字号主张权利，依据不足，法院不予支持。(3) 被告北京五合和上海五合的行为构成对原告的不正当竞争。被告北京五合和上海五合作为在后登记的企业，在明知中文“五合”已为原告在先使用，并具有一定知名度，为相关公众所知悉的情况下，仍将之作为字号进行企业名称登记予以使用，以便于利用原告的商誉获取更多的竞争优势，具有主观上的过错，且也造成相关公众对于两被告和原告的市场主体、商品和服务来源产生混淆，使原告的利益受损，两被告的行为有违公平诚信原则，构成了对原告的不正当竞争。(4) 被告刘力的主体资格不适格。由于原告提供的证据既不足以证明刘力系被告北京五合和上海五合的实际控制人，以及刘力被控侵权的行为是其个人以营利为目的的一种经营行为；亦无法证明刘力个人与原告之间存在竞争关系，因此刘力个人作为本案的不正当竞争诉讼主体不适格，原告主张被告刘力侵犯其享有的字号权，不能成立。法院遂判决被告上海五合、被告北京五合停止对原告的不正当竞争行为，并应于本判决生效之日起 30 日内向工商行政管理部门申请变更企业名称，变更后的企业名称中不得含有“五合”文字；被告上海五合、被告北京五合在国内的《世界建筑》杂志上刊登声明，消除对原告所造成的影响；被告上海五合、被告北京五合共同赔偿原告包括合理费用在内的经济损失共计 30 万元。

一审宣判后，上海五合和北京五合不服一审判决，提起上诉。二审中，双方当事人达成和解。

【法官评析】

本案的争议焦点为未在我国登记注册的外文企业名称中文译名中字号的法律保护。随着经济全球化进程的不断推进，外国企业在我国的经济交往将不断增多，为更方便地在我国开展业务，这些外国企业往往会使用外文企业名称的中文译名。在这种背景下，抢注或者擅自使用外文企业名称中文译名中字号的不正当竞争行为日益增多，成为司法实践必须予以解决的迫切问题。外文企业名称的中文译名是否应当给予保护、如何保护，对此，法律规定并不明确，司法实践的认识也不统一。结合本案，笔者将对该问题进行进一步的分析，以期对今后的司法实践有所裨益。

一、外文企业名称中文译名中字号保护的法律困境

有关保护企业名称及字号的法律规定主要见于《反不正当竞争法》及相关司法解释。《反不正当竞争法》第5条第（3）项规定："经营者不得采用下列不正当手段从事市场交易，损害竞争对手：……（三）擅自使用他人的企业名称或姓名，引人误认为是他人的商品。"《最高人民法院关于审理不正当竞争民事案件应用法律若干问题的解释》（以下简称《解释》）第6条第1款规定："企业登记主管机关依法登记注册的企业名称，以及在中国境内进行商业使用的外国（地区）企业名称，应当认定为反不正当竞争法第5条第（3）项规定的'企业名称'。具有一定的市场知名度、为相关公众所知悉的企业名称中的字号，可以认定为反不正当竞争法第5条第（3）项规定的'企业名称'。"由此可见，企业名称要获得法律保护并非必须在企业登记主管机关登记注册，未登记注册的外国企业名称，只要在我国境内进行商业使用，同样可以获得《反不正当竞争法》的保护。但《解释》所指的外国企业名称是否包括企业名称中文译名中的字号并不明确，导致对于擅自使用外文企业名称中文译名中字号的行为是否构成不正当竞争在司法实践中具有不确定性。

二、外文企业名称中文译名中字号保护的必要性分析

在特定的条件下，外文企业名称中文译名中的字号应当受到法律的保护，这是《反不正当竞争法》的立法宗旨，消费者防止混淆的利益诉求以及权利人利益保护的必然要求。

（一）保护外文企业名称中文译名中的字号符合《反不正当竞争法》的立法宗旨

无论是企业名称、字号，还是其中文译名，本质上都是能够将不同商品或服务提供主体区分开来的商业标识，《反不正当竞争法》之所以对这些商业标识给予保护，在于禁止违背诚实信用的不正当竞争行为，制止市场混淆，进而实现保护消费者权益，维护公平有序的市场竞争秩序之目的。当外文企业名称中文译名中的字号受到侵害，特别是被同行竞争者利用、仿冒时，也会损害公平有序的市场竞争秩序，影响社会主义市场经济健康有序的发展。本案中，被告对原告企业名称中文译名中字号的使用具有明显的“搭便车”恶意，混淆了商品和服务的来源，扰乱了正常的市场竞争秩序。因此，《反不正当竞争法》应该对外文企业名称中文译名中的字号给予保护。

（二）保护外文企业名称中文译名中的字号符合权利人的利益

当中文译名中的字号与市场主体相联系时，该译名就成了市场主体人格化的外部标记，具有区分市场主体的作用。此时，对于权利人来说，中文译名中的字号与其企业名称、注册商标等一样，也成为一种无形资产。特别是当其所依附的商品或服务因其良好质量和信誉对消费者产生吸引力时，它也能带来类似于注册商标的经济效益。[1] 而这一切都是与权利人的努力分不开的，需要权利人投入大量的人力、物力成本。如果中文译名中的字号得不到法律的应有保护，权利人的付出将无法得到应有的回报。此外，在经济全球化不断深入的当下，企业的国际性日益显著，企业名称的译名对于商品在本土以外的销售情况同样具有举足轻重的作用。正如美国学者艾·里斯所言：“一个译名的好坏，在销售业绩上有千百万美元的差异。”可见，保护企业名称译名中的字号对于权利人开拓当地市场、维护并提升译名中字号的识别力及其知名度具有重要的意义。

（三）保护外文企业名称中文译名中的字号符合消费者防止混淆的利益诉求

当外文企业名称中文译名中的字号受到侵犯时，受到侵害的不仅是权利人，还有消费者。因为中文译名中的字号和商标一样也具有识别功能，即经过长期的使用，译名中的字号也能够将一个企业的商品或服务和其他企业的商品或服务区别开来，而不正当竞争者恰恰是要通过仿冒权利人企业名称译名的行为混淆这种区别，从而使消费者陷入混淆和误认。

三、外文企业名称中文译名中字号的保护条件

并不是所有外文企业名称中文译名中的字号，法律都应该给予保护，否则本来属于公共领域中的资源就有可能被占为已有。例如，本案中“Woodhead”除

[1] 韩赤凤．论未注册商标的保护——比较法上的观察与思考［M］// 专利法、商标法修改专题研究，北京：知识产权出版社，2009：236.

了可以译为“五合”，还可以译为“木头”“五和”“武合”等，但这些译名要受到法律的保护，应当符合一定的条件。

（一）中文译名中的字号与外文企业名称具有对应性、唯一性和固定性

之所以有对应性、唯一性、固定性的条件要求是为了防止将本属于公共领域中的资源被权利人占为己有。正如上文所述，一个外文名称可以对应很多个中文译名，权利人不可能也不应当对所有的译名都享有权利。对应性是指既然是译名，中文译名中的字号应当与外文名称保持一致，或者是音译，或者是意译，否则根本就谈不上是对外文企业名称的翻译。唯一性是指权利人在使用译名时，一个外文企业名称只能对应一个中文译名，不能同时使用多个中文译名，否则消费者很难将多个不同的译名与权利人之间建立唯一的联系。固定性是指权利人对中文译名的使用应当具有持续性和连续性，不能是偶尔性的使用，也不能朝令夕改。在戴尔有限公司诉北京市海淀区戴尔培训学校等侵犯注册商标专用权、企业名称权、虚假宣传纠纷案中，法院即认为戴尔有限公司在经营活动中有时译为“德尔”或者“笛尔”，并没有在“DELL”和“戴尔”之间建立唯一对应的联系，因此，戴尔有限公司针对含有“DELL”字样商标的宣传在相关公众中的知晓程度并不当然及于戴尔注册商标。❶ 本案中，原告自1994年开始便将企业名称中的“Woodhead Firth Lee”翻译为“五合富丽”，1999年原告以企业名称“Wood International Pty. Ltd.”与中文五合国际建筑设计集团结合使用的方式订立合同，之后的几年内，原告在对外经营活动中均将注有外文的企业名称印章与中文五合国际建筑设计集团中文译名一并使用，可见，原告对“Woodhead”中文译名中“五合”的使用已经基本固定，而且具有对应性和唯一性。

（二）外文企业名称中文译名中的字号已经在我国境内进行商业性使用

按照《解释》的规定，虽然未在我国进行登记注册，但是在我国境内进行商业使用的企业名称，也可以受到法律保护。因此，外文企业名称的中文译名要受到法律保护，必须在我国境内已经进行了商业使用。本案中，虽然我国对于建筑设计行业的准入有一定的限制，但是，对于境外企业提供建设工程初步设计之前的方案设计、与国内具有相关资质单位的合作、提供顾问服务等，并没有禁止性规定。因此，原告在我国境内的上述行为中使用中文译名应当视为在我国境内进行了商业性使用；而且原告以合作方式利用各种资源对其企业及相关中英文企业名称、字号进行宣传，也应视为商业性使用的一部分。

---

❶ 参见北京市第一中级人民法院（2005）一中民初字第10221号民事判决书。

（三）外文企业名称中文译名中的字号具有一定的知名度

字号要受到《反不正当竞争法》的保护，必须具有一定的市场知名度、为相关公众所知悉。字号之所以受保护，是因为其经使用而具有将不同企业区分开来的识别意义，而这种识别性是由其知名度而产生的。因此，“具有一定知名度”同样也是外文企业名称中文译名中字号获得法律保护的门槛。毕竟只有具有一定知名度的字号，消费者才有可能将其与经营主体建立唯一、确定的指向，在字号被擅自使用时，才可能发生混淆、误认。本案中，原告以合作的方式，通过大量的宣传、参与国内相关楼盘住宅等建设工程项目的方案设计，获得了诸多奖项，在业界具有一定的知名度，也使“五合”为相关公众所知悉。对此，被告也予以确认。

四、侵犯外文企业名称中文译名中字号不正当竞争行为的司法认定

在司法实践中，认定擅自使用外文企业名称中文译名中字号的不正当竞争行为，应当符合以下条件。

（一）外文企业名称中文译名中的字号应当符合法律保护的条件

即字号具有对应性、唯一性及固定性，已经在我国境内进行了商业使用，而且具有一定的知名度。对于对应性、唯一性及固定性的认定，人民法院可以结合权利人提供的直接证据和间接证据综合判定。直接证据包括权利人在具体的业务往来、签订的协议、广告宣传中将外文企业名称和中文译名直接对应使用的事实；间接证据包括新闻媒体、社会公众的评论等介绍中将外文企业名称和中文译名对应使用的事实。此外，人民法院还要考虑权利人的对应使用是否具有持续性和延续性，不能为了获得保护而偶尔使用。需要注意的是，对于知名度的认定，外文企业名称的知名度与中文译名中字号的知名度既相互联系，彼此又具有独立性。在外文企业名称与中文译名中的字号具有对应性、唯一性和固定性的前提下，外文企业名称的知名度对中文译名中字号的知名度将会产生有利的影响，但外文企业名称具有知名度并非意味着其中文译名中的字号也具有知名度，中文译名中字号知名度的获得仍然需要权利人投入大量的成本来培育。例如，本案中，原告的外文企业名称在业内具有极高的知名度，但这并不能证明其中文译名也具有知名度，仍然需要原告举证证明。

（二）行为人具有主观恶意

从不正当竞争行为本身及《反不正当竞争法》的规定看，不正当竞争行为的本质在于竞争手段的不正当性，在于违反公平的市场竞争秩序进行恶意竞争，从而积极地采用各种不正当手段牟取非法利益，所以，行为人主观上通常都是故意和恶意的。本案中，被告的出资人在与原告的合作过程中，对于原告的海外背景、国内的经营状况、中英文企业名称及字号的使用以及在同行业中的知名度均是明知的。但在明知上述事实的情况下，被告的出资人以在境内外注册公司的形式，在企业名称中擅自使用“五合”字号，虽然使得被告对“五合”的使用在形式上合法化，但实质上是意图搭原告的便车，混淆商品或服务来源的主观恶意十分明显。

（三）行为人擅自使用的行为可能导致消费者混淆、误认

《反不正当竞争法》保护企业名称的出发点在于防止消费者发生混淆和误认，因此，虽然行为人擅自使用了他人的企业名称或字号，但是如果并不会导致消费者的混淆和误认，例如商品或服务的种类不同、销售区域不重合等，此时，行为人的使用行为并不构成不正当竞争。在具体认定时，可以从以下几个方面进行把握：（1）原告、被告提供的商品或服务相同或者近似，属于同行业的竞争者；（2）原告、被告的销售区域、客户、经营模式等存在重合；（3）消费者或者其他主体已经发生混淆或者误认的事实。本案中，被告与原告属于同一行业，也存在相同的客户群体，而且被告的投资人曾经在原告处工作，被告在广告中声称“五合”系“Woodhead International”的中文音译，将“五合”与“Woodhead”相对应，足以导致相关公众难以依据原告、被告的企业字号区分商品和服务的来源；而且，人民网等网站将被告方的负责人混淆或误作为原告的高管进行介绍的报道，也表明相关公众对于双方的商品和服务来源已经产生了混淆和误认。

（评析人：金滢、凌宗亮）

【学术评析】

我国《反不正当竞争法》的立法目的在于维护国内市场竞争秩序，保护消费者和市场竞争者的合法权益。企业名称与商标一样具有地域性，不存在“世界企业名称”及“世界商标”的概念。外国企业名称及其中文译名要在我国获得保护，需要满足“亲自在我国境内进行商业性使用、具有指示产品或服务来源的功能、外文企业名称与其某一中文译名中字号之间具有对应关系”3 个条件。

首先，语言属于公共资源，如果不要求中文译名中字号与其外文企业名称具有实质性的对应关系而盲目进行保护，则会导致权利人的企业名称权无限扩大，也会导致垄断公有领域语言资源的消极后果。《反不正当竞争法》对企业名称进

行保护的法理基础在于保护企业名称所有人的商誉以及防止市场混淆，对译名字号的保护实质上便是将外文企业名称所承载的商誉从其外文形态转移到了其中文字音、字义之上。只有权利人对某一特定中文译名进行长期的连续性使用之后，使得消费者在该中文译名与外文企业名称之间建立了明确具体的指向性，该中文译名中字号才能起到承载商誉、区分产品或服务来源、防止混淆的作用，也因此才能获得我国法律保护。[1]

其次，该外文企业名称的中文译名中字号须具有一定的市场知名度，其本身能够承担指示产品或服务来源的功能。

最后，在我国境内进行商业性使用是企业名称获得保护的前提，同时也应是外文企业名称中文译名中字号受到保护的条件，因为只有这样才表明，该中文译名中字号在我国国内市场具有一定的影响力，也只有在对我国市场有影响力的情况下，才有必要对外文企业名称中文译名中字号提供保护，以保障我国的市场经济秩序。

就“五合”案而言，原告的外文企业名称及其中文译名中字号均在我国进行了商业化使用，且在行业内有较高的知名度，具有指示产品或服务来源的功能，同时“Woodhead International”与被告所使用的“五合”之间具有对应关系，法院据此判决被告在未经许可的情况下，擅自使用原告外文企业名称中文译名中字号构成不正当竞争，无疑是正确的。

值得一提的是，外文企业名称字号与外文商标的中文译名在我国的保护有其相通之处，无论是外文企业名称字号还是商标，在我国都有可能出现所谓“中文俗称”的情况，即社会公众对外文企业名称字号与商标的习惯性称呼。具体细分有3种情形：①将较长的正式称呼进行简化，例如将“索尼爱立信”或“Sony Ericsson”简称为“索爱”；②官方或民间对其本身的音译或意译，比如将“Mazda”音译为“马自达”，将“Land Rover”音译为“路虎”等；③字号加地名或商标加地名的简称，例如将“广州本田”简称为“广本”。

北京市高级人民法院于2009年审结的“刘建佳与索尼爱立信移动通信产品（中国）有限公司（以下简称‘索爱中国公司’）等商标行政纠纷一案”（以下简

---

[1] 例如在戴尔有限公司诉北京市海淀区戴尔培训学校等侵犯注册商标专用权、企业名称权、虚假宣传纠纷案中，法院即认为戴尔有限公司在经营活动中有时译为“德尔”或者“笛尔”，并没有在“DELL”和“戴尔”之间建立唯一对应的联系，因此，戴尔有限公司针对包含有“DELL”字样商标的宣传在相关公众中的知晓程度并不当然及于戴尔注册商标。参见北京市第一中级人民法院（2005）一中民初字第10221号民事判决书。

称“索爱”案)[1] 是近年我国发生的涉及“将国外企业名称译名的简化注册为商标”的经典案例，虽然其基本事实及判决结果与“五合”案完全不同，但在审判思路上与“五合”案异曲同工。

2003 年 3 月 19 日，刘建佳向商标局提出“索爱”商标的注册申请，2004 年 8 月 7 日该商标经核准注册。索爱中国公司（于 2002 年 8 月成立）以刘建佳恶意注册“索爱”商标侵害其合法权益，违反《商标法》第 10 条第 1 款第（8）项为由[2]，向国家商标评审委员会申请撤销，但国家商标评审委员会裁定维持刘建佳的“索爱”商标。索爱中国公司不服，向北京市第一中级人民法院提起行政诉讼。北京市一中院判决支持索爱中国公司。随后刘建佳上诉，北京市高级人民法院支持刘建佳的诉求，撤销了国家商标评审委员会的裁定与北京市第一中级人民法院的判决。

国家商标评审委员会认为，索爱中国公司提交的证据不足以证明“索爱”就是“索尼爱立信”的简称，故“索爱”应属于臆造词汇，无规范含义，尚无理由认为“索爱”商标使用在影碟机等商品上会对社会公共利益和公共秩序产生不良影响，因此，不属于《商标法》第 10 条第 1 款第（8）项规定的标志。

北京市第一中级人民法院否定了国家商标评审委员会的裁定认为，从汉语的语言表达来看，“索尼爱立信”在呼叫上相对烦琐，根据汉语语言习惯，在组成“索尼爱立信”的两家公司或品牌“索尼”和“爱立信”中各取一字构成对其简称是非常自然的。消费者的认可和媒体的宣传报道让“索尼爱立信公司及产品”与“索爱”之间形成了唯一的对应关系。

然而北京市高级人民法院在二审中认为，根据《商标法》第 31 条与《商标法实施条例》第 3 条的规定，被抢注人需自身对被抢注的商标进行商业性使用，消费者的认可与媒体的宣传报道均非索爱中国公司自身所为。在“索爱”商标被注册前，索爱中国公司并未进行任何针对“索爱”产品的商业性活动，因此不足以产生一审法院所谓“索尼爱立信公司及产品”与“索爱”之间的唯一对应关系，进而撤销国家商标评审委员会的裁定与北京市第一中级人民法院的判决。

笔者认为，在“索爱”案中，北京市高级人民法院的审判思路是：首先，索爱中国公司必须亲自以“索爱”之名在我国境内进行针对“索爱”产品的商

[1] 参见北京市高级人民法院（2008）高行终字第 717 号行政判决书。

[2] 索尼爱立信公司同时还认为刘建佳违反《反不正当竞争法》第 5 条第（2）项，因与下文内容关系不甚密切，故在此略去。

业性活动，包括生产、销售、宣传等，而不仅仅是消费者的认可与媒体的宣传报道；其次，虽然索尼爱立信公司的电子产品在业内具有较高的知名度，但由于索爱中国公司未就“索爱”进行任何商标法意义上的商业性活动，并不足以产生指示索爱中国公司电子产品来源的功能；最后，基于前两点，“索爱”与“索尼爱立信公司及产品”之间并不存在唯一、特殊的对应关系。在上述三点的支撑下，刘建佳注册“索爱”商标若日后投入使用，并不足以造成消费者误认和市场混淆，对我国电子产品市场并不具有负面影响，故而支持刘建佳的主张。

而在“五合”案中，正如法官所言，原告在中国内地的建筑设计业内具有较高的知名度，“五合”译名也具有指示产品或服务来源的功能，原告对“Woodhead”的中文译名“五合”的使用已经基本固定，可以认定“Woodhead”与“五合”之间具有实质性的对应关系。此外，被告主观侵权意图明显，被告的使用极易导致消费者误认和市场混淆，因而判决支持原告的诉求。

综上，笔者认为，无论是外文企业名称字号还是商标的中文译名，在我国受到保护是无可争议的，但受到保护的前提是满足“原告亲自在我国境内对涉案中文译名进行商业性使用、具有指示产品或服务来源的功能、其中文译名需与其公司的产品或服务之间具有唯一、特殊的对应关系”3个条件。

（评析人：林戈）

【附　录】

一审案号：上海市黄浦区人民法院（2007）黄民三（知）初字第31号

二审案号：上海市第二中级人民法院（2010）沪二中民五（知）终字第5号

上海鼎丰酿造食品有限公司与镇江市恒仙调味品有限公司、上海鼎风食品有限公司侵犯商标专用权及不正当竞争纠纷案

【提　示】

权利人针对侵权人的不同侵权行为，可以同时寻求《商标法》与《反不正当竞争法》的保护。

【案　情】

原告：上海鼎丰酿造食品有限公司（以下简称“鼎丰公司”）

被告：镇江市恒仙调味品有限公司（以下简称“恒仙公司”）

被告：上海鼎风食品有限公司（以下简称“鼎风公司”）

法院查明的事实，原告的前身源于1864年创立的“鼎丰酱园”。1992年5月，原告将鼎丰文字加图形（以下简称“鼎丰图文”）申请为注册商标，核定使用商品为第30类醋、酱油。2007年2月，原告将“鼎丰”文字申请为注册商标，核定使用商品为第30类醋、酱油。1999年8月起原告在市场上使用“鼎丰”白醋产品的瓶贴，其主视图中载有“上海鼎丰”“白醋”等字样，以及鼎丰图文商标。原告及其“鼎丰”产品曾多次获得各种荣誉称号，在各大报纸上作了大量的宣传。1997~2002年，原告在全国各地销售包括白醋在内的“鼎丰”

牌系列产品。

被告恒仙公司于2004年7月注册成立，其经营范围为：酱油、食醋、料酒生产、销售。被告鼎风公司于2007年9月注册成立，其经营范围为：食品销售管理（非实物方式）、销售日用百货（涉及行政许可的，凭许可证经营）。在2007~2008年，两被告共同在郑州举办的展销会上展示少量“鼎风白醋”、瓶贴小样，并散发两种不同的产品报价单，开展多项促销活动。2008年6月，原告购得“上海鼎风”白醋，上述白醋上的瓶贴与两被告委托制作的少量瓶贴小样的外观一致，但两被告否认该白醋产品由两被告生产、销售。此外，“鼎风”文字商标由案外人吴允谷于2006年9月申请注册商标，2009年4月初审公告，同年6月24日被提出异议，目前该商标处于待定状态。两被告确认经案外人吴允谷许可使用“鼎风”文字商标。

原告鼎丰公司诉称，两被告在其生产、销售的白醋产品上未经原告许可，在同一种商品上醒目、突出使用与原告注册商标近似的商标，使用与原告商品装潢近似的瓶贴，使购买者误认为是原告的商品，且被告的企业字号与原告的注册商标近似，构成侵犯原告注册商标专用权和不正当竞争，故请求判令两被告停止在其生产、销售的白醋商品上使用“鼎风”或“上海鼎风”字样，停止对原告注册商标专用权的侵害；被告鼎风公司变更含有“鼎风”文字的企业名称；两被告停止在相同商品上使用与原告装潢近似的瓶贴；两被告停止在商业活动中使用含有“鼎风”文字商标及标识；两被告登报声明、消除影响，并共同赔偿原告经济损失50万元及调查取证费2.5万元。

两被告辩称，两被告使用的商标现正在申请注册之中，与原告的商标不相同，不会导致混淆和误认，没有侵犯原告的商标专用权。两被告曾经于2008年展示过20瓶左右的白醋小样，委托制作过部分的瓶贴，但从未进行过批量生产和销售。原告购买的白醋是其他工厂冒用两被告名义生产的产品，与两被告无关。同时，被告鼎风公司的企业字号，与原告企业名称明显不同，且企业名称应由工商行政部门管理，不属于法院管辖范围。两被告对原告的企业名称、知名“鼎丰”白醋商品没有实施过不正当竞争的行为。

【审　判】

法院经审理认为：原告系鼎丰文字加图形注册商标和“鼎丰”文字注册商标的专用权人，其商标专用权依法受法律保护。被告鼎风公司在明知原告企业名称及注册商标之美誉的前提下，仍然以与原告“鼎丰”商标相同读音的“鼎风”

作为企业的字号使用，特别是在白醋产品瓶贴的装潢上突出使用等行为，侵犯了原告的商标专用权。被告使用的“鼎风”文字商标与原告的“鼎丰”注册商标整体结构、文字、读音、色彩具有很大的相似度，构成近似，也侵犯了原告的商标专用权。两被告在其使用的白醋瓶贴上使用的“鼎风”文字加图形的组合图案，普通消费者在隔离放置的情况下，足以对原告、被告双方的商品来源产生混淆，因此，同样侵犯了原告的商标专用权。此外，两被告生产、装潢、宣传、推广、销售其白醋商品等商业活动中突出使用含“鼎风”文字的各种商业标识的行为，均侵犯了原告的商标专用权。根据原告生产的“鼎丰”白醋的广告宣传、销售时间、市场占有率、商品声誉、获奖情况以及生效判决判定原告“鼎丰”白醋为知名商品等诸多因素，应当认定原告产品具有显著性和知名度。两被告在“白醋”商品上使用的瓶贴与原告同种商品上使用的瓶贴在整体色彩、图案风格、突出使用的文字及主体各元素的布局基本相同，构成近似，足以使两被告与原告生产的白醋产品混淆而引起消费者的误认，构成仿冒原告知名商品装潢的不正当竞争行为。法院遂判决两被告立即停止对原告享有的“鼎丰”文字商标、鼎丰文字加图形注册商标专用权的侵害；被告鼎风公司变更企业名称，变更后的企业名称中不得含有“鼎风”文字；两被告立即停止在白醋商品上使用与原告的“鼎丰”白醋商品装潢相近似的装潢的不正当竞争行为；两被告停止在商业活动中使用含有“鼎风”文字的标识；两被告在《大河报》《新民晚报》刊登致歉声明，以消除影响，并共同赔偿原告（包括合理费用在内）的经济损失 6 万元。

一审宣判后，双方均未提起上诉，一审判决生效。

【法官评析】

在社会经济交往中，商标、企业名称或姓名、名优标志等均是侵权者的侵权对象，一般这类侵权行为的形态很多，需要同时或分别适用《商标法》和《反不正当竞争法》加以规制。本案正是体现上述两类法律体系相互关系和适用规则的典型案例。

一、商业标识保护的一般原则

我国《商标法》和《反不正当竞争法》以不同角度和层面为出发点，针对市场上商业行为中各种违反商业诚信和公平竞争的行为作了规定，两者保护的方向一致、功能互补，目的是为市场主体提供平衡而又周延的保护。若要全面制止本案中侵犯商业标识的行为，不仅需要《商标法》，还要以《反不正当竞争法》加以调整，而且优先适用《商标法》，对于无法纳入《商标法》的侵权行为则由

《反不正当竞争法》补充调整。

二、区分商标侵权和不正当竞争行为的判断规则

尽管《商标法》和《反不正当竞争法》均以竞争为要素，维护市场主体的合法利益，保障市场经济的发展，但两者在保护角度上侧重不同。前者以识别商品来源、维护承载着商品和服务质量的商业信誉为己任，后者以制止违反公平竞争、不正当竞争行为为宗旨。也就是说，侵权行为的使用方式是强调特定标志在识别意义上使用时，为商标侵权行为，其他的侵权行为，则构成不正当竞争行为。

本案中，被告鼎风公司使用“鼎风”文字作为企业字号，并在白醋商品的瓶贴上突出使用的行为，被认定为侵犯了原告的注册商标专用权，假如被告鼎风公司仅仅使用“鼎风”文字作为企业字号，而并未在商业活动中突出使用时，则该侵权行为构成了不正当竞争行为，原因就是这种企业名称的侵权行为方式仅仅是违反商业道德的仿冒行为，而不是作为商标意义上的标示性使用；同时，两被告使用“鼎风”文字商标、“鼎风”文字上加环形内一个“风”字的组合图案，两被告生产、装潢、宣传、推广、销售其白醋商品等商业活动中使用含“鼎风”文字的各种商业标识的行为，亦构成商标侵权。而两被告使用仿冒权利人装潢瓶贴的行为，同样也是侵犯了原告的合法利益，扰乱了市场秩序，却无法纳入《商标法》保护范畴时，则应认定为不正当竞争行为。

三、侵权赔偿额与侵权形态多寡的关系

案件的侵权赔偿额并不以商标侵权或者不正当竞争行为形态的多寡累加，在侵权情节的考量上，应当适当考虑侵权人实施商标侵权行为和不正当竞争行为的共同目的。本案中，尽管两被告在商业活动中侵权行为的形态多样，需要同时适用《商标法》和《反不正当竞争法》，但两被告诸多的侵权行为只是为了更多地生产和销售“白醋”一种商品，并且获得更多的非法利益，因此，侵权赔偿额的计算，应当以侵权商品的价格、市场流通数量为基础，结合其他法定情节综合确定。这种侵权赔偿额的计算方法也体现了上述法律之间的互补性，对侵权纠纷各方当事人权利的平衡和周延保护。

（评析人：方产）

【学术评析】

在保护商业标识领域，我国《商标法》和《反不正当竞争法》起到了重要的作用。该案例是有关《商标法》与《反不正当竞争法》对于商标相关权益保护适用的典型案例。司法实践中，法院在解决商业标识侵权纠纷时，应当依据请求保护权利种类和侵权行为性质的不同，平行适用《商标法》和《反不正当竞争法》。当行为人实施了多种侵权行为时，区分某一行为究竟属于商标侵权行为还是不正当竞争行为的核心在于判断侵权行为是否属于商标法意义上的使用。由于两法在保护商标权领域存在重叠，因此在发生竞合时，应当首先考虑适用《商标法》的相关规定进行处理，在没有相关规定的情况下，可以适用《反不正当竞争法》予以保护。

一、平行适用《商标法》和《反不正当竞争法》解决商业标识侵权纠纷

侵犯商业标识权益问题近年来在我国日益凸显出来。司法实践中，侵权人往往同时实施了多种性质不同的侵权行为，当复杂案件发生时，需要具体判断某一行为究竟是构成商标侵权行为还是不正当竞争行为。因此需要厘清《商标法》和《反不正当竞争法》在保护商标权益时的具体适用。

我国目前尚未制订完整的商业标识立法来统一规制侵犯商业标识权益的行为，相关规范散见在一些单行的法律（包括最高人民法院的司法解释）法规甚至行政规章当中。当发生该类侵权行为时，法官主要适用《商标法》和《反不正当竞争法》来进行调整。《商标法》和《反不正当竞争法》在保护公平竞争的市场秩序这一目标上具有一致性，但是其保护的范围和侧重点又有所不同。在保护商业标识权益方面，《商标法》和《反不正当竞争法》呈并列关系，它们分别有独立的保护对象、规制方式、效力范围和保护重点，各自平行地对商业标识权益提供不同层面的保护。《商标法》侧重保护注册商标所有人的商标专用权，而《反不正当竞争法》则侧重保护未注册的知名商标以及知名商品的其他商业标识权益，如企业名称权、网络域名权、知名商品特有名称、包装、装潢权等。解决商业标识侵权行为纠纷时，应当依据请求保护权利种类和侵权行为性质的不同，平行适用《商标法》和《反不正当竞争法》。[1]

二、判断侵权行为是否属于商标法意义上的使用是区分商标侵权行为和不正当竞争行为的关键

在保护商标权益方面，《商标法》和《反不正当竞争法》的调整侧重不同，商标的基本功能是区分商品或者服务的来源，《商标法》保护的就是商标的这种区别性。而《反不正当竞争法》则侧重于维护市场交易中的诚实信用原则和公平的市场秩序。因此，区分商标侵权行为和不正当竞争行为的关键在于判断侵权

[1] 郑友德，万志前．论商标法和反不正当竞争法对商标权益的平行保护［J］．法商研究，2009（6）：93.

人针对商标所有人的注册商标实施的多种行为是否属于商标法意义上的使用，即该使用能否发挥商标识别的基本功能。如果属于商标法意义上的使用，则存在利用《商标法》予以保护的必要，属于侵犯商标权的行为。如果不存在商标法意义上的使用，再考量是否属于《反不正当竞争法》中禁止的违反诚实信用原则的市场混同行为。

在本案中，被告鼎风公司和恒仙公司同时实施了多种侵权行为：一是在相同商品上使用与原告注册商标相似的商标；二是在相同商品上使用与原告商品装潢相似的瓶贴；三是在被告的企业名称中使用了与原告注册商标相近似的文字；四是在生产、宣传、推广、销售等商业活动中突出使用了与原告注册商标相类似的商标。第一种行为属于侵犯注册商标专用权的行为，并无争议。而被告对于原告注册商标在商品装潢、企业名称以及其他商业活动中的使用属于商标侵权行为还是不正当竞争行为需要进一步判断被告的这种使用是否属于商标法意义上的使用。

根据《中华人民共和国商标法实施条例》第50条第1款和《最高人民法院关于审理商标民事纠纷案件适用法律若干问题的解释》第1条的规定，“在同一种或者类似商品上，将与他人注册商标相同或者近似的标志作为商品名称或者商品装潢使用，误导公众”与“将与他人注册商标相同或者相近似的文字作为企业的字号在相同或者类似商品上突出使用，容易使相关公众产生误认”的行为均属于侵犯商标专用权的行为。之所以将该类行为定性为侵犯注册商标专用权的行为，原因在于上述对于注册商标的使用，意在发挥商标区别商品来源的基本属性，是商标法意义上的使用。本案中，被告将与原告已被公众所知悉的注册商标“鼎丰”相似的“鼎风”文字作为企业字号，在其生产的与原告同类的白醋产品包装装潢上以及宣传推广等商业活动中突出使用的行为属于商标法意义上的使用行为，应当认定为商标侵权行为。[1]

三、《商标法》和《反不正当竞争法》在保护商标相关权利时的具体适用规则

（一）发生《商标法》和《反不正当竞争法》的竞合时，应选择对侵权行为评价最全面的法律来处理[2]

《商标法》和《反不正当竞争法》对于商标的保护范围并不是泾渭分明的，二者还存在部分重叠。某些情形下侵犯他人的商标专用权的行为和假冒他人商

[1] 相似案例可见：德国大众汽车股份有限公司与长春大众润滑油品销售有限公司等侵犯商标权及不正当竞争纠纷案，湖南省长沙市中级人民法院（2007）长中民三初字第74号民事判决书。

[2] 焦新伟.《商标法》与《反不正当竞争法》商标权保护比较［J］. 中华商标，2009：47.

标，利用不正当竞争手段从事市场交易，损害竞争对手利益的不正当竞争行为具有一致性。然而，“一事不再罚”是我国行政法中的一项基本原则，当行为人实施了一项侵权行为，同时违反了《商标法》和《反不正当竞争法》，即发生竞合时，行政机关只能从中选择一项进行处罚。依据《立法法》第 83 条规定，同一机关制定的法律、行政法规、地方性法规、自治条例和单行条例、规章，特别规定与一般规定不一致的，适用特别规定；新的规定与旧的规定不一致的，适用新的规定。在商标权保护领域，《商标法》相较于《反不正当竞争法》而言，属于特别法、专门法。因此，当发生竞合时，司法机关应当首先考虑适用《商标法》的相关规定进行处理。

（二）与商标有关的权利在《商标法》没有明确规定的情况下，可以适用《反不正当竞争法》予以保护

《反不正当竞争法》可以对商标有关权利起到补充性的作用，一方面，《商标法》对商标的保护主要限于注册商标，未注册知名标识的保护还需要依靠《反不正当竞争法》。例如，依据我国《商标法》，在相同或近似商品上使用与他人注册商标相同或相近似的商标，是最典型的侵犯注册商标专用权的行为。除了驰名商标外，《商标法》未给予普通商标予以跨类保护的权利。如若行为人在不同商品上使用了与他人注册商标相同或近似的商标，但客观上造成了市场混淆，该行为就无法纳入商标法的调整范围。基于《反不正当竞争法》的立法主旨和兜底性法律的特征，可以适用《反不正当竞争法》予以保护。

另一方面，在商标领域中对于新出现的不正当竞争行为，《反不正当竞争法》也能够给予有效的规制。[1] 我国《商标法》中也包含有对商标领域中不正当竞争行为的规制，典型的如抢注他人已有一定影响商标的商标抢注行为。然而，社会生活在不断地进步和变化之中，由于立法具有不可避免的滞后性，因此，我国《商标法》不可能穷尽所有商标领域中出现的不正当竞争行为。此时《反不正当竞争法》保护的触角可以延伸至《商标法》所不能及的领域。

（评析人：肖月）

【附　录】

案号：上海市黄浦区人民法院（2008）黄民三（知）初字第 35 号

[1] 贾瑞瑞. 论我国《反不正当竞争法》对商标的保护［J］. 重庆科技学院学报（社会科学版），2012（14）：63.

北京李阳疯狂英语培训中心与上海黄浦区零距离教育培训中心擅自使用他人企业名称不正当竞争纠纷案

【提　示】

未经许可擅自使用他人企业名称，构成不正当竞争。

【案　情】

原告：北京李阳疯狂英语培训中心（以下简称“李阳培训中心”）

被告：上海黄浦区零距离教育培训中心（以下简称“零距离培训中心”）

法院查明的事实，原告于2003年10月23日经北京市工商行政管理局朝阳分局登记注册成立，经营范围为英语培训等。“李阳疯狂英语”于2003年8月21日成为注册商标，注册人为李阳，原告经授权全权负责全国“李阳疯狂英语”品牌授权的各项事宜。被告系民办非企业单位，于2005年4月1日成立，业务范围为英语。

2007年9月30日，原告委托北京市海淀区公证处对“英语培训奇迹背后—全方位疯狂英语魔鬼集训营揭秘—［精彩视频］”的网页（网址为：http://www.totalsuccess.cn/popupf.asp/）进行公证。公证书显示：①网页上方显著位置以特大字体突出使用“李阳疯狂英语”字样，并以较小字体标注“上海唯一授权总代理”；该页下方则以黑体字写有“严重声明”，内容为：零距离教育是李阳疯狂英语上海唯一授权总代理，本校目前在上海没有任何合作机构或二级代理。②本校官方网址为：www. crazyenglish. biz，鉴于目前借李阳疯狂英语名义举办的培训课程众多，请各位学员报名前仔细区分辨别，并以较大黑体字标注“!”及“谨防假冒!”。③“热烈祝贺2007上海李阳疯狂英语暑期中外教魔鬼集训营第一期（2007年7月12~19日）、第二期（2007年7月24~31日）、第三期（2007年8月3~10日）、第四期（2007年8月13~20日）圆满结营”。以及上述四期集训营师生合影照片，照片抬头处有“零距离教育李阳疯狂英语”等字样。④“全面掌握‘李阳疯狂英语’权威突破法，立刻提升口语、应试技能!”等字样。其中，上述四期魔鬼集训营并未实际使用“李阳疯狂英语”进行招生、集训。

庭审中，被告承认网站 www. totalsuccess. cn/popupf. asp/和网站 www. crazyenglish. biz 指向的是被告同一个网站；同时，原告、被告共同确认被告于2007年9月15日至同年10月15日期间在上述网站上使用“李阳疯狂英语”字样，并用于招生宣传活动。

另查明，山东省东营市中级人民法院（2007）东民三初字第19号民事判决书认定：“李阳疯狂英语”在中国境内已经具有一定的市场知名度，是为相关公众所知悉的商品，应当认定为知名服务商品。该案上诉后，山东省高级人民法院维持原判决。

又查明，案外人李阳于2007年9月之前曾与被告有过接触，并出席被告组织的相关活动。

原告李阳培训中心诉称，原告经授权负责“李阳疯狂英语”在全国的培训及品牌授权。2007年10月12日，原告发现被告未经合法授权，在其网站上擅自使用“李阳疯狂英语”进行招生宣传，导致相关公众误认为被告与“李阳疯狂英语”存在直接或密切关联，给原告造成极大的经济损失，故依据《反不正当竞争法》第5条第（2）项、第（3）项的规定，请求判令被告停止不正当竞争行为，在相关网站及对外宣传资料上澄清事实以消除影响、赔偿原告经济损失50万元及合理费用9000元。

被告零距离培训中心辩称，“李阳疯狂英语”是注册商标，其注册登记时间早于原告的企业设立时间。依照规定商标权与企业名称权冲突时，应保护在先权利，因此，原告无权主张企业名称权。李阳是原告的股东之一，也是“李阳疯狂英语”商标的所有人。李阳曾来被告处洽谈合作推广“李阳疯狂英语”事宜，在征得李阳的同意后，被告网站上使用“李阳疯狂英语”名称仅1个月左右。虽然双方最终未能签订合同，但被告在缔约期间短暂使用其名称的行为，不构成不正当竞争。

【审　判】

法院经审理认为，原告企业名称中的字号“李阳疯狂英语”具有一定市场知名度，为相关公众所知悉，可以认定为《反不正当竞争法》第5条第（3）项规定的“企业名称”。“李阳疯狂英语”又系原告从事英语培训等知名服务的特有名称，对此，山东省东营市中级人民法院在相关判决书中已予确认，本院亦予确认。“李阳疯狂英语”中的“李阳”虽然是以自然人李阳的名字命名，尽管其是原告的股东，但李阳个人行为并不能等同于原告的经营行为。被告当庭演示的视频显示，李阳出席过被告组织的相关活动，也有表示要与被告一起合作的意向，但这种意向并未通过签约或其他合法的方式成为有效的授权行为；且被告至今未能提供其经合法授权在网上使用“李阳疯狂英语”进行招生宣传的证据。因此，被告辩称其和李阳具有合作关系，是在征得李阳和原告同意后，才在网上使用“李阳疯狂英语”进行宣传的意见，不予采信。被告在其网站上擅自使用原告企业名称及知名商品（服务）特有名称，且两者经营内容相同，足以使相关消费者产生误认，认为被告和原告之间存在授权代理关系，以此造成市场混淆，被告的行为已构成不正当竞争。被告组织的四期培训班在先，侵权行为发生在后，该培训收入与侵权行为之间缺乏关联性，原告以被告该四期培训收入作为计算侵权损失的依据不足，法院综合考虑被告实施侵权行为的情节、主观过错程度、原告因侵权所受到的损害以及为调查侵权行为而支出的合理费用等因素，酌情确定被告应当承担的赔偿金额。原告要求被告消除影响的诉讼请求，应予以支持，但被告消除影响的方式及范围，应与其侵权方式和范围相适应。遂判决被告停止对原告的不正当竞争行为、在其网站（www. crazyenglish. biz）上公开发表声明消除影响、赔偿原告经济损失4万元。

一审宣判后，双方均未提起上诉，一审判决生效。

【法官评析】

一、商标权侵权和不正当竞争竞合的问题

涉案的“李阳疯狂英语”既是原告企业名称中的字号，又是原告从事英语培训知名服务的特有名称，也是原告申请注册商标的内容，但被告将“李阳疯狂英语”上载于自己的宣传网页，以达到吸引和培训相关公众的目的，从性质上分析，可以属侵犯商标权，或者不正当竞争。因此，本案系商标权侵权和不正当竞争竞合的典型案例。法律上的竞合，是指同一行为违反调整同一社会关系的不同

法律规范，产生两种具有不同性质和相同效力并存的法律关系。一般在权利竞合的情况下，应当尊重原告选择一种能最大限度保护自己合法权益的法律规范进行起诉的权利。本案中，被告认为是商标侵权，且由于“李阳疯狂英语”先注册为商标，后登记为企业名称，根据保护在先权原则，原告只能主张商标权，而无权主张企业名称权的辩称意见，法院认为，原告以何种诉因提起诉讼是其权利。现原告选择以不正当竞争作为诉因，并无不当。原告的企业名称是否侵犯了他人注册商标的在先权利，亦应由相关权利人提出主张，事实上，原告已取得“李阳疯狂英语”商标的许可使用，因此，本案并不存在权利冲突问题。对原告选择以不正当竞争的案由提出诉讼，法院予以受理，并依据我国《反不正当竞争法》作出判决，并无不妥。

二、被告的行为是否构成不正当竞争

原告、被告洽谈合作期间，被告在尚未取得授权的情况下使用原告的知名品牌是否构成不正当竞争？认定不正当竞争行为的关键在于，经营者是否有悖公平竞争，采取不正当手段从事市场交易，损害竞争对手的合法权益。本案中，原告系依法设立的企业法人，其企业名称中的字号“李阳疯狂英语”具有一定市场知名度，为相关公众所知悉，可以认定为《反不正当竞争法》第5条第（3）项规定的“企业名称”。同时，“李阳疯狂英语”又系原告从事英语培训等知名服务的特有品牌。虽有证据显示，原告、被告双方为授权使用“李阳疯狂英语”品牌事宜进行洽谈，但在原告未明确授权被告使用品牌之前，被告在其网站上擅自使用原告企业名称及知名商品（服务）特有名称，且两者经营内容相同，足以使相关消费者产生误认，认为被告和原告之间存在授权代理关系，以此造成市场混淆，但事实上，被告始终未获取相关的授权，因此，被告的行为当然构成不正当竞争。

三、原告请求的赔偿金额是否具有法律依据

原告、被告双方确认自2007年9月15日至同年10月15日，被告网站上载了“李阳疯狂英语”字样，而被告组织的第34期至第37期培训班却在2007年7月12日至8月20日期间，即被告的4期培训班集训在先，侵权行为发生在后，该培训收入与侵权行为之间缺乏关联性，原告以被告该4期培训收入作为计算侵权损失的依据不足。因此，对原告侵权损害赔偿之计算方法，法院难以采信。鉴于原告的实际损失及被告的违法所得均不能确定，法院综合考虑被告实施侵权行为的情节、主观过错程度、原告因侵权所受到的损害以及为调查侵权行为而支出的合理费用等因素，酌情确定被告应当承担的赔偿金额。

四、合理适用消除影响的民事责任

消除影响是指侵权行为给权利人造成不良影响，侵权人应当承担的以一定方式消除该种不良影响的民事责任。消除影响适用的条件是侵权行为造成了不良影响，请求消除影响不局限于自然人，也包括法人等组织，但是权利人必须证明被告的侵权行为给其造成了不良影响。消除影响，可以采取登报、公告、公布判决书等方式。法官可以根据案情判令责任承担的具体形式，但基本原则是消除影响的范围限于侵权行为的影响范围。如果侵权行为在全国有影响，可以在全国性报刊上消除影响；如果侵权行为在行业内有影响，可以在行业内的报刊上消除影响；如果侵权行为发生在网络上，可以在网络上消除影响。如果权利人请求消除影响的范围明显大于侵权行为的影响范围，法院应当主动向当事人释明，指导其缩小请求范围。若被告拒不执行法院令其向原告消除影响的生效判决，原告可以向法院申请强制执行，法院可以采取公告、登报等方式，将判决的主要内容及有关情况公布于众，费用由被告承担。本案中，原告请求判令被告在精品学习网、搜狐网、新浪网及其对外宣传资料上澄清事实以消除影响，由于被告的招生范围主要在上海及周边地区，且不正当竞争行为仅发生于网上，与此相适应，被告只需在其网站上发表声明以消除影响即可。

（评析人：方产）

【学术评析】

一、权利竞合与权利冲突

本案所涉的“李阳疯狂英语”既是原告培训中心企业名称中的字号，也是原告从事英语培训知名服务的特有名称，还是原告已申请注册的商标。被告上海零距离培训中心将“李阳疯狂英语”的字样上载于其网站的宣传网页，以达到吸引寻求英语培训服务的消费者的注意力，该行为从法律性质上分析，既构成擅自使用他人企业名称字号的不正当竞争行为，也构成商标侵权。由此可见，本案属于商标权侵权与不正当竞争竞合的案件。然而，被告认为本案应属于商标权侵权案件，原告选择以不正当竞争为由起诉不能成立，其理由在于“李阳疯狂英语”于2003年注册为商标，而后于2005年才登记为企业名称，根据“保护在先权利”原则，原告只能主张商标权侵权，而无权对企业名称权主张权利。本文认为，这一理由是站不住脚的，被告方混淆了权利竞合[1]与权利冲突[2]这两个概念。

在权利竞合中，最典型的便是请求权的竞合。知识产权侵权行为导致侵权之债的产生，本案原告就“李阳疯狂英语”，既获得注册商标专用权又获得企业名称权，便是基于不同的法律规范获得的两项权利，原告可以基于这两项权利对被告的侵权行为产生两项竞合的请求权，无论原告选择行使哪一项请求权均是合法的。

权利冲突的产生需要基于“主体的相异性”和“两项或两项以上权利的相互抵触”，在本案中，单就商标权与企业名称权而言，“李阳疯狂英语”既是原告的注册商标又是原告的企业名称字号，不存在“主体的相异性”问题，而且该注册商标权与企业名称权并没有产生相互抵触的结果，因此，本案不涉及商标权与企业名称权的权利冲突问题。而“保护在先权利”原则针对的是在发生“权利冲突”时，法律从制度利益以及社会公共利益出发所作出的价值判断，选择优先保护“在先权利”，从本案的基本事实可以看出，本案不存在需要判断优先保护某项权利的情况。从民事诉讼法的基本法理与处分原则出发，原告以何种诉因提起诉讼是其诉讼权利，无论是被告还是法院都无权替代其作出选择。

二、本案被告构成不正当竞争

我国《反不正当竞争法》第5条以列举式具体规定了4种不正当竞争行为，这4种行为又被称为“混淆行为”，本案所涉及的是第（2）项与第（3）项行为。从法条原文上看，构成这两项行为的要件包括：第一，行为主体是从事市场交易活动的经营者；第二，该经营者在其经营活动中客观上实施了擅自使用他人知名商品特有名称以及企业名称的行为；第三，经营者的这一行为已经或足以使用户或消费者产生误认，即该行为已经达到了较为严重的程度。

从行为主体来看，被告上海零距离教育培训中心是一家从事教育培训的机构，与原告北京李阳疯狂英语培训中心在英语培训服务上属于同业经营者，具有竞争关系。

从原告提交的公证书上看，被告在其网站及招生宣传活动中均使用了“李阳疯狂英语”的字样，客观上使用了原告企业名称中的字号。在知名商品特有名称

[1] “权利竞合”是指数个权利存在于同一标的，而其行使可生同一结果。参见梁慧星．民法总论［M］．北京：法律出版社，2004：77.

[2] “权利冲突是指，两个或两个以上具有同样法律上之依据的权利之间，因法律未对它们之间的关系作出明确的界定所导致的权利边界的不确定性、模糊性，而引起的它们之间的不和谐状态、矛盾状态。参见王克金．权利冲突论——一个法律实证主义的分析［J］．法制与社会发展，2004（2）：45.

的认定上，本案借鉴了“李阳疯狂英语培训中心诉东营学知堂案”[1]，在该案判决书中，法院综合李阳疯狂英语培训中心提交的证据从销售地域、销售时间、宣传持续的时间、程度和地域范围等各个角度认定，“李阳疯狂英语”在中国境内已经具有一定的市场知名度，是为相关公众所知悉的商品，应当认定为知名服务商品。此外，虽然李阳本人曾经到被告处商谈合作事宜，并同意被告在其网站上使用“李阳疯狂英语”字样，但基于公司法人人格独立，李阳本人与“李阳疯狂英语培训中心”系不同的主体，其个人行为不能等同于原告的经营行为。由此可见，被告使用“李阳疯狂英语”进行广告招生宣传，客观上构成了“擅自使用他人知名商品特有名称”。[2]

从行为严重性来看，法院认为，“李阳疯狂英语”在全国英语培训市场具有较高的知名度与市场影响力，被告在其网站上使用“李阳疯狂英语”的字样进行招生宣传，导致了相关公众误认为被告与“李阳疯狂英语”之间存在直接或密切的联系，给原告造成了经济损失，造成了市场混淆，构成了不正当竞争。

三、消除影响的适用

消除影响是采用一定形式公开消除因侵权行为造成的不良影响，以恢复受害人固有人格形象的一种民事责任方式，在精神损害赔偿案件中经常适用。[3] 对于知识产权侵权案件而言，消除影响的适用条件应是侵权行为客观上造成了不良影响，不管该种影响是对原告的商誉，还是蒙蔽、误导了消费者。因此，可以请求法院判决消除影响的不仅仅局限于自然人，还包括企业组织等知识产权权利人。

就本案而言，“李阳疯狂英语”既作为原告的注册商标，又作为原告的企业名称字号，还是原告知名商品的特有名称，无疑已经成为原告商誉的载体，被告的混淆行为致使消费者产生混淆和误认，法院就此判决被告消除影响无疑是妥当的。问题的关键在于，如何认定本案被告侵权行为的影响范围。“从销售时间来看，自李阳创立‘李阳疯狂英语’以来，长达十余年之久；从销售区域来看，‘李阳疯狂英语’在全国大部分省市均有加盟商，销售范围十分广泛；从销售对象来看，‘李阳疯狂英语’面向的群体也非常广泛，从儿童到成年人，只要有英语学习需求的人都可能成为‘李阳疯狂英语’培训服务的销售对象；从宣传持续的时间、程度和地域范围来看，多年来先后有多家国家级、省级及地市级媒体

---

[1] 参见山东省东营市中级人民法院（2007）东民三初字第19号民事判决书以及山东省高级人民法院（2008）鲁民三终字第41号民事判决书。

[2] 我国《反不正当竞争法》中的“商品”包含了“产品和服务”。

[3] 参见蒋建社，刘国林．民事责任中的消除影响［J］．法学，1992（2）：20.

竞相宣传和报道。”[1] 由此可见，不管是在全国、英语培训行业内还是互联网上，“李阳疯狂英语”均具有较高的知名度，那么法院判令被告消除影响也应当从全国和行业的角度以及互联网空间着手。但鉴于被告英语培训服务的销售地域以及针对人群均在上海及周边地区，且混淆行为均是在其自身网站上，显然被告服务的受众范围并没有达到全国性，也没有对整个英语培训市场产生巨大的市场影响力，因此，法院根据原告的请求判令被告在精品学习网、搜狐网、新浪网及其对外宣传资料上澄清事实以消除影响是恰当的。

值得注意的是，在商标侵权与不正当竞争案件中，被告的侵权行为究竟能使多少消费者或潜在消费者产生误认进而造成市场混淆是一个极难判断的问题。在今后的类似案件中，法院应当根据原告、被告双方提交的证据谨慎地加以认定，这不仅关系到在判决被告侵权的情况下侵权损害赔偿额的计算，也关系到被告在采取消除影响措施时的范围和力度。

（评析人：林戈）

【附　录】

案号：上海市黄浦区人民法院（2008）黄民三（知）初字第14号

---

[1] 参见山东省高级人民法院（2008）鲁民三终字第41号民事判决书。

新平衡运动鞋公司与泉州市纽班伦体育用品有限公司仿冒纠纷案

【提　示】

本不具有显著性的商业标识经持续使用在知名商品的特定位置，从而具有识别商品来源的作用时，可以将其认定为知名商品特有装潢予以保护。

【案　情】

原告：新平衡运动鞋公司（New Balance Athletic Shoe，Inc.）（以下简称“新平衡公司”）

被告：泉州市纽班伦体育用品有限公司（以下简称“纽班伦公司”）

法院查明的事实，原告是拥有百年历史的世界著名专业运动制品商之一，在第25类（鞋）商品上享有“N及图”等商标，其生产的“new balance”运动鞋在鞋两侧中央位置靠近鞋带处（以下简称“鞋两侧”）突出使用了大写、粗体的英文字母“N”标识（以下简称“N字母”标识），该标识是鞋子装潢中最具显著性部分，各类产品广告中亦大量突出宣传了该标识，其早期生产的运动鞋的吊牌上有“美国NB纽巴伦简史：美国名牌纽巴伦（new balance）创立于1906年，英文字义是‘新平衡’……受历任美国总统青睐，因此被誉为‘总统的休闲鞋’”等字样。2004年前后，新平衡公司启用“新百伦”作为产品中文名称，此后再未主动使用过“纽巴伦”。2007～2008年，新平衡公司设计发行了限量版运动鞋“海陆空”系列及“京剧脸谱”系列，该两款运动鞋在鞋面上多处运用了脸谱图案及类似地理标识图的图案，但最具显著性的仍系鞋两侧使用的“N字母”标识。

被告自2007年12月成立以来，在全国各地开设店铺，使用“纽巴伦”作为店招，销售其生产的运动鞋，并通过户外广告、平面媒体等方式进行宣传、推广，其生产的运动鞋的鞋两侧或鞋外侧中央位置均突出使用了略微变形的、右侧下方有两条较细斜杠的大写、粗体“N”标识（以下简称“N图形”标识），并在鞋及吊牌、鞋盒等多处位置使用了与“N图形”相同或近似的标识以及“N·PAI”“N·牌”“纽巴伦”等字样。另有两款鞋也使用了京剧脸谱图案及以各种线条和地名拼音组成的地理标识图，但该两款鞋的鞋两侧同样使用了“N图形”及类似“N图形”的标识。纽班伦公司制作的产品宣传图册中所陈列展示的款式众多、颜色各异的运动鞋商品，其两侧亦使用了“N图形”标识，且多数商品图片中也突出展现了该“N图形”标识。2009年12月，被告自案外人求质公司处受让第4236766号商标的注册申请，商品种类为第25类（鞋、运动鞋、足球鞋等），该商标于2008年5月20日获得初步审定，并于2011年12月12日被国家商标评审委员会复审裁定予以核准注册。被告在二审期间获得该商标的商标注册证。被告还分别于2009年6月2日、6月26日向国家商标局申请在第25类商品上注册第7438788号商标及第7501360号商标。

原告新平衡公司诉称，原告的产品在行业内和消费者中具有极高的知名度，“N”及“纽巴伦”已经成为原告知名商品的特有名称，使用在鞋两侧中央位置的“N字母”标识是原告知名商品的特有装潢。此外，“京剧脸谱”和“海陆空”系列限量版商品上使用的京剧脸谱图案及地理标识图案设计，也是原告知名商品的特有装潢。被告使用的“N”与作为其背景的鞋两侧位置共同组成的商标与原告的“N及图”商标构成近似，侵犯了原告的商标权。同时，被告在鞋两侧中央位置使用“N”系仿冒原告商品在相同位置使用“N”所形成的特有装潢；被告在鞋其他位置及包装、店铺的招牌上使用“N”和“N·PAI”“N·牌”及“纽巴伦”是对原告商品特有名称“N”“纽巴伦”的仿冒；被告使用与原告“京剧脸谱”和“海陆空”系列相同、近似的装饰图案也是对原告就该两款鞋所拥有的特有装潢的仿冒，上述行为足以导致消费者构成混淆和误认，构成对原告的不正当竞争，故请求判令被告立即停止对原告的商标侵权行为及不正当竞争行为，并赔偿原告包括合理费用在内的经济损失共计50万元。审理中，原告撤回对被告的第一项诉讼请求。

被告纽班伦公司辩称，原告对“纽巴伦”不享有任何权益，且原告从未将“N”作为商品名称使用过，不能将“纽巴伦”及“N”作为原告知名商品特有名称予以保护。被告使用的“N 图形”标识系合法使用其申请注册的及商标，原告使用的单独的“N”脱离了装潢的整体性，不构成知名商品特有装潢的保护对象。虽然原告在本案中不主张商标权，但原告曾自认其在产品上使用“N”的行为系对其注册商标的使用，根据专门法优于一般法的关系，原告只能就此行为寻求《商标法》保护，而不得以《反不正当竞争法》予以保护。同时原告的“京剧脸谱”系列和“海陆空”系列的装潢也不具有显著识别性，不可以通过知名商品特有装潢予以保护，故原告诉称的被告不正当竞争行为不能成立。

【审　判】

法院经审理认为，原告提供的证据足以证明“new balance”运动鞋在中国境内的相关市场中具有较高的市场知名度，为相关公众所知悉，可以认定为“知名商品”。原告没有提供证据证明其将“N”作为商品名称予以使用，故认定其为原告商品的特有名称缺乏事实基础。原告曾在市场上在先使用“纽巴伦”，但由于原告未持续使用，故“纽巴伦”与原告的对应性没有因为原告的持续使用而不断得以强化，客观上反而因原告的多年停用而被淡化，对于原告自身已不再使用的商品名称，实无给予法律特殊保护的必要。“N”作为英文字母，非原告所独创，不具固有的区别性。但是原告生产的运动鞋绝大多数款式的两侧均使用了“N 字母”标识作为装潢，在广告中也主要通过展示运动鞋两侧使用的“N 字母”标识进行商品宣传。鞋两侧使用的“N 字母”标识是原告运动鞋装潢中最突出、最具识别性的部分，上述使用方式具有显著的整体形象，且与商品的功能性无关，经过原告长期宣传和反复使用，已足以使相关公众将使用在鞋两侧的“N 字母”标识与原告的运动鞋商品联系起来，使得本不具有天然区别性的字母“N”因持续使用在运动鞋的固定位置上而产生了识别特定商品来源的区别性，具有了识别商品来源的作用，故原告在鞋两侧使用的“N 字母”标识已经成为《反不正当竞争法》第 5 条第（2）项所保护的特有装潢。原告未对“京剧脸谱”及“海陆空”系列运动鞋的知名度进行举证，且该两款鞋仅凭“京剧脸谱”及“地理标识图”的图案设计，尚无法使消费者将其与原告的商品联系起来，故原告主张“京剧脸谱”及“海陆空”系列运动鞋的特有装潢不能成立。被控侵权商品所使用的“N 图形”标识与原告的“N 字母”标识在隔离比对的情况下，以相关公众的一般注意力为标准，两者在视觉上基本无差别。被告攀附原告商誉、制造市场混淆的主观恶意明显，客观上也足以导致消费者对商品来源产生混淆、误认，明显违背了诚实信用原则和公认的商业道德，构成对原告的不正当竞争，应当承担停止侵权、赔偿损失的民事责任。同时，即使是对注册商标专用权的行使，亦不得损害他人的在先合法权利，况且被告未提交其商标已经核准注册的有关证明，故对被告关于其使用的是其合法注册的商标的辩称，不予采纳。法院遂判决被告立即停止对原告的不正当竞争行为，即停止在其生产销售的运动鞋的鞋两侧中央位置靠近鞋带处使用与原告“N 字母”相同或近似的装潢；被告赔偿原告包括合理开支在内的经济损失人民币 48 万元。

一审宣判后，被告不服一审判决，提出上诉。二审判决驳回上诉，维持原判。

【法官评析】

经营者在市场交易中，应当遵循诚实信用原则，遵守公认的商业道德，不得损害其他经营者的合法权益。根据《反不正当竞争法》第 5 条的规定，擅自使用知名商品特有的名称、包装、装潢，或者使用与知名商品近似的名称、包装、装潢，造成和他人的知名商品相混淆，使购买者误认为是该知名商品的，构成不正当竞争。这种典型的商业标识仿冒行为试图通过“搭便车”提高市场份额，不仅会损害被仿冒企业的市场利益，也会破坏公平的市场竞争秩序，损害消费者利益，应当予以制止。

一、注册商标与知名商品的特有标识[1]

（一）注册商标与知名商品特有标识的交叉

注册商标与知名商品特有标识均属于商业标识的范畴，但两者在保护范围和方式上并不相同。注册商标主要通过《商标法》予以保护，而知名商品特有标识则由《反不正当竞争法》所保护。通常认为，《反不正当竞争法》与《商标法》构成一般法与特别法的关系，根据特别法优于一般法的原则，对于《商标法》已经予以保护的领域，只能适用《商标法》的规定，不能再援引《反不正当竞争法》。但另一方面，知名商品特有标识之所以受法律保护，原因在于这些商业标识经过权利人的实际使用而具有了商品来源的识别意义，这与商标的识别功能并无二致，其本质就是未注册商标。《反不正当竞争法》第 5 条第（2）项

[1] 为叙述之便，本文将知名商品特有名称、包装、装潢统称为知名商品特有标识，下不累述。

给予了部分未注册商标以类似注册商标的保护，又是对《商标法》的有效补充，两者并非相互对立的关系。司法实践中，鉴于《商标法》与《反不正当竞争法》的这种复杂关系，对于注册商标与知名商品特有标识的保护问题应当特别注意实质的协调性，正确适用法律。

对于完全可以纳入《商标法》保护范畴的领域，必须严格遵守特别法优于一般法的规定，适用《商标法》予以保护，不能再同时适用《反不正当竞争法》或由当事人自行选择。❶ 比较典型的事例是当事人将其注册的文字商标同时作为商品名称予以使用，此种情况下，这种名称也就成为注册商标意义上的商品名称了，可以寻求注册商标的保护，而无须再寻求《反不正当竞争法》的保护。例如在“梦特娇”一案中，法院就在判决中表示：“‘梦特娇服装’中的‘梦特娇’是原告的注册商标，不属于具有特有性的商品名称；‘服装’系通用名称，因此该商品名称本身不具有特有性”。最高人民法院也曾在判决书中指出：“已经注册为商标就不再具有知名商品特有名称的属性，而具有了注册商标权的专有性。”❷

对于尚不能完全纳入《商标法》保护范畴的商业标识，原告可以根据案件的具体情况同时主张或自行选择通过《商标法》或《反不正当竞争法》予以保护。比较典型的事例是原告享有某一注册商标，其注册商标本身或者该注册商标的显著部分同时又是其商品装潢的组成部分，被告不仅擅自使用了原告的注册商标，还对该商品装潢进行了全面仿冒。在这种情况下，如果仅允许原告就注册商标予以主张，那么其商品装潢中其他具有特有性的要素必然无法得到保护，既不利于维护原告的合法权益，也不利于制止仿冒行为的发生。此时，原告可以对注册商标专用权及知名商品特有装潢同时主张或择一主张。值得注意的是，这种情况下，虽然被告的行为同时侵犯了原告的两项权利，但其行为的违法后果实际上却只有一个，故在损害赔偿金额的确定上应予以考虑。

（二）本案两种保护模式的选择

本案中，原告核准注册的商标为“N 及图”，但原告在实际使用时对此做了变动，在运动鞋两侧单独突出使用了其主要部分即英文字母“N”。大写字母“N”既是原告注册商标的主要构成部分，也是原告所主张的“运动鞋两侧使用‘N 字母’标识”这一特有装潢中除了“运动鞋两侧”这一特定位置要素外的唯一识别要素。从严格意义上讲，本案很难归属于前述两种常见情形中的任意一

❶ 孔祥俊．商标法与反不正当竞争：原理与判例［M］．北京：法律出版社，2009：18.

❷ 最高人民法院（2002）民三终字第1号民事判决书。

种，这给案件审理带来了难度。本案被告的使用行为只有一个，即“在运动鞋两侧使用了与‘N字母’标识相似的标识”，在这种情况下，原告显然不能同时主张《商标法》与《反不正当竞争法》的保护。但对于本案的法律适用问题，审理中存在两种观点。

一种观点认为，由于大写字母“N”是原告注册商标“N及图”的主要构成部分，因此原告单独使用“N字母”标识的行为并未改变注册商标的显著特征，仍然可以视为注册商标的使用。在这种情况下，就应当纳入《商标法》的保护范畴而不应再以《反不正当竞争法》予以保护。

另一种观点认为，《商标法》第51条规定，注册商标的专用权，以核准注册的商标和核定使用的商品为限。如果实际使用的商标与注册商标不一致的，则实际使用的商标构成另一个未注册商标，该未注册商标若符合知名商品特有标识的保护要件时，可以按照《反不正当竞争法》予以保护。

在法律规范本身具有模糊性的前提下，前述两种观点无谓孰优孰劣，但结合本案的具体情况，其保护结果则可能大相径庭。鉴于本案被告已在鞋类商品上申请注册第4236766号商标，虽然一审判决时被告尚未拿到注册商标证，但根据国家商标评审委员会的复审裁定来看，被告经核准注册该商标的可能性非常大。该商标与被控侵权商标虽存细微差别，但并无显著性差异。在被告尚未取得注册商标专用权的情况下，其使用的应为未注册商标，本案以第一种观点依照《商标法》对原告的注册商标给予保护具有合法性和正当性。但这样的处理方式存在一个潜在的悖论，即在被告取得注册商标专用权后，其使用行为即成为使用自己所拥有的注册商标的行为，从而与原告形成注册商标之间的冲突。根据《最高人民法院关于审理注册商标、企业名称与在先权利冲突的民事纠纷案件若干问题的规定》第1条第2款之规定，注册商标间的争议人民法院应当告知原告向有关行政主管机关申请解决。而商标局的观点在商评委的裁定中已经表述得非常明确，即原告、被告的商标不构成近似，这会导致原告的权利实质上处于投诉无门的境地。

采用第二种观点的保护模式，则可以巧妙地避开这一难题。如果原告的这一使用方式经法院审查确能构成在先的知名商品特有装潢，则即使被告事后取得注册商标专用权，其在后的商标权的行使亦不得对抗原告的在先权利，原告的合法权益可以一以贯之地得到合理保护。

笔者认为，无论是注册商标权还是知名商品特有标识，均是具有一定模糊性的概念，其保护范围的边界并非通常所认为的那样泾渭分明，而是具有相对的弹性。因而在确定如何保护时，司法具有很强的政策选择和取舍的色彩。[1] 在将抽象的法律规定适用于形形色色的现实法律争议时，法官应当也完全可以充分发挥自由裁量权，根据需要不断丰富法律规定的具体内涵和外延，追求更好的法律效果和社会效果。本着鼓励公平竞争，遏制"搭便车"的不正当行为，维护权利人合法权益的价值取向，一审法院向当事人充分释明两种选择的不同法律后果后，最终，当事人选择了以"知名商品特有装潢"寻求救济，较好维护了自身合法权益。

二、知名商品特有标识的司法认定

《反不正当竞争法》对知名商品特有标识的保护范围看似穷尽，实则具有很大的弹性，因此，司法实践中，对于知名商品特有标识的认定往往是双方当事人争议的焦点，也是案件审理的难点。知名商品特有标识的认定属于个案认定，在认定中尤其应当注意把握以下三点。

（一）商品必须具有知名度

根据《最高人民法院关于审理不正当竞争民事案件应用法律若干问题的解释》（以下简称《不正当竞争司法解释》）的规定，知名商品是指在中国境内具有一定的市场知名度，为相关公众所知悉的商品。知名商品的认定应当综合考虑该商品的销售时间、销售区域、销售额和销售对象，进行任何宣传的持续时间、程度或地域范围，作为知名商品受保护的情况等因素。对该法律规范的理解和适用，除字面含义外，还应当着重注意以下两点：

（1）原告对其主张的商品是否知名，应负举证责任。即使存在仿冒行为，也不能据此反推出该商品即为知名商品。经营者一般可以通过该商品进入市场的时间及地域、商品的市场占有率、商品的广告宣传投入、消费者对该商品的知晓程度等方面的举证来证明。

（2）原告对知名度的举证应及于其所主张的具体商品。鉴于原告所主张保护的商品是明确具体的，对商品知名度的举证应当及于该具体商品，经营者作为市场主体的知名度或其商标知名度可以作为考量因素，但并非决定性因素。本案中，原告提供的大量证据证明对其生产的"new balance"运动鞋进行了广泛、持续的宣传，故法院认定"new balance"运动鞋符合《反不正当竞争法》所规定的"知名商品"的构成要件。但是"new balance"运动鞋的知名度不能代替其对"京剧脸谱"及"海陆空"系列运动鞋知名度的证明，而原告主张的该两系列商品均为限量版，生产数量不足千双，销售范围亦十分有限，涉及此两系列商

[1] 孔祥俊．论我国商标司法的八个关系——纪念《商标法》颁布30周年［J］．知识产权，2012（7）．

品的宣传也并不多，故法院对该两系列商品的知名度没有确认。

（二）商业标识必须具有实际使用的事实

知名商品特有标识受法律保护的根本原因在于这些商业标识经过权利人的实际使用而具有了商品来源的识别意义。对商业标识实际使用的事实涉及三个方面：第一，使用在先；第二，主动使用；第三，使用具有持续性。

（1）使用在先。国家工商行政管理总局 1995 年颁布的《关于禁止仿冒知名商品特有的名称、包装、装潢的不正当竞争行为的若干规定》第 4 条第 2 款规定："特有的商品名称、包装、装潢应当依照使用在先的原则予以认定。"笔者认为，由于知名商品特有标识系个案认定，而且对于因产生第二含义而具有区别性的商业标识而言，其特有性是根据使用情况在后取得的，甚至有无法查明谁是在先使用者的情形[1]。因此，使用在先强调的是对主张保护的商业标识的使用行为先于被控侵权标识的使用，而不必苛求原告证明其系市场上的首次使用。在原告已经提交其在先使用的证据后，反驳其在先使用的证明责任应当由被告承担。[2] 本案中，原告主张"N"系其商品特有名称，但是没有提供证据证明其将"N"作为商品名称予以使用，故法院对原告的该项主张，没有支持。

（2）主动使用。商业标识要获得保护，必须由主张保护的权利人自己在商业活动中予以了使用，社会公众对商业标识的使用行为不能认定为是经营者对商业标识的使用行为。这一规则在"索爱"商标纠纷案[3]、"伟哥"商标纠纷案[4]中均得以体现。本案中，原告曾向法院提交了一份网页保全公证书，以证明在原告的主动使用行为停止后，至今仍有消费者将"纽巴伦"作为原告商品的中文名称予以使用，欲据此证明"纽巴伦"是原告的知名商品特有名称。但如前所述，即便确有消费者存在上述认知，消费者的认知也不能代表原告的主动使用，故法院最终未予支持。

（3）持续使用。强调使用的连续性，主要原因在于商业标识的价值是在使用中产生的，是基于使用而产生的利益，其最终目的是保护使用人因对该商业标识长期使用而累积的商誉，而商誉的形成非一朝一夕，需要一定的时间过程。如果使用人主动放弃了对商业标识的使用，意味着其主观上不再将之作为区别自身商品与他人商品不同来源的标识，客观上也势必会逐渐削弱公众对商业标识与使

[1] 孔祥俊．论我国商标司法的八个关系——纪念《商标法》颁布 30 周年［J］．知识产权，2012（7）：722．

[2] 参见江苏省高级人民法院（2006）苏民三终字第 0110 号民事判决书。

[3] 参见北京市高级人民法院（2008）高行终字第 717 号行政判决书。

[4] 参见最高人民法院（2009）民申字第 312 号民事裁定书。

用人之间关系的认识，因此，对于原告自身已不再使用的商业标识，法律也就没有再保护的必要。以本案为例，“纽巴伦”就是因为原告未持续使用而导致其与原告的对应性被淡化，“纽巴伦”与原告之间并不具有稳固的、唯一的对应关系，故法院对原告的该项诉请，未予支持。反观原告主张的“在运动鞋两侧使用‘N字母’标识”，虽然“N”字母非原告所首创，但现有证据表明原告首先将其用于鞋两侧，且进行了长期的持续使用，符合“在先、主动、持续使用”的基本要件。

（三）商业标识必须具有显著性

《反不正当竞争法》第5条第（2）项对知名商品包装、装潢的要求是“特有”，《不正当竞争司法解释》第2条将之解释为“具有区别商品来源的显著特征”或“经过使用取得显著特征”，这便是商业标识获得保护的显著性要求。

商业标识的显著性又称为识别性，主要是指商业标识所具有的识别或区分商品或服务来源的性质或能力。显著性包含内在的显著性和取得的显著性（第二含义）两种。如果一个商业标识的内在属性能够用于识别某一特定商品或服务的来源，那么该商业标识便具有内在显著性。第二含义则是指通过长期使用而获得的区别于原有意义的含义。如果某商业标识本不具有内在显著性，但通过广泛使用使该商业标识与特定商品来源产生联系，该商业标识就获得了显著性。显著性要求源于商业标识的标识功能，最终目的在于防止消费者混淆。因此，在判定显著性时，消费者的感受最重要，必须结合商业标识的地域范围内的一般消费者等相关公众来判断，并以一般消费者在正常情况下的反应作为标准。只有当消费者主观上将特定标识与商品的唯一来源联系在一起，或者承认其为唯一的来源时，才存在第二含义。第二含义是否存在是一个事实问题，在证明第二含义时进行消费者调查常常是有用的，还有使用该术语的时间长短、使用方式、销售量和广告的总开支，都是证据。❶

本案中，原告主张的“鞋两侧使用‘N字母’标识”装潢就是因为原告持续不断地使用和宣传而具有了识别商品来源的作用，即产生了第二含义从而得到法律保护。但是，对于原告所主张的“京剧脸谱”及“海陆空”系列运动鞋上所使用的图案设计为该两系列商品的特有装潢，法院持相反态度。主要原因不仅与前述原告未就该两系列商品进行知名度举证有关，还在于该两系列商品仅凭“京剧脸谱”及“地理标识图”的图案设计，尚无法使消费者将其与原告的商品

---

❶ 孔祥俊．论我国商标司法的八个关系——纪念《商标法》颁布30周年［J］．知识产权，2012（7）：729．

联系起来，故对原告的该项主张，法院未予支持。

（评析人：孙巾淋）

【学术评析】

“特有名称、包装、装潢”具有区别商品来源的属性，受到我国《反不正当竞争法》的保护。本案是商标权与知名商品特有名称、包装、装潢权利冲突的典型案例。该案的审判揭示出以下规则：第一，只有“知名商品”的特有名称、包装、装潢才能纳入法律的保护范畴。判断是否属于在先知名商品时一般具体斟酌该商品的广告量、销售时间、销售量、市场占有率、声誉等因素进行综合判断。除此判断规则之外，只要经营者存在主观过错，其商品装潢与他人在先使用在商品上的装潢相同或近似，足以造成市场混淆时，即可认定在先商品为知名商品。第二，认定商品特有名称、装潢时，应当考虑该名称是否通过使用而产生了显著性，能够使公众自然地将该名称与特定经营者的商品相联系，且该种联系是稳固的，能够起到区分商品来源的作用。第三，解决商标权和商品特有名称、包装装潢的冲突时需要具体考量存在侵权的可能性，依据保护在先权利原则予以处理。

商标与知名商品特有名称、包装、装潢同属于商业标识的范畴。在我国目前的法律框架下，商标受《商标法》保护，知名商品特有名称、包装、装潢则被纳入《反不正当竞争法》的保护范围。司法实践中，二者权利冲突的情况时有发生。具体又可分为两种情形，一是在先商品特有名称、包装、装潢与在后商标权之间的冲突。即将他人已经在市场使用中形成的商品特有名称或商品包装、装潢上的文字、图案注册为商标使用。二是在先商标权与在后商品特有名称、包装、装潢的冲突，即将与他人注册商标相同或近似的文字、图案作为商品名称使用或不当应用于商品的包装、装潢上，引起消费者对于商品来源的误认。本案不仅单单涉及在相同商品上擅自使用与他人特有的商品名称、包装、装潢相近似的商品名称、包装、装潢，使公众产生误认的不正当竞争行为的认定问题，还涉及了上述复杂的权利冲突问题。解决该类案件，第一步要判断是否属于“知名商品”。

一、“知名商品”的司法认定规则

商品特有名称指的是某一生产经营主体单独使用于商品之上的、用于区别其他主体的同类商品的名称。[1] 商品的包装、装潢属于商业外观的范畴，体现出商

[1] 王莲峰．商业标识立法体系化研究［M］．北京：北京大学出版社，2009：14.

品的视觉效果及总体形象。商品特有名称、包装、装潢作为典型的商业标识，往往因生产经营主体在市场的长期使用、精心经营获得了较高的显著性，被消费者接受与认同，能够发挥标识和区分商品或服务来源的功能。商品特有名称、包装、装潢凝结了企业诚信经营过程中形成的良好商誉，具有较大的经济价值。值得明确的是，我国尚未单独设立商业标识权来保护该种知识产权权益，因此并不是所有的商品特有名称与包装、装潢都能受到法律保护，只有那些符合《反不正当竞争法》第5条所规定的，被认定为知名商品的特有名称、包装、装潢才能纳入法律的保护范畴。

对于知名商品的概念与认定，我国《不正当竞争司法解释》第1条规定：认定知名商品应当考虑该商品的销售时间、销售区域、销售额和销售对象，进行任何宣传的持续时间、程度和地域范围，作为知名商品受保护的情况等因素，进行综合判断。依据国家工商行政管理总局《关于禁止仿冒知名商品特有的名称、包装、装潢的不正当行为的若干规定》第3条与第4条第1款，知名商品是指“在市场上具有一定的知名度，为相关公众所知悉的商品”。“商品的名称、包装、装潢被他人擅自作相同或类似使用，足以造成购买者误认的，该商品即可认定为知名商品。”

在司法实践中，法院认定是否属于“知名商品”时通常具体考量一定的地域范围如省、地市等特定的市场范围内，与该具体商品有销售、购买等交易关系的人及同行业的生产经营者对该具体商品的知悉程度加以认定，具体操作中，一般具体斟酌该商品的广告量、销售时间、销售量、市场占有率、声誉等因素进行综合判断。❶ 本案中，原告商品“new balance”运动鞋自1995年即开始在中国境内生产销售，且在多家媒体上进行了持续、广泛的宣传，其销售范围遍布全国，已经形成了较高的知名度，应当被认定为《反不正当竞争法》第5条第（2）项规定的“知名商品”。

除了上述认定规则之外，法院在福建省乔丹体育用品有限公司与晋江市阳新体育用品有限公司不正当竞争纠纷案中表明，只要经营者主观上存在过错，其商品装潢与他人在先使用在商品上的装潢相同或近似，足以造成市场混淆时，即可认定在先商品为知名商品。❷

---

❶ 程永顺．反不正当竞争纠纷案件法官点评［M］．北京：知识产权出版社，2004：115.

❷ 详见最高人民法院公布《2008年100件全国知识产权司法保护典型案例》（2002）民三终字第9号民事判决书。

二、商品特有名称认定规则

商品名称通常可以区分为通用名称和特有名称两类。商品的通用名称泛指所有同类商品的名称，不具有显著性，难以标识商品的不同来源。而商品的特有名称是某个具体商品的称谓，该名称可以指向特定商品，而被消费者所知悉。新平衡运动鞋公司诉泉州市纽班伦体育用品有限公司不正当竞争案中，就涉及了原告诉称的“N”及“纽巴伦”是否属于原告商品特有名称的认定问题。司法实践中，法院在认定一个名称是否为商品所特有通常会考虑以下几个方面因素。

首先，考虑该名称是否为某一个商品的生产经营者创先使用。特有名称是个体商品独有的名称，商品特有名称、包装、装潢应当依照使用在先的原则予以认定。[1] 这个标准实际上要求商品的生产经营者在实际的商业活动中在先且有意识地使用了该特有名称来对应自己的商品。有意识的使用可以是生产经营者自主将某一名称与自己的特定商品相连接，用于产品的市场宣传、外包装以及其他销售活动来区分商品与其他商品的来源；也可以是生产经营者对消费群体中所形成的对于产品特定称呼的认可与接受，并在商业活动中予以使用。

其次，在认定某一个体商品的名称是否特有，不能仅仅依据名称的文字含义或文字组合是否具有创意来判断，更不能将文字组合割裂开来，探求各组成部分的含义是否具有创意，而应该将该名称作为一个整体考察其是否成为明显区别于其他同类商品的特定商品的标识。能否标识特定商品是确定商品名称是否具有特有性的内在标准。[2]

最后，商品的特有名称要求经营者通过对该名称的使用而使其产生显著性，使公众将该名称与特定的知名商品自然地联系起来，从而达到区分同类商品的“特有性”。[3] 除此之外，还要求特定名称与商品的对应是持续的，曾经使用但是已经停止使用于某一产品上的名称与特定商品的联系被逐渐淡化，法律没有予以

---

[1] 案例规则可见广东长兴科技保健品有限公司与新疆华世丹药业有限公司、满江红公司不正当竞争纠纷上诉案（2004）新民三终字第18号。该案中被上诉人新疆华世丹药业有限公司将阿胶和钙两种成分的通用名称结合在一起，成为一种新产品“阿胶钙”，是被上诉人的创意，在此之前没有这种组合的搭配。这种首创性使用在法院认定“阿胶钙”是否属于商品特有名称时，被作为一项重要的判断依据。

[2] 施汉嵘，陶新琴．对一起冒用知名商品特有名称不正当竞争纠纷案评析［J］．法律适用，2004（11）：75.

[3] 案例规则可见江西天佑医药科技有限公司与江西康美医药保健品有限公司、江西药都顺发生物保健品有限公司仿冒殖民商品特有名称纠纷上诉案。本案中被上诉人江西康美医药保健品有限公司在卫生用品上最先使用“妇炎洁”这一名称，其虽然缺乏显著的区别性特征，但是经过被上诉人多年连续使用和全国范围内广泛的广告宣传，获得了消费者的认知，从而具备了区别商品来源的作用，被法院依法认定为竞争法意义上的知名商品。

保护的必要。新平衡运动鞋公司主张的用于其运动鞋上的“纽巴伦”名称，就是由于原告未能在商业活动中持续使用，而没有被法院认定为特有名称。

三、解决商标权和商品特有名称、包装装潢冲突时的具体考量

（一）依据是否造成市场混淆判断侵权存在的可能性

两个形式上完全合乎法律的商标权和商品特有名称、包装装潢的冲突，如果在各自权利产生过程中不存在对于他人标识的剽窃或恶意模仿，仅仅出于巧合而造成商业标识的相同或近似。两个权利的平衡共存于各自的市场之中，互不涉及对方的领域，亦不会造成消费者对商品或服务来源的误认时，没有侵权存在的可能性。但一旦有明知或故意的主观状态则转为权利的滥用，属侵权行为之一种。[1]

司法实践中解决商标专用权与商品特有名称、包装装潢冲突的侵权或不正当竞争纠纷案件时，两类商业标识之间的事实上混淆的判断显得尤为重要。市场混淆主要包含来源混淆和关联性混淆。前者是指相关公众对不同来源的商品或服务的误认；后者是指相关公众不同经营者之间存在某种加盟、关联、附属或类似联系的误认。防止市场混淆即是《反不正当竞争法》维护市场秩序的基本目标，也是商标保护的应有之义。衡量是否足以造成误认，应以一般购买者施以普通注意力，隔离地观察两者的主要部分和整体印象之后是否会发生误认等作为标准综合分析认定。

（二）权利冲突时依据保护在先权利原则进行处理

《与贸易有关的知识产权协议》第16条第1款规定：使用注册商标及注册商标权“不得损害任何已有的在先权利也不得影响成员依使用而确认权利效力的可能”。我国现行《商标法》第31条也明确规定了“申请商标注册不得损害他人现有的在先权利”，由于商品特有名称、包装与装潢的权利取得无需履行注册、登记等手续，原则上当在后取得的商标权与商品特有名称、包装装潢发生冲突时，应当侧重对于在先标识的保护。然而如果在后权利的取得既有形式上的法律依据，又有实质上的法律依据，该在后权利与在先权利发生冲突时，既要在特定范围内保护合法的在先权利，又要在特定范围内保护在后权利。[2]总而言之，商标权与商品特有名称、装潢权利冲突的侵权案件认定较为复杂，法院在具体考量时，还需依据个案情况，结合诚实信用原则及反淡化原则来综合判断。

（评析人：肖月）

---

[1][2] 陈红．商标权与知名商品的特有名称冲突问题研究［J］．政治与法律，2004（6）：71．

【附　录】

一审案号：上海市黄浦区人民法院（2010）黄民三（知）初字第368号
二审案号：上海市第二中级人民法院（2012）沪二中民五（知）终字第26号